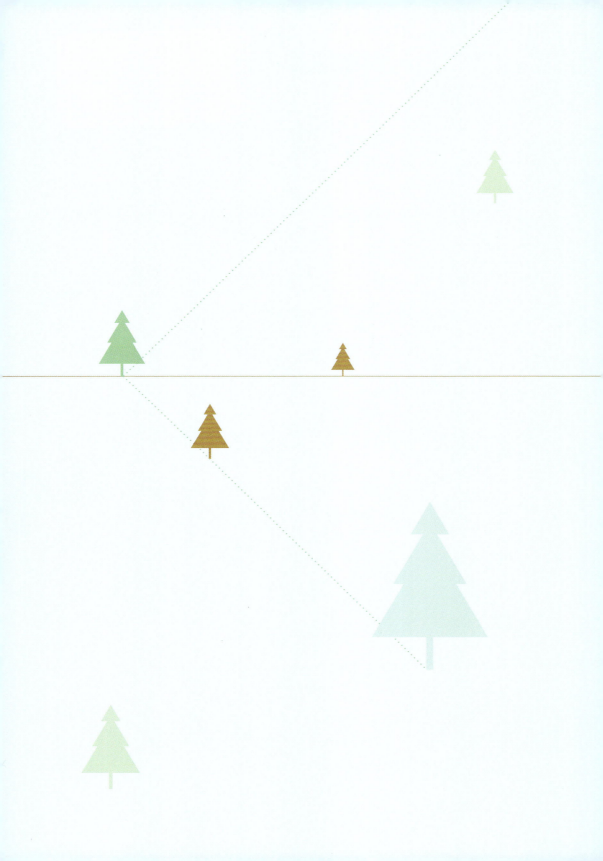

黄瑜 —— 著

最 好 的 爱

ZUIHAODEAI

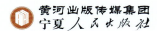
黄河出版传媒集团
宁夏人民出版社

图书在版编目（CIP）数据

最好的爱 / 黄瑜著. —— 银川：宁夏人民出版社，
2024.5. —— ISBN 978-7-227-08010-7

Ⅰ.G424.1

中国国家版本馆 CIP 数据核字第 20245CY459 号

最好的爱　　　　　　　　　　　　　　　　　　　黄　瑜 / 著

责任编辑　贺飞雁
责任校对　刘建昌
封面设计　齐玉成
责任印制　侯　俊

黄河出版传媒集团
宁夏人民出版社　出版发行

出 版 人　薛文斌
地　　址　宁夏银川市北京东路 139 号出版大厦（750001）
网　　址　http://www.yrpubm.com
网上书店　http://www.hh-book.com
电子信箱　nxrmcbs@126.com
邮购电话　0951-5052104　5052106
经　　销　全国新华书店
印刷装订　宁夏银报智能科技印刷有限公司
印刷委托书号　（宁)0029944

开本　787 mm×1092 mm　1/16
印张　18.5
字数　260 千字
版次　2024 年 5 月第 1 版
印次　2024 年 5 月第 1 次印刷
书号　ISBN 978-7-227-08010-7
定价　58.00 元

最好的爱

ZUIHAODEAI

最好的爱是什么：
成长的路上有爱意满满，
也有硕果累累
......

摄影
/
朱凤霞

对于我们平凡人来说
你想要的
都要靠自己去赢得
......

"互联网+化学"实验公开课

摄影
/
黑学花

序一

读完黄瑜老师的《最好的爱》，我十分高兴，感受颇深。这本集子凝聚着她多年来在教育教学前沿大胆探索、敢于实践、潜心研究的滴滴心血，展示了一位年轻的教育工作者求真务实、不断探索、奋进创新的感人风采。

黄瑜老师2005年考入陕西师范大学，上大学期间她非常勤奋，曾获得国家奖学金及各种奖项，2009年7月她毕业后来到宁夏师范学院附属中学（原固原市回民中学），担任过班主任、团委书记，先后获得自治区级、市级各类教育教学比赛一等奖13次。在教学工作中，她积极探索教育教学规律，并与时俱进，充分运用学校现有的教育教学资源，率先实施教育教学改革。一直努力通过各种教育教学手段，以提高学生分析问题和解决问题能力为目标，切实落实培养学生的创新思维和创造能力，并且能利用现代教育技术手段，帮助学生拓展思路，灵活运用基础知识，从而不断提高同学们分析、解决问题的能力，其所教化学学科在同年级班级中的成绩名列前茅。

令我印象深刻的是我来到学校见到她的第一面，她拿着刚刚批阅的学生试卷,如数家珍地向我讲述了15分钟,我当时就肯定这位眼里满是学生的老师一定是好老师。14载春秋,她一直奉献在教学第一线,兢兢业业,呕心沥血培育人才,被同学们亲切地称呼为"黄妈"。辅导的10名学生获得国家级、自治区级及市级表彰奖励,虽然年轻,但称得上桃李满天下。

2020年以来,我校开展"打赢校风转变三场硬仗"以及创建书香校园的工作,并取得了可喜的成绩,黄瑜老师是我校众多优秀教师里的一位代表人物,于平凡里彰显出伟大。作为一位出色的高中化学教师,黄瑜老师在繁忙的教育教学和教研工作之余,积极参与了教学比赛、课题研究等工作,实在是令人由衷地敬佩。本书以20多万字的篇幅,囊括60余篇文章充分地展示了她的教研成果、成长历程,精选了她部分富有交流价值、操作性强的论文、案例、课题研究和讲稿,汇集了这部《最好的爱》。书中涉及个人成长、教育案例、教学探索、课题研究、与学生及朋友间的亲切交流和附则,是黄瑜从教14年深入钻研、精心撰写的结晶,其中很多文章获得了区市县的重要科研或教学奖项,或在一些权威专业学术刊物上发表,得到了同行业的高度评价,产生了较大的社会反响。

该书第一部分主要记叙黄瑜从教14年的历程、大事、感悟和学习体会;第二部分至附录都是教育教学的话题,包括学校团委工作、教育教学新法、课程设计、教材深探、知识整合、课题研究等,作者以丰富的教学经验、渊博的专业学识、严谨的治学态度、用心的创新模式和睿智的学习思路,展示了一位成长型教师对教育、教学的思考与研究,其中几篇获奖的案例,对广大师生很有启发,她将对课标的深度解读落实到项目化教学中,并取得了不错的成绩;当然还有学生与她的互动交流,感人肺腑。全书内容丰富,条理清晰,旁征博引,展现了一位教育工作者的敬业精神。

该书的出版,是我校校本教研的重要成果,希望广大教师,特别是青年教师要见贤思齐,以学者的眼光、科学的态度吸收营养,建立自己的学习、研究一体化工作方式,促进教师业务专业化成长。

任　皓

2023 年 10 月

序二

　　我是一名从事教育教学工作 30 余年的老教育工作者,30 多年弹指一挥间。其间既亲历教学工作,同时又担任校长近 20 年。30 多年来,经历了工作的坎坎坷坷,体验了工作历程中的艰辛,品尝了为人师表所获得的喜悦。曾扶持着一个个学子成长、成熟走向辉煌。带领我的教师团队为学校谱写了一篇篇乐章。我以我所从事的事业为荣。

　　其实,最让我感到舒心的是一些以前天真无邪的孩子,在我的关注关怀下,他们投身于教育工作,成长为教坛新秀,进而成为令人赞誉的新一代名师,黄瑜就是他们当中的一员。黄瑜是我的侄女,也是我的学生,我关注她,教导她,看着她成长。如今她成为我市的教育名师,我由衷地感到高兴自豪。

　　黄瑜撰写的《最好的爱》这本书,我怀着好奇与兴奋的心情通读了一遍,读完之后,我不由得产生了想把我的感受与朋友们尤其是从事教育工作的朋友们交流一下的冲动。

　　我觉得黄瑜是一位热衷于教育工作的好青年。本书中的一些案例使我们了解到她既是一位爱学习、肯钻研,一门心思潜心于教学工作的好教师,又是一位富有爱心、耐心而且极具亲和力，能为学生排忧解难，帮助学生树立信心、完善自我的有心人。

她不仅是教学的行家里手，还是从事团队工作的一把好手。她真正做到了既教书又育人。自从她从事学校团委工作以后，团委切实起到了火车头的作用，共青团员们一个个都成了全体学生的榜样、标兵，全体学生也焕发出朝气蓬勃、奋发向上的青春活力。他们充满了正能量，同时向社会展示了学校的新风采。

工作中，她任劳任怨、不辞辛苦，付出了很多，但是，她从不叫苦、不叫累、不自满、不停步，不断给自己充电，给自己加油，充满信心地不断进取、努力拼搏，为实现她自己的美好愿景不懈地努力奋斗着。

朋友，你想更多地了解黄瑜吗？那就请你花点宝贵时间，读读这本书吧！

黄小堂

2023 年 10 月 16 日

自序：课堂内外，成长如火在燃烧

　　此时此刻，我站在讲台上，注视着台下一双双明亮的眼睛，饱含着欣喜、雀跃，望着我。我理解他们此刻的激动，我听见我的声音："恭喜同学们，我们成功地在第一次月考中拿到年级第一名，我们从最后一名冲上来了，这是我们在相遇30天后成功完成了对彼此的约定，感谢同学们，你们真棒。"随即，雷鸣般的掌声伴随着欢快的笑声响彻整个班级，在这欢声笑语中，我的思绪仿佛回到了2009年，回到了我讲授第一堂课的地方，回到了成长的最初。

　　那是我第一次应聘试讲，来自甘肃的几位评委老师收下了我和一位师兄的简历，在激动与紧张共存的情绪下，我顺利地完成了试讲，那时候的我以为按照流程顺利讲下来就是一节好课，于是我满意地走下讲台。我在未来的无数个日日夜夜都万分感激那次试讲允许我们旁听。于是，我很荣幸地听到了那位师兄的课——我想成为怎样的老师？我想要的课堂是什么样子的？我要我的课堂是生动的、有生命力的，它是思考、是艺术、是享受，更是感染，它应当是活的。

　　被点亮后的灵感如同一团火，冲破桎梏，打通了我的"任督二脉"，似乎从那一刻开始，我会讲课了，我开始思考并实践，让我的课堂有趣而有意义，充满热情。这团火打开了我对课堂的渴望，成长的渴望，并在未来的 14 年里不断燃烧，这团火从"我要成长"燃烧到了"我们要成长"，我从一开始就知道，从这团火燃烧起的那一瞬间，成长的号角就已经吹响。

可生活毕竟不是电视剧，一个念头的出现不可能成为成功的开始，为了一份爱的约定，大学的招聘被我一一错过，顶着就业找工作期间的压力，放弃大学期间漂亮的成绩单，我最终考上特岗，回到家乡，现在想想，也不过弹指一挥间。而在成为特岗教师的三年里，我还有了一个被人怜爱的称呼"泥娃娃"，同期还有大学同学以正式招聘的身份一同进入学校，被称赞为"金娃娃"，那段属于"泥娃娃"的岁月给我留下了深刻的印象，关于被遗落、被蔑视、被选择的痛苦记忆犹新。记得学校在一个重要的节日里有一批纪念品发放给员工，为了这个纪念品，我在财务室"有"和年级组"没有"的不同答复中来回奔波 10 余次，最终拿到了那份小小的纪念品，感受到的不过是属于"泥娃娃"的狼狈、蓬头垢面和无助。

我想我是骄傲的，所以痛苦刻骨铭心。我不甘心，很不甘心，与人斗也好，与命运斗也好，也许这段"泥娃娃"的生命课程不过是想让我逆风向上攀爬，那就让我握紧双手，与命运较劲，让这不服输的火苗去燃烧吧。

这团火燃烧在 2010 年，那时我已经在固原市回民中学工作，业绩优异，接到了市里最好的两所学校的面试电话，我在课余时间前去试讲，非常成功，正当我犹豫不决之时，我的学生得知了这个消息，他们泪眼婆婆地将我围住，我心软了，我在那一瞬间突然明白原来"我们要成长"的力量更温暖。于是，我坚定了我和他们的约定"陪伴他们，尽我所能帮助他们"。

高中化学里，我们如此定义燃烧——一切发光发热的氧化还原反应，多么美妙的定义。课堂内外，相遇皆是反应，每一个发光发热的瞬间就是成长。14年的高中化学教学生涯，每一节化学课的讲授方法、语言运用、板书设计、心理暗示以及信息技术运用，都是在不断地学习中进步，在不断地进步中创新创造，这是我的成长；而那个在化学课堂上因为学懂了而激动得坐不住，想要回答每一个问题的小姑娘，这是她的成长；那个在课堂上，潇洒的边讲边写满整个黑板，妥妥的学科强者气质拿捏，让"柏杨柏杨"的称呼响彻教学楼的男孩，那是他的成长；还有那个默默无闻、瘦小的男孩，拿到了化学奥林匹克竞赛奖初赛二等奖时喊出的"我命由我不由天"，他不会忘记他的成长。

高中化学里我们讲到元素周期表时总会说到元素"位构型"的辩证关系，说的是结构决定位置，继而影响物质的性质。人生又何尝不是如此，不同的时间段处于不同的岗位，会看到不一样的风景。无比荣幸，我还会在教育教学中迎来这样新的改变。

时光回溯，来到2014年，这一年我代表学校参加市里举行的演讲比赛，演讲并不是我的专业，但既然被推选代表学校参赛自然来不得半点马虎，我精心准备后自信满满地站上舞台，但初赛中，只取得第二名，这个结果对当时的我来说，还是有些打击的，正当我暗自失落之时，当时即将来校任职的慕校长打电话，问了我三句话："对这个结果满意吗？服输吗？""不，不满意，不服输。"我至今都无法忘记自己回答时的泪流满面，无法忘记被支持、被信任后的战意满满，无法忘记决赛时拿到全市演讲比赛第一名时的喜悦与自豪，成长何尝不是一种对机遇的把握，是接受命运馈赠、他人帮助支持时的不负众望，促使那团火苗燃烧的已不仅仅有我，还有来自亲人、朋友、恩师等的呵护。

也是在这一年，通过投票推选的方式，我成为一名学校共青团干部。

回首 10 年学校团委工作生涯，我总会情不自禁地想起每一年的五四青年节，带领团员青年一起回顾英雄榜样时的热泪盈眶；想起我们每年清明前往革命烈士陵园的庄严肃穆，想起红色研学时的感动与泪水，收获着"有国才有家，强国有我"的豪情满怀；想起每一个戴着小红帽和学生一起进行志愿服务的日子，我们一起慰问孤寡老人、孤儿，一起捡拾垃圾，一起登山去唱"学习雷锋好榜样"，收获每一次帮助他人的快乐；想起社团展示周，和漫画社的孩子们一起画星座漫画，和国旗班的孩子们一起缝补旧国旗，与天文社的孩子们一起去观看星辰大海，收获每一次为他人搭建平台，见证他人成长的快乐；想起社团联谊会，我因为家中突发事故，不得不提前离开，是所有社团社长齐心协力，呈现给老师同学们一场精彩的演出，而我从那时起收获了一个温暖的称呼"黄妈"，成长是情怀和感动，那团火苗也必将持续散发温暖。

在化学里，反应是一场场有效碰撞，碰撞绝不是独自的，相互之间发生的碰撞与摩擦，会带给彼此不同的火花，成长亦如此。正如这 14 年里，见证了朋友们收获了重要奖项的胜利，见证了学生们走向理想的大学，我愿，每一次成长的累积最终都能带来成功的喜悦。

对于我们平凡人来说，你想要的都要靠自己去赢得，成长是我想要的东西，既然如此，我将勇敢地去接受课堂内外每一次命运的馈赠，每一次属于成长的燃烧。

黄　瑜

2023 年 9 月

第一部分　成长的感悟

第二部分　教学的探索

第三部分　成果的展示

第四部分　前行的印记

附录　温暖的瞬间

第一部分　成长的感悟

学生时期，每一次作文写得好，老师总会在作文本上给我一个大大的"好"，并用波浪线勾画出写得好的句子，当然，最难忘的还是能够在班里将作文读出来，那一瞬间，内心充满欢乐，满满都是成长，是爱……

长大了，每一次的培训学习，代表发言，让那曾经的"波浪线"又再次延伸，最好的爱是什么？也许它就是"波浪线"一次又一次地起起伏伏。

2017年共青团固原市委专项培训有感

回想这五天的学习生活,我想到了这样几个词。

第一个词是感谢。感谢团市委提供了这么一次珍贵的学习机会,感谢各位老师的认真负责和谆谆教诲,时间虽短,但收获颇多,启发很大。现场教学、体验式教学、专题讲座、专题片观看和讨论,让我们对党和国家的各项政策有了深刻的理解;让我们身临其境,真切地回顾历史,学习长征精神,深刻体会红色传承的意义;让我们的灵魂在重温那段可歌可泣的历史中得到洗礼和升华,从而能够走好新长征路;让我们透过丝丝清凉的雨滴,在郁郁葱葱的菜田中看到了创新创业的美好前景。

第二个词是改革。从1955年到2017年,62年过去了,这翻天覆地的变化的背后是一种何等的力量在支撑?是一种怎样的精神在延续?一切事物的趋于完美,都来自恰如其分的改革,习近平总书记说:"我们将在改革的道路上迈出新的步伐。我们推进改革的根本目的,是要让国家变得更加富强、让社会变得更加公平正义、让人民生活得更加美好。"改革之任,人人有责,共青团作为党和国家的助手和后备军,必将扛起改革大旗,共青团改革,你我有责。作为学校共青团的一名团干部,我也从"五点十有"中践行和实现了我校共青团改革:第一,有支持有阵地,在学校和上级团组织的支持下,我们拥有4层22间教室的团委办公楼;第二,有想法有作为,坚定校团委理念,认真组织各项活动;第三,有基础有创新,夯实"三会两制一课",创新社团发展;第四,有纪律有规矩,细化考核,严控团青比例,落实从严治团;第五,有义务有权利,不忘初心跟党走,做好分内事、确保团员享有应有的权利。

现实的工作,确实无法做到处处洋溢着如梦般的浪漫,走在改革之路上,必定困难重重,但既然钟情彼岸花,又怎顾高处不胜寒,既然选择了远方,就不怕风雨兼程,你终会发现,在改革的浪潮中,你所做出的一切努力都将如星星之火,拥有燎原之势,就让我们一起将改革进行到底。

第三个词是情感。当我们一起走过 2.5 公里的红军小路,虽汗在流,路难行,但血沸腾,满腔情;当我们站在六盘山革命烈士纪念碑前,带着热血和悲怆,重温入党誓词,家国情怀在我们心间荡漾;当我们聆听着各位专家学者深刻的讲解,听着他们创新创业脱贫攻坚、实干兴宁的故事,实干兴邦的豪情壮志让我们激情澎湃。我们彼此分享,大开眼界;我们彼此学习,不断成长。在这几天的培训中,我们收获了友谊,感受到温暖,体会到责任与担当。

作为一名有激情的青年人,一名团干部,我的责任不再是救亡图存,而是在党和国家的领导下,不忘初心,勇做走在时代前列的奋进者、开拓者和奉献者,以执着的信念、优良的品德、丰富的知识、过硬的本领、最实在的行动,担负起时代的重任,守护好这个时代。

于千万人之中遇见我所想遇见的你们,于千万年之中,时间无涯的荒野里,没有早一步,也没有晚一步,刚好赶上了,没有别的可说,唯有这句:请一切安好,我们一定会再相聚。

以青春的名义，不忘初心，建设积极奋进的共青团

——一学一做工作有感

2017年2月22日，共青团中央召开"学习总书记讲话 做合格共青团员"教育实践动员部署电视电话会议，会后，我们严格按照各级领导的要求，按照上级部门关于"一学一做"工作的部署，结合教育教学的规律性，结合我校实际，制订了相关活动方案，2017年3月，学校下发"固原市回民中学共青团员'一学一做'教育教学活动方案"，我们从两个方面认真开展工作。

一、思想为先，学习教育

思想是前提，是基础。我们利用少年团校、团会、主题团日、专题讨论、团员代表大会、学生大讲堂等，深入开展"一学一做"主题学习活动。

（一）班团会上，团干部认真组织学习习近平总书记系列重要讲话精神和习近平谈治国理政新理念新思想新战略，并结合团章、固原市回民中学团员管理制度，以"做合格共青团员"为主题展开讨论。

（二）每周晨会，逐一解读社会主义核心价值观，开展"如何做一名合格的共青团员"主题团日的教育活动，结合特定的节日，以丰富多彩的形式，帮助广大团员树立正确的世界观、人生观和价值观。

（三）开展"脚踏实地做雷锋""节水、节粮、节电，我们在行动""关爱女性，送去感恩""我为科技做贡献""忆先烈，承遗志""青春激扬红五月""不忘初心跟党走，做中国特色社会主义合格可靠的接班人""不忘初心，感恩母亲""自查自纠，争做合格共青团员""不忘初心，重温入团第一课""欢庆六一""珍爱生命，远离毒品"等主题团日活动，充分展示了我校共青团员的风采。每一个主题团日都让人印象深刻，在这里，我和大家分享这样几个片段。

5月4日,早上七点我校5180人共同参加了"纪念'五四运动'98周年"和"纪念建团95周年"主题教育活动,大家共同见证了50名新团员进行了入团宣誓,宣誓结束后,活动现场响起了雷鸣般的掌声,3557名新老团员共同向共青团告白"我志愿加入中国共产主义青年团,吃苦在前,享受在后"的誓言在广场回荡。当天下午,学校四楼会议室,300面小团旗包围的会场上,近500名优秀团干部、少先队干部等优秀团员代表用奋斗的青春让团徽为他们而闪光,用行动和誓言再次向共青团告白。

5月23日,我们开展了"不忘初心,重温入团第一课"主题团日活动,500名新老团员代表一起观看了由共青团中央出品的年度大片《入团第一课》,七大板块,倾情力作,在巨大的视觉冲击和心灵震撼下,我们的团员按捺不住心中的激动,高举手臂,踊跃发言。

"老师,我心里真的很激动,作为一名团员,我很骄傲,原来我崇拜的那些人,他们和我是一个集体的,行胜于言,今后我要好好学,向他们一样。"

"老师,作为学校晨心志愿者成员,看到小红帽,看到红马甲就感动,我们一定会把我们的志愿服务做得更好,也成为优秀的志愿者。"

"老师,时代不同,我觉得我们团员所肩负的使命也有所不同,我们要学好文化知识,但更要注重创新,我们还要倡导文明,无论是现实生活还是虚拟网络,我们都要注重保护环境,保护家园;虽然事情很多,但是我觉得很充实,很高兴,这是我们的责任,我们得担当,我也相信,千里之行,始于足下,大家都一点一滴地从小事做起,一定能做好。"

……

6月1日,开展"欢庆六一"主题队日活动,我校团员、少先队员代表前往西吉县西滩乡甘岔小学,与甘岔小学联合欢庆六一,助力脱贫攻坚。

固原市回民中学的团员,在经过了"一学一做"教育教学活动后,提高了政治意识、大局意识、核心意识、看齐意识;他们以团支部为基本单位,通过"三会两制一课"方式的思想引领,严格遵守团的章程、团的纪律,以优秀团员为榜样,心有猛虎,细嗅蔷薇,他们有信念、有梦想、有奋斗、有奉献,人生有意义、有价值,他们是从尘埃里也能开出的花,将简单而细小的事变成了爱……

二、实干为本,行胜于言

习近平总书记说:"现在,青春是用来奋斗的;将来,青春是用来回忆的。"青春没有实干,梦想就是空想。一名合格的共青团员就应当在青春的岁月里勇于奋斗,用坚实的足迹丈量团的足迹。

五四系列活动、清明节系列活动、学雷锋系列活动、解读团章系列活动、汉字听写大赛、文学知识竞赛、环保知识竞赛、模拟联合国大会、科技创新大赛、社团文化艺术节、社团联谊会、学生大讲堂、学生的各项资助等各项大型活动,哪里有活动,哪里就有我们的团员,哪里有风采,哪里就有我们的团员,他们从不缺席,身正为范,他们自主管理,自行创办活动,用实际行动践行每一个理念,创造了固原市回民中学新课堂教育模式的一个又一个亮点,带给大家一个又一个惊喜。

过去,我们的共青团员们,用最好的思想,将五四精神薪火相传,在"纪念五四运动 98 周年"和"纪念建团 95 周年"的今天,作为一个有激情的青年人,一名合格的共青团员,我们的使命不再是救亡图存,而是在党的领导下,不忘初心,认真学习习近平总书记系列重要讲话精神,勇做走在时代前列的奋进者、开拓者、奉献者,以执着的信念、优良的品德、丰富的知识、过硬的本领、最实在的行动,担负起时代重任,守护好这个时代。

以青春的名义,我憧憬,一名共青团员的人生,必将是在那青春的奋斗中燃烧。

以青春的名义,我宣告,一名共青团干部的人生,必将是在不忘初心,引领青年中谱写精彩。

以青春的名义,我承诺,即使明天天寒地冻,路遥马亡,一位共青团员必将把生命的慷慨和繁华赋予我的中国共产主义青年团。

德育为先——教学改革的下一个突破口

——福建省课改名师工作室培训有感

教学改革的突破口在哪里？在过去多年的课改实践中我们的回答是——课堂。从全国万千学校都在学习的"杜郎口模式""洋思经验"到各个学校根据自己的学情、校情推出的本土课堂教学模式，无不强调课堂教学改革的重要性。

固原市回民中学从 2014 年开始也深耕于课堂，重视课堂质量，进行课堂教学改革，从一开始推行中国教师报提出的"五步三查"教学模式到最终找到适合自己的"导学展点测"教学模式，可以说经历了艰难的历程也取得了可喜的成绩。但是当改革进入"深水期"的时候，仅仅从课堂本身出发的改革开始显现出它的不足：以小组合作学习为例，在小组建设过程中为了增强小组的凝聚力，每个小组都有组名、组徽、组歌、组训，在最开始学生们确实因为这种别出心裁的做法而兴趣盎然，但是时间长了，学生们开始感到厌倦，这些当初让学生们激情洋溢的组名、组徽等都成了摆设，最终发挥的作用是很有限的。小组成员之间的协作是松散的，成员之间的学习互助仅仅停留于课堂教学过程中，并且缺乏深度合作与互助。可以说我们的教学改革已经到了瓶颈期，必须寻求突破。

2017 年 12 月 13 日，固原的课改人在瑟瑟寒风中踏上了去福建"取经"的路途。这一趟南去的征程我们收获满满。从福建四附小到厦门五中再到蔡塘学校，一种共同的行动让我们深受启发，那就是三所学校都把德育摆在了非常突出的位置。

福建四附小基于学习共同体理念打造的"F4 的德育观"摒弃了传统学校

把管理、说教当作学校德育的制胜法宝的做法，主管德育的副校长温文尔雅，把四附小基于爱的德育观娓娓道来。"任性一点"让德育触及心灵，表扬"阳光少年"让真心的赞美成为心里的小确幸，从孩子们入学之初到毕业，教师们的宣誓、家长们全情的参与、毕业仪式上感动的泪水，一次次心与心的碰触让这所学校的教师、学生、家长结成了真正的共同体，春风化雨般的德育让学生在静悄悄中改变、成长。

具有百年悠久历史的厦门五中和以农民工子弟为主要生源的蔡塘学校给我留下深刻印象的是厕所。还没有见到两位校长之前，我先去了他们学校的厕所，这两所学校的厕所有一个共同点那就是极其整洁、干净，厦门五中的厕所里洁白的面盆上端挂着一面心形的镜子，镜子上是一个班级暖心的宣言提醒大家节约用水，蔡塘学校的厕所里洗手池上放着的小小香皂散发出淡淡的幽香，让每一位造访者瞬间心旷神怡。两座厕所，两所学校，从细微之处可以窥探到他们管理的细致、教育的成功。

厦门五中的部落共同体把学校、教师、学生、家长连成一体，在班级部落建设中，学生、老师、家长共同参与，墙面让老师来设计，部落名片让学生们集思广益，宣传稿件让家长们各展所长，家校共同体在这种共同的活动中真正体现。在年级部落建设中，一个年级一个成长的主题，而落实这些主题的一定是精彩纷呈的活动，活动的开展一定是有目标、有措施、有反思，在活动中成长、在活动中感悟，在活动中把学生与学生之间串联起来、把学生与教师串联起来、把学生与家长、学生与学校串联起来，在一次次的活动中学生们收获了友谊和青春的记忆，懂得了遵守规则，感悟到了团队的重要性。可以说部落共同体的建设着眼于成长，德育是在不着痕迹中进行的，这样的德育不走过场，能真正的在学生心中生根、发芽，所以你就能理解厦门五中的厕所为何那样让人心生喜悦，那一定是学生由心发生的行动。

蔡塘学校的陈文斌校长在介绍他们的课改经验时开门见山地介绍，蔡塘学校以德育为先，教学生求真知、做真人，注重养成教育，让好习惯得到表扬、让坏习惯得到矫正。陈校长说道："在接手这所学校时，我首先考虑的是九年以后要还家长一个什么样的孩子。作为一所主要招收农民工子弟的学校,让这些未来的城市居民成为适应城市生活、被城市所接纳的市民,有公德、有素养是我们首先追求的教育目标,以德立人、以文化人成为我们的教育追求。"他认为,学校的卫生基本是由学生自己去做的,学生在劳作中体会到劳动者的艰辛,树立自己的事情自己干的信念,这样的体验式德育润物细无声。所以那样一方洁白的香皂、那样一缕淡淡的幽香在蔡塘学校的厕所中出现是再正常不过的,这个最容易藏污纳垢的地方却如此的沁人心脾,正像蔡塘学校的德育一样是见得天日的,他们是在搞真教育。

福建四附小、厦门五中、蔡塘学校,他们共同的选择是把德育摆在了突出的位置,并且改变传统的说教式德育,在活动中、在体验中实现德育目标。当学生学会做人,成才就变得水到渠成,所以我们看到三所学校在教学上都取得了突出的成绩。厦门五中因为部落共同体改革的实施使得学校成功走出低谷,该校的一位班主任说:"我现在对我的学生非常放心,因为我确信他们会互相协助以小组为单位去努力学习,这种小组间的互助可能是在课堂上,也可能是在下课后,可能是在学校里,也可能是在各自的家里。"蔡塘学校有了德育做根本,随后的以学案为载体和合作学习为基础的新优课堂的教学实践就顺利得多,取得优异的教学成绩也就是意料中的事情。

反观我们走过的课改之路,为什么很多时候自主、合作、探究会变成空话,为什么合作学习成为一种形式、一个课堂教学的环节,而没有真正成为学生学习的方式,内化于心、外化于行,根本原因就在于我们专注于课堂教学改革这个部分,而没有意识到教学改革是一项系统工程,没有德育做基础,课堂的变革很难真正成功。像固原市回民中学这样处于改革瓶颈期的学校,下一步的改革应该以德育为突破口,通过学校德育工作的变革撬动整个课堂教学改革,让教育适应学生、适应社会、适应时代,突破教学改革的瓶颈期,还家长一个健康、快乐、自信的孩子,还社会一个有公德、有责任、有信念的合格公民。

让信仰和热爱点亮你的人生

——第三届学生模拟联合国大会有感

2018年10月假期,我再次参与了学生们组织的第三届固原市回民中学学生模拟联合国大会这一活动,感触颇深。在这次为期3天的大会中,学生们一起探讨了"难民儿童管理问题",听到这个议题,不用去搜索,我们便可以想象"难民儿童"这个群体所遭受的苦难,我相信我们也会不止一次在心里呐喊:"为什么要有战争?为什么不对他们施予帮助,为什么不给予他们所有?"

为什么,为什么呢?

此时此刻, 我的脑海里再次出现开幕式的视频中仅3岁的叙利亚难民在偷渡过程中溺亡的身影,那样小小的身体,就那样孤孤单单地留在冰凉的海水中,谁又能感受到一丝丝的温暖?而那些参与战争的士兵,85%在战后出现精神疾病,他们时常感到痛苦而长期失眠,丧失记忆,头晕,他们情绪低落,无法忘却,无法释怀,很多人会选择以激烈的方式离开人世,似乎唯有这样,才能告慰亡灵、洗刷罪恶……

什么是爱? 爱应当是这世间最温暖的东西,应当让人获得满足感和幸福感。美国有一部电视剧,名字是 *True blood*(《真爱如血》),先不管这部剧的剧情如何,我认为这个名字翻译得就很好,真实地反映了爱的本质,真正的爱,它应当如血液般给予你生命,让你成长,时时温暖你,抚慰你的内心。足见爱的存在是何等的重要。

True love,真爱,它应当饱含人间道义,饱含家国情怀,饱含真善美,以天下为己任,以他人为己任。只有这样的爱,才能让你有梦想、有追求、给你力量,才能让你坚守,让你克服这世间一切的困难,并最终获得成长、成功,让你在生命的最后时刻,都不会后悔你在前进的道路上所做出的每一个选择。

因为模拟联合国大会是一个能够为他人带来成长的活动,所以,任元龙一次一次奔波在各个领导的办公室,关注每一个环节,确保会议的进行;所以,高广鹏、周媛媛、窦元堂在各自分管的工作中尽心尽力;所以,韩冬、陈龙、吕亚泽、任容庆、苗彤这五位高三学生,挤出时间,为他人的努力而努力,为他人的用心而用心,并以此来守护他们的情怀。当你的心中有着模拟联合国大会活动的好,你便拥有了你的爱,若你又能为他人奉献你的爱,你更会收获这个活动带来的更多的爱,真爱让你们相聚于此,共同促成此次会议的成功,而你们,都将收获成长,收获美好。

因为你的心中时刻想着父母的望子成龙,望女成凤,儿行千里母担忧,徒行万里师担忧,所以各个学校的每一位代表都能够及时向父母和老师报告安全,当听见短信声和看到微信群中的图片,我们都会因为你们的懂事而欣慰。

因为你的心中时刻想着帮助别人,为他人留下美好,志愿精神才能深入你的灵魂。虎瑞、苗彤、刘东升等所有的志愿者,李亚楼等所有的摄影社社员,因为有你们,才会让固原市回民中学第三届模拟联合国大会活动的美好瞬间定格。

以天下为己任,以他人为己任,这样的真爱才会有希望,有美好,它会滋养你成为一个善良之人,让你有信仰、有情怀。生活不只眼前的苟且,它应当有诗和远方。

基于爱的选择不会让你们因为地域、家庭、金钱、地位等各种世俗的社会因素而受到牵绊,才会收获真正的友谊,要多看他人的好。

孩子们,时代的浪潮中,每个人都不是过客,都发挥着重要的作用,请将家国情怀融入你的血液,真正的善良和友爱,它必定如同尘埃中开出的花,一定是将简单而细小的事做到极致。

在我陪伴你们走过"模联"的这几年里,你们教会我在这里与世界交流,我们虽不是圣贤,但心怀见解。最后,我也与大家分享两句话:让信仰和爱点亮你的人生。

聚是一团火,散作满天星。

感谢每一个人,感谢大家的尽心尽力,感谢每一颗真心,每一份真爱。青春岁月里的这份情怀,对党和国家、对社会的责任感,对美好未来的追求与向往,将从这里开始一一呈现。

祝愿每个人幸福快乐,也希望在后期你们能够放慢脚步,沉静下来,认真地去学习各门功课,你和你的热爱应当互为骄傲,请不要因为其他任何的事而磨灭你在青春里的这份情怀、这份坚守,以及你们之间的情谊。

传承五四精神 共创青春辉煌

——五四运动100周年大会有感

2018年开学初,共青团市委六盘青声公众号上转载了一则新闻,标题是"我对你的爱不止弯腰一点点",让我非常感动,2018年开学第一课上,我和全校师生分享了这个故事,至今难忘当天的升旗仪式,我觉得它比以往更动容,我想,这应该是我们的团所带来的一次觉醒,也是五四精神——爱国的美好传承。

每年3月是学雷锋月,2018年3月9日,我带着我们的"晨心小红帽"前往敬老院开展活动。这次去敬老院有两位老奶奶给大家留下了深刻的印象,她们开心地向我们展示自己画的简笔画,脸上满是幸福和喜悦。因为热爱,学习画画的过程让她们的老年生活更加幸福美好。回来的路上,我的学生马锋说:"老师,周一晨会我能不能演讲?我很有感想。"我说:"好呀。"周一晨会上,他和所有同学分享了这段经历。他说:"他觉得学习其实很幸福。"我想,这也应该是我们的团所带来的一次觉醒,也是五四精神——进步的美好传承。

2018年,固原市团员代表大会召开,非常荣幸我和我的学生海睿智一起参加大会,在前往分组讨论会议室的时候,海睿智问我:"老师,我真的也要发言吗?是真的吗?"我说:"是的,你要发言。"他又问我:"那我应该讲些什么呢?有没有什么需要注意的呢?"我说:"讲你真实的感受,讲你的真心话。"他讲了学校团委组织的很多令他受益匪浅的活动,讲了自己对于一些社会现象的思考,表达了感恩,诉说了感受。我想,这应该也是我们的团所带来的一次觉醒,也是五四精神——民主的美好传承。

每年世界读书日,我校团委都会启动固原市回民中学全民读书季——

"我推荐,你来读"活动。今年的活动,我的学生——第32届全国化学奥林匹克竞赛初赛二等奖得主刘张垚,他推荐了一本《从一到无穷大》的科普书,广受学生好评。我想,这无疑是我们的团所带来的一次觉醒,也是五四精神——科学的美好传承。

马克思说:"一个时代的精神是青年代表的精神,一个时代的性格是青春代表的性格。"李大钊也说:"为世界进文明,为人类造幸福,以青春之我,创建青春之家庭,青春之国家,青春之民族,青春之人类,青春之地球,青春之宇宙,资以乐其无涯之生。"面对未来,作为一名学校团委书记,我将以五四精神为指引,认真细致地做好三个方面的工作。

一、以基础团务为重心,思想育人。用好"三会两制一课",开展好固原市回民中学团员意识形态四大课程:传承五四精神之爱国,理想信念不动摇;传承五四精神之民主,用力奔跑不敷衍;传承五四精神之进步,青春奋斗不懈怠;传承五四精神之科学,年少有为不放弃。

二、以社团工作为核心,实践育人。社团是共青团青春活力的象征,蓬勃发展的高中社团文化也是当代青少年的需求,我们坚持在社团活动中只做掌镜人,不做出镜人,真正磨炼学生的能力,培养出党和国家需要的人才。

三、以资助工作为抓手,服务育人。我校团委承担着全校学生的资助工作,以及对受助的学生进行心理辅导和感恩教育,工作中我们严格按照各项制度进行资助,充分落实为学生的权益服务,促进学生的成长发展。

伟大时代呼唤伟大精神,崇高事业需要榜样引领。坚定理想信念不动摇,不敷衍团的工作,不懈怠地去完成党和国家所赋予我们的任务,永不放弃思考和探索。大浪淘新,固原市回民中学团委将与时代同行,坚定理想信念,让前程更伟大。

与新高考的第一次"碰撞"

——浙江省宁波市高考改革背景下学校教育变革专题培训有感

　　培训的时间总是很短暂,每次能有机会参加培训,我都非常感恩,能够不断聆听很多优秀老师的思想和做法,激发自己再思考、再实践、再出发,这是一件很快乐的事情。我一直相信,一个人的自我成长,是在各种碰撞中形成的,是在和厉害的人、事、物深度碰撞中淬炼而成的,我也相信,只有这样的过程,才能减少我们的"本领恐慌"。

　　《国务院关于深化考试招生制度改革的实施意见》规定,2017年全面推进考试招生制度改革,到2020年基本建立中国特色现代教育考试招生制度,形成分类考试、综合评价、多元录取的考试招生模式。

　　这次培训,参观学习的浙江宁波的几所中学,无论是学校的组织管理、师资力量的配置,还是教师的教学模式、班级管理理念等都发生着适应性的改变,充分应对高考改革的巨大挑战。学校为教师搭建广阔的成长平台,强化教师培训,尽快转变传统教学观念,学习新课程理念,使教师具备新的教学技能、生涯发展观,与时俱进,追求教学水平的动态提升;鼓励教师积极参与校本课程的研究与开发,通过教学教研实践来提升教师专业素质;鼓励教师积极参与生涯规划教学的学习与研讨,重视加强教学科研观念,让教师在教学反思、教学模式、生涯教育、校本课程中发挥重要作用。

　　新高考中学生可以自主选择考试科目,以往由学校统筹计划变为学生的自主选择,这一变化必然会造成教学资源投入的不平衡。为缓解教学资源不足的问题,这几所学校充分利用周边环境,与大学、研究院等高校合作,结合本校实际,整合教学资源,为本校新高考的顺利实施打好基础。

学校提供有力的制度保障,完善教师考评机制,使其在新制度下真正发挥教师评价体系对教师专业发展的影响功能;优化人事分配制度,充分调动广大教职工的积极性、主动性和创造性,建立"学校引导,学生选择"的全新教师任用机制,顺利推进高考制度改革的实施。

为了应对"走班制"的实施在空间和时间上造成的班主任教师与班级学生的"分离"问题,他们结合本校校情,有的将行政组班和教学走班紧密结合,有的实施充分的走班,但进行导师制的管理。在这样一个开放的教育环境下,班主任教师从实际出发,积极探求适合学生个性化发展的空间,突破传统管理模式,关注班级网络平台建设,结合网络平台建立一整套科学、合理、完备的考核、评价制度,实现教师实时追踪,通过线上与线下互动增加与学生的相处时间。

在可能的条件下,教师更注重多组织协作学习、实践性课程学习并进行引导,激发学生学习的积极性;重视思想方法,培养学生掌握和运用知识的能力,在课程教学中充分展现学科的价值,强化应用意识。

教师的角色担当不再是简单地胜任学科教学工作,还要胜任学生成长导师工作。助力学生在学习过程中培养兴趣、发现自己的特长和优势,并结合自身所长尽早学会自我选择、自我规划;安排好高中阶段所有学业进程,做学生高考这个关键渡口的"摆渡人"。

布鲁姆"认知目标分类"中指出:低阶思维包括知识、领会、运用,高阶思维包括分析、综合、评价。新高考改革之前我们更关注低阶思维,新高考之后我们应更关注高阶思维,而培养高阶能力的方式,我认为是进行研究型课程的开发,而研究型课程的开发,我自己是从以下这五个方面进行把握的。

1.教材是最为常用、最为熟悉的课程资源,是研究型课程开发的基本结构单元。

2.言传身教,耳濡目染,学校文化是研究型课程开发的深厚资源。

3.学校需要家庭去支撑,学生需要称职的家长,家庭是研究型课程开发的依托性资源。

4.大自然是学生生活的重要组成部分,是研究型课程开发的鲜活资源。

5.社会也是学生生活不可或缺的一部分,是研究型课程开发的直接资源。

有趣而有意义的"互联网+教育"

2018年的暑假,我们一家在外游玩,经过三峡大坝的时候,张芯语絮絮叨叨的,像个小大人一样,说:"妈妈呀,不能在河边逗留玩耍,防止溺水,有人掉下水的时候不能自己独自去抢救,而要告知大家,一起救援……"我问:"哎哟,说得挺好,谁告诉你的呀?""安全教育平台看的。"

这是我第一次深刻感受到"互联网+教育"给自己的孩子带来的成长。

随着经济和社会的发展,互联网闯进了我们的生活,改变了我们的生活方式,带来了一场新的学习革命。由于各个家庭情况不同,家长本身的认知能力、思想、科学水平不同,社会有关职能部门、学校通过各种形式举办的培训时间和次数是有限的,而"互联网+教育"确实能够帮助我们对孩子进行合适的教育,解决很多有限性的问题。

一、"互联网+教育"有效地解决了家庭教育有限性的问题

学校以班级为单位,建立班级微信群、班级圈。利用微信、云校家等平台带动家长一起学习国家的大政方针,学习国际国内时事,学习教育方法,开设适龄儿童法律法规学习专题,学习安全逃生、自护自救等知识,及时弥补了家长和学校教育有限性的遗憾,而且让家长学到相关知识,获得成长,有助于家长理解学校,配合老师,最终实现家长、教师合力育人的目标。

二、"互联网+教育"带来家长与孩子思辨能力的提高

2019年10月23日,女儿班主任高老师在群里发布通知,让大家积极参与"互联网+教育"的一个活动,恰逢她们的语文老师最近一直在开展班级识字小课堂活动,张芯语说她想要借用我的教学助手和移动讲台来讲

"祖国"这两个汉字,录制的过程中,我发现她讲的"祖"的笔画和她点开的教学助手提供的字典中的"祖"的笔画不一样,我暂停了录制,向她询问,她非常肯定自己说的是语文老师讲过的,是正确的,而教学助手中的是错误的,我们一起查阅了相关资料,充分认定了教学助手的小错误。这场人与人工智能之间的博弈让我们激动万分,成为我们人生历程中一段难忘的记忆。

这件事带给我很多的思考,在当今信息爆炸时代,面对大量信息,除了教会孩子进行信息的搜索与筛选,培养她们的逻辑思辨能力显得尤为重要。我们借助网络搜索相关信息,并不是盲目的,必须有思考地进行参与,要有思辨性。这种思辨性,体现在一系列逻辑性很强的"追问似的"搜索上,更体现在搜索到相关信息后,对信息之间内在联系的思辨上。我们对搜索到的信息进行分析、推理、判断,对所涉及的内容进行辨析、甄别与整合,这样才能更好地形成自主学习的能力。

三、教育影响孩子用科学态度和方法对待网络

身教重于言传,在使用网络时,家长应处处严格要求自己,要求孩子做到的自己首先要做到,给孩子作出表率。试想,如果家长整天沉迷网络,在网上做一些无意义甚至有害的事情,而去教育孩子不要这样做,教育效果是可想而知的。要结合生活实际,运用正反面事例分析,让孩子认识到网络是一把"双刃剑",既可以给我们带来很多的便利和收获,也可以让我们受到伤害,甚至使自己走向犯罪的深渊。这种事例的分析引导,能让孩子一上网就有了一种选择意识、防范意识,可以自觉躲避不良信息的侵袭。

2016年,我国九部委联合印发《关于指导推进家庭教育的五年规划(2016—2020年)》(以下简称《规划》),《规划》提出大力拓展家庭教育新媒体服务平台,进一步加快网络家长学校建设,大力拓展微博、微信和手机客户端等新媒体服务平台,借势借力有影响力的自媒体平台,基本搭建覆盖城乡、传统媒体与新媒体深度融合的家庭教育信息共享服务平台。

做好家庭教育工作,促进儿童健康成长,是时代的要求、人民的期望,我相信只要我们合理利用"互联网+教育"这种新媒体、新平台，让它的作用最大程度、最有价值地得到发挥，一定能够帮助我们培养好自己的孩子。我想这一定是来自"互联网+教育"的有趣而有意义的力量……

关于优秀的思考

——五四表彰大会后有感

2021 年 5 月 4 日,我校组织了固原市回民中学 2021 年度五好学生、优秀班干部、优秀团干部等表彰大会。五四表彰大会是一个美好的形式,用表彰的方式肯定了在每一个平凡而充实有为的日子里,洒下了无数汗水、积极进取、奋发图强的集体和个人。获奖的理由只有一个词:优秀。优秀的方式却不尽相同。有的班集体在打赢三场硬仗活动中率先垂范成为年级楷模;有的班级团队活动积极向上,在校风转变过程中弘扬正能量;有的同学获奖是因为品学兼优、身心健康、富有社会责任感;有的同学获奖是因为有领导力,能带来团队的共同进步;还有的同学获奖是因为热心社会公益,积极参与志愿者活动……每一位同学的成功都证明了一分耕耘就有一分收获、天道酬勤的道理!

每个孩子其实都渴望取得成功,渴望获得老师的赏识、父母的赞许和同学们的佩服。要优秀也不难,每一节课都认真预习、听讲讨论、巩固复习,稳稳地提高学业成绩,就是一种优秀;捡起地上的废纸放入垃圾桶,拧紧漏水的水龙头,离开座位时将桌面清理干净凳子轻轻归位,遇见老师同学时主动微笑问候,就是一种优秀;认真上好每一堂体育课,认真参加每次体育活动锻炼,身心健康,就是一种优秀;宽容对待别人的过错,用勇敢的心面对一切挫折,有自信去战胜艰难困苦,就是一种优秀……无论是哪种优秀,都是积少成多的渐变过程,都是从点滴小事培养起来的。

有时候想想,不知道我们是否都意识到了这一点。有了这份关注细节,从点滴做起的意识,接下来就是用心,要讲究方法。好的学习方法是成功的基石。一名优秀的学生,总是以课堂为中心,努力做好预习和复习,主动去学而非被动去等,这是科学的学习方法。课堂听课是最重要的,聪明的学生在课堂的注意力总是高度集中,通常他们在课堂上就把问题解决了,所以上课时积极主动、大胆发言、积极思考是重要的学习方法。要想成功,就要时刻用目标激励自己,要相信自己能行,目标是学习的内在动力,每个人都要将目标细化到平时的日常行动上,具体地说就是制订好学习计划,合理地分配好学习时间,将远大的目标落实在平时一点一滴的积累中。在学习的过程中,会遇到一些困难,但是受到挫折时要正确对待,要能做到胜不骄、败不馁,注意总结经验,逐步提高,只有做好了一点一滴,才能绳锯木断,水滴石穿。当我们成长为最棒的自己时,相信我们也一定能成为时代的栋梁。

同在一个校园内,朝夕相处,每个人都是他人奋斗历程的见证者。2020年,学校提出了"打赢校风转变仗、中高考翻身仗、校园环境治理仗"三场硬仗,将其作为本学期乃至今后长期的奋斗目标。从开学到现在,校园里的变化随处可见。我也清楚地看到,很多同学都能够自觉遵守纪律,做到举止文明、礼貌待人。学校也涌现出了一批学习刻苦、勤奋努力、成绩突出的优秀学生,他们在课堂上、班级中、校园里播洒下了辛勤的汗水,获得了骄人的成绩,也赢得了广大师生的认可和赞誉。可见,抓住机遇者,总能激发出成功的潜力。领先一步,就早得一分人生的成就,就多得一分人生的无悔和辉煌,将来也会少一点自责和遗憾。

用胜利去书写，用奋斗去铭记

提笔写下这个题目的时候，我突然想起了 2022 年 3 月 31 日早上八点钟，太阳高照，我带着 140 名学生正式开启由市教体局主办，我们学校承办的固原市"吃红军餐，走长征路"红色研学第一期的活动。这是一次红色文学的体验之旅，有太多太多珍贵而难忘的瞬间，但此时此刻，浮现在我眼前的是这样的画面：当我们穿上红军服，步行 2.5 公里后登上六盘山顶，在大雪纷飞中，有学生哭了。我问她："孩子，你为什么哭？"她说："老师，为了胜利。"是的，为了胜利。

1928 年河北乐亭县的一个农民家庭，一个男孩降生了，他叫赵先有，1950 年，响应"抗美援朝、保家卫国"的号召，他随中国人民志愿军奔赴朝鲜战场。此时，他与妻子结婚仅 6 个月，分别之际，怀有身孕的妻子对他说："你就走吧，家里有我，早日立功受奖，我们等你回来。"1952 年 10 月，在开城 67 高地防御战斗中，赵先有带领连队与敌人顽强拼搏，直到全连仅剩他和战友两人，仍坚守阵地。赵先有身负重伤，双目失明，在最后的时刻，当他觉察到敌人即将反扑，一把抓起报话机，急切地喊道："首长，快向我们开炮，为了祖国，为了胜利，向我开炮。"最后，赵先有与敌人同归于尽，壮烈牺牲。

今天，当我们回首这段历史，历时两年零九个月的战争，中国人民志愿军歼敌无数。是英雄的中国人民志愿军高举正义旗帜、舍生忘死、浴血奋战，赢得了这场伟大胜利。这场胜利用铁一般的事实告诉世人，中华儿女始终拥有精忠报国的爱国情怀、视死如归的英勇气概，他们追求光明、崇尚英雄、爱好和平。

铭记伟大胜利，推进伟大事业，这首先来源于一种意识。当你有了这种意识,你便会以红军的标准要求自己;当你有服务的意识,你便会为这世界带来更多的真,更多的好;当你有优秀的意识,你才会不懈追求,努力奋斗,成长为最棒的自己,成长为你的父母、老师所期盼的样子。

让我们用行动告慰英烈,告诉世人:中国军人永远坚定,中国未来永远坚定,中国军人用胜利去书写,中国未来必定用奋斗去铭记。

流水不争先，争的是滔滔不绝

——自治区骨干教师培训有感

　　培训的时间总是很短暂，每次能有机会参加培训，我都非常感恩，能够不断聆听很多优秀老师的思想和做法，激发自己再思考、再实践、再出发，这是一件很快乐的事情，我一直相信，一个人的自我成长，是在各种碰撞中形成的，是和厉害的人、事、物在深度碰撞中淬炼而成，我也相信，只有这样的过程，才能减少我们的"本领恐慌"。

　　这次国培培训，为我们创造了良好的学习机会，提供了优越的学习条件。在培训期间，我们积极学习，认真聆听名家讲座，学习教学相关策略，重点去领悟教育理论观点。这次培训使我们在教学理论和教育观念上得到了大量的补充，反思了以往工作中的不足，同时也解决了我以往教学中的一些困惑。下面是我通过培训获得的点滴体会。

一、让自己深刻，才能品尝出教育的深刻

　　昨天晚上，学校的一位同事给我打来电话，和我分享了这样一个故事。说班级里有个全年级前三名的学生，每次在她的课堂上都显示出不耐烦，于是，她将这个学生叫到办公室，原本准备进行沟通交流，帮助学生，没想到学生非常不耐烦地对她说："我不想知道那个公式是怎么推导的，你只要告诉我这个公式怎么用，用在哪里就行了，我对你的教学方法不适应，我只想要用这个公式去做题。"学生的话让老师惊讶万分，我在听到这个故事的同时，想到了著名学者北京大学钱理群教授的故事，他曾经亲自给高中学生开设"鲁迅作品选读"选修课，合作的学校是南京师范大学附属中学、北京师范大学实验中学这些生源与师资力量堪称一流的名校。起初，学生充满新奇，后来，却门庭冷

落。据《南方周末》报道，一位学生在写给钱理群教授的信里说了老实话："钱教授，我们不是不喜欢听您的课，而是因为您的课与考试无关，我们的时间又非常有限，我们宁愿在考上北大以后再毫无负担地来听您的课。"真是没想到困扰钱教授的故事如今也发生在我的身边。

我想：这就是我们来培训的意义，只有我们提高了、进步了，我们才能坚定"为未来而教，为未知而学"，所有已知、未知的知识，都是基于人的发展，都需要建构有意义的学习，培养人的好奇，启发人的心性，启迪人的智慧。学生的心扉悄然打开，如同一扇窗透过缕缕阳光，温暖而美好。教育就需要这种美好的意象和憧憬，真正让孩子的心灵敞开，遇见光亮，看见未来。教师的使命不只是为学生增加分数，同时要为孩子点亮一盏盏灯，这一盏盏灯，不仅启悟思维、烛照灵魂、点亮未来，更重要的是让孩子在真实的世界里感受到生活的诗意与生命的美感。

于是，我和我的同事坚定地认为，我们带领学生去理解公式的推导，形成思维的过程是对的，我们还要继续去引导那个只会考试、只要成绩的孩子学会热爱。未来的每一天，我不会忘记齐森青老师的认知行为疗法的分析，让我们学会面对问题，更应注意培养正念情绪觉察，唯有聚焦当下，才能收获平静和快乐。李贵安老师的个人真实的小组建设经验，张红洋老师教给我们的教学设计的理论和设计方法，段海军老师的思维型教学活动设计，岳吉辉老师关于教学反思的理念和知识……感谢各位专家学者的分享，让我们的这段培训旅程变得深刻，让我们本身变得深刻。

二、流水不争先，争的是滔滔不绝

诚然，本次培训的各位老师，不仅仅为我们带来了思想上的盛宴，更是视觉上的享受，老师们个个精神饱满、意气风发、热情四射，让我不由自主地总想起老子在《道德经》中说的一句话：流水不争先，争的是滔滔不绝。不争先不是不求上进，而是尊重自然规律，不破坏均衡，不因小失大、迷失自我。就像流水一样，慢慢地流淌。它不去争先后，而是在一点一点地积攒自己的力量。细水长流，以待迸发。我想，参加这次培训的各位前辈、各位同人，大家都用最拼搏的精神,获得了无数成就,争得了无数个第一,那么,从今天开始,希望我们都能有流水的滔滔不绝之力,永葆教育智慧之活水不干涸,做一个拥有持久力的优秀教师。加强学习,不断提升自己的教育思想,完善自己的知识结构和能力水平,以适应新课程理念下的教育教学活动,自觉成为教学的研究者、终生的学习者、教学实践的反思者。

三、最好的爱是什么? 未曾改变且坚定

我们在培训的这段时间一起迎接了高考成绩的发布,以及宁夏、陕西等地新高考政策的正式落地。新高考意味着无论是学校的组织管理、师资力量的配置,还是教师的教学模式、班级管理理念等都将迎来巨大挑战。面对新的巨大挑战,唯有坚定始终为党育人、为国育才的教育理念,坚定对教育永不改变且坚定的爱,我们才能尽快学习新课程理念,具备新的教学技能、生涯发展观,与时俱进,追求教学观的动态提升。在本次培训中所学到的前沿理论将鼓励我们未来积极参与校本课程的研究与开发,通过教学教研实践来提升自身专业素质;鼓励我们积极参与生涯规划教学的学习与研讨,重视加强教学科研观念,注重多组织协作学习、实践性课程学习并进行引导,激发学生学习的积极性;鼓励我们重视教育教学思想方法,培养学生掌握和运用知识的能力,在课程教学中充分展现学科的价值,强化应用意识。

2022 年 5 月 10 日, 习近平总书记在庆祝中国共产主义青年团成立 100 周年大会上说过,"1937 年, 毛泽东同志为陕北公学成立题词时说:'要造就一大批人,这些人是革命的先锋队。这些人具有政治远见。这些人充满着斗争精神和牺牲精神。这些人是胸怀坦白的、忠诚的、积极的与正直的。这些人不谋私利,唯一的为着民族与社会的解放。这些人不怕困难,在困难面前总是坚定的,勇敢向前的。这些人不是狂妄分子,也不是风头主义者,而是脚踏实地富于实际精神的人们。中国要有一大群这样的先锋分子,中国革命的任务就能够顺利的解决'"。

我想中国教育需要的又何尝不是这样的人,愿我们都成为这样的人。

烛光行动　造福教育

——民盟捐赠活动有感

今天,民盟福州市委会的领导带着对我校学生的无限关爱,为我校捐赠助学金 20 万元,我有幸组织并参与了本次活动!

近年来,在固原市委和市政府的正确领导下,在教育主管部门的有力支持下,学校发扬"团结奋进,不甘落后"的宁夏师范学院附属中学精神,努力打造"高质量、有特色、环境优美、充满活力的示范性学校",提出坚决打赢三场硬仗即打赢校风转变仗、中高考翻身仗、校园环境治理仗,三年奋斗目标,奋力推行"唤醒教育",有效实施"1+2+3+N"年级管理模式,积极推进"学、讲、测、纠"教学模式,大幅提高课堂教学效率。学校凸显体教融合特色教育新途径,办学质量逐年提高。学校先后被评为"固原市教育教学工作先进集体""固原市文明校园""自治区安全管理规范化示范学校""自治区'七五'普法先进单位""自治区民族团结进步模范集体""自治区心理健康教育特色学校""全国绿化先进单位"。今年的高考一本上线率 13.68%,本科上线率 63.72%,均创历史新高。

作为宁夏师范学院附属中学的一员,深感学校不断奋进中的发展,是各级领导对我校教育的支持和关心。中国教育是关乎全社会的共同责任,中华人民共和国成立以来,民盟充分发挥教育领域专家会聚的独特优势,围绕教育发展议政建言、献计出力,形成一批有分量有影响的建言成果。著名学者季羡林先生曾为"民盟烛光教育行动"题词为"烛光行动 造福人民",民盟"烛光教育行动"为提高农村教育教学质量,改善农村教师的工作环境和生活条件,做出了实际的贡献。

习近平总书记说:"要坚持社会主义办学方向,把立德树人作为教育的根本任务。"将教育比作烛光,我想带来的是教育的温度,给予学生发展的能力,不断引导其向善。将教育比作烛光,体现了教育的真实,教育应从容地弥散在宁夏师范学院附属中学孩子们慢慢长大的课堂、奔跑的运动场以及校园里的每一个地方;晨诵、暮省、晚读,日复一日,读书节、艺术节、科技节、体育节,年复一年,孩子们就这样在快乐而安静的校园中长高长大。将教育比作烛光,遵循了教育的规律,致力于生命自由成长的引导,在宁夏师范学院附属中学"唤醒课堂"上看到教育适时与适度的力量。教育有温度,教育有温情。

捐助是无私的,关爱是无价的。在感动感谢之余,我想作为教师的我更应当不断学习,诲人不倦,做人民满意的教师。同时,我希望将感恩传递,让我们的学生把滴水之恩,化作自强不息、奋发学习的动力,化作克服困难、知难而进的勇气,用优异的成绩报答父母的养育之恩,报答社会的关怀之情,不辜负民盟福州市委会对他们的帮助,不辜负社会各界对他们的殷切期望。

俗话说:授人玫瑰,手留余香。民盟福州市委会"烛光行动"的捐赠助学义举,将福泽千秋。

如何把美好的"画卷"变成满意的"答卷"

自治区第十三次党代会是在宁夏与全国同步全面建成小康社会、踏上全面建设社会主义现代化国家新征程、喜迎党的二十大关键时期召开的一次十分重要的大会。大会坚持以习近平新时代中国特色社会主义思想为指导，审议了一个好报告，选出了一个好班子，开出了一个好会风，描绘了一张好蓝图，为全区上下全面建设社会主义现代化美丽新宁夏增添了信心、注入了动力。会议指出，要自觉把学习宣传贯彻党代会精神作为当前和今后一个时期的重大政治任务，深入开展习近平总书记视察宁夏重要讲话和重要指示批示精神"大学习、大讨论、大宣传、大实践"活动，并以此为契机带动党代会精神的学习宣传贯彻，真正把党代会绘就的美好"画卷"变成让党和人民满意的"答卷"。

我想起了雨果的话："花的事业是尊贵的，果实的事业是甜美的，让我们做叶的事业吧，因为叶的事业是平凡而谦逊的。"作为一名党员、一名教师，恪守着自己的人生信条，用一件一件的小事、一点一滴的行动去履行一名教师的职责，是诠释一名共产党员对教育事业忠诚的最好的行动。

一、坚定理想信念，做习近平新时代中国特色社会主义思想的坚定信仰者和传播者

一个有教育理想信念的教师，是把职业当事业来干的人，她会思考自己的教育命题，探索自己的教学路径。对我们而言，选择的不仅仅是一个职业，更是一项平凡而伟大的事业，为了这神圣的事业，奉献，无怨无悔！习近平总书记在十九大报告中提出，要"广泛开展理想信念教育"，作为新时代的教育工作者，我们更应该用坚定的教育理想信念武装自己，只有坚定教育理想信念,才能不遗余力、不计得失地去奋斗;才能树立永不言败的精神,不怕困难挫折,知难而进,永不放弃;才能更加精益求精地去工作,不断从工作中获得成功的体验与快乐;才能不断地激发出不竭的改革创新的动力。从参加工作伊始,我就坚定了"奉献教育,不辱使命"的信念,随着从教生涯的增加,愈发意识到,好老师心中更应当有国家和民族,要明确意识到肩负的国家使命和社会责任,并把这份使命与责任传递给一代又一代的学生。我们要按照"学、教、传、研、干、实"的六字要求,把对党的十九大精神和全国教育大会精神的学习贯彻真正落到日常教育教学工作中,不但自己学,更要带领学生学,通过课堂和各类主题教育活动,引导学生做习近平新时代中国特色社会主义思想和中华民族伟大复兴的中国梦的坚定信仰者和忠实实践者。

二、培养道德情操,做社会主义核心价值观的积极践行者和引领者

做党和人民满意的好老师,必须拥有高尚的道德情操。习近平总书记在十九大报告中提出了"培育和践行社会主义核心价值观""加强思想道德建设"的明确要求。

"学高为师,德高为范。"教师的职业属性决定了教师更应当是品德高尚的人。"上行而下效。"学生不光听教师怎么讲,更要看教师怎么做。优秀的老师首先应该是以德施教、以德立身的楷模,是学生道德修养的镜子。我们要不断涵养品德,带头践行和弘扬社会主义道德和中华传统美德,以自己的模范行为影响和带动学生,把正确的道德观传递给学生。我们要通过学校课程体系和校内外教育活动阵地加强学生道德教育,引导学生自觉践行社会主义核心价值观。我们要树立正确的职业观,执着于教育事业,执着于教书育人。

三、锤炼扎实学识,做成就学生人生梦想的领航者

习近平总书记说:"过去讲,要给学生一碗水,教师要有一桶水,现在看,这个要求已经不够了,应该是要有一潭水。"作为一名教师,我们必须有广博的学识。苏霍姆林斯基在《给教师的建议》一书中,讲了一个生动的故事:有一天,一个有33年教龄的历史教师上了一堂观摩课。课上得很成功,听课的老师们都忘了记笔记,听得入了迷。课后,人们问那位历史老师花了多少时间来准备这堂课,历史教师回答说这堂课他准备了整整一生,可以说,对每堂课他都用一生来准备。但直接对这个课题的准备,则花了 15 分钟。用一生的时间来准备每堂课,这种准备指什么?这就是要拥有渊博的学识储备。要上好每堂课,我们教师就必须经常地博览群书,补充自己的知识,使自己的思想之流如潺潺流水,永不枯竭,让自己成为受学生欢迎的传道授业者、教育教学改革的先行推动者、学科建设的引领示范者、学校品质提升的促进践行者。

四、常怀仁爱之心,做学生身心健康成长的守护者

做党和人民满意的好老师,必须拥有关爱学生的仁爱之心。上课时,我会努力让我的课堂充满微笑、赞美、鼓励与和谐;下课后,我注意身边的每一处细节,当学生从我身边经过时,我会轻轻点头致以微笑;当与学生们相处时,我会多一份理解、多一点尊重;当看见学生遇到挫折时,我会多一分鼓舞、多一点激励;当我生气而想责备学生时,我会先问问自己是不是也会有过错……做好这些,并不需要太多的智慧、勇气、体力和钱财,只需要有心,有一颗热情而仁爱的心!

"三寸粉笔,三尺讲台系国运;一颗丹心,一生秉烛铸民魂。"这是习近平总书记对教师的高度评价。"今天的学生就是未来实现中华民族伟大复兴的中国梦的主力军,广大教师就是打造这支中华民族"梦之队"的筑梦人。"让我们在习近平总书记对我们教育工作者的期待中共勉,继续努力,争取做一个合格的人民教师,在合格的基础上不断完善自己、充实自己、武装自己,做一个学校满意、学生爱戴、家长放心的好老师。

凝心筑师魂，立德育新人

2022 年 5 月 10 日，习近平总书记在中国共青团成立 100 周年大会上发表了重要讲话，总书记回顾了在党的不同历史时期，共青团带领青年为祖国建设发挥的重要作用。时代各有不同，但青春一脉相承，青年人的青春在实现中华民族伟大复兴的中国梦中绽放异彩。

2009 年我大学毕业，成为宁夏师范学院附属中学（原固原市回民中学）的一名教师。学生的进校成绩非常不理想。这 13 年里，我遇到过各种各样的学困生，他们虽然成绩较差，但心怀理想。我遇到过曾在日记本写下"初中我太弱小，太单纯，高中我想变得强大"的她；我遇到过"进班前三名，因沉迷游戏，步步下滑"的他；也遇到过"品行优异，但多次考试成绩不理想后而自我怀疑"的她；我遇到过与同学发生冲突的她，在这冲突下藏着的不过是一个孤儿的倔强和自我保护，我遇到过太多……十几年来，我看见他们的父辈千辛万苦，守候着这片土地，只为这一个个承载着家庭梦想的花儿们能尽情绽放。

我如此的感同身受，我认真地思考着，行动着。习近平总书记指出奋斗是青春最亮丽的底色，行动是青年最有效的磨砺。有责任有担当，青春才会闪光。青年是常为新的，最具创新热情，最具创新动力。党和人民事业发展离不开一代又一代有志青年的拼搏奉献。只有当青春同党和人民事业高度契合时，青春的光谱才会更广阔，青春的能量才能充分迸发。我想为这一颗颗荒芜的心灵插上新绿，我想用爱去点燃这跳动的田野，我想在大地上画满窗子，让所有习惯黑暗的眼睛都能习惯光明。我希望他们为信仰而付出，为信仰而奋斗。

13 年教学工作中,面对学生基础薄弱、缺乏自信等客观学情,我始终坚持立德树人,学高为师,身正为范,积极探索教育教学规律,与时俱进,大力实施新课堂教育教学改革,以提高学生分析问题和解决问题能力为目标,切实培养学生的创新思维和创造能力。从不同的角度、不同的课型潜心研究课堂教育教学,通过不断地学习、实践,形成了属于自己的一套新课堂培训和教育教学模式,多次承担宁夏师范学院附属中学新课堂小组建设培训、新课堂展示课、交流课等任务,2017 年成立固原市黄瑜课改名师工作室,确定了工作室的发展理念、研究方向、管理体系以及活动方式,并带领十人小队,潜心研究,探索出宁夏师范学院附属中学新课堂背景下新授课、习题课、探究课、复习课等不同课型的教法,助力学生发展,助力学生核心素养的培养。2018 年完成的"新课堂高中化学不同课型的研究"课题获得市级一等奖,黄瑜课改名师工作室被评为"固原市优秀课改名师工作室"。

习近平总书记指出:共青团作为广大青年在实践中学习中国特色社会主义和共产主义的学校,要从政治上着眼,从思想上入手,从青年特点出发,帮助他们早立志,立大志,从内心深处厚植对党的信赖,对中国特色社会主义的信心,对马克思主义的信仰。

8 年的共青团工作中,提出了"楷模式影响"团委工作模式,确定了团支部及团员考核办法,调控了团青比例,规范了资助金申请、管理、发放流程和细节,编写了团课讲义、团支部工作手册、社团工作手册,创制了宁夏师范学院附属中学团员意识形态教育四大课程体系、团校教育十大课程体系。结合学校"新课堂"理念创办了宁夏师范学院附属中学各种各样的学生社团,举办了宁夏师范学院附属中学首届团知识竞赛、首届汉字听写大赛、首届辩论赛、社团联谊会等各项大型活动。积极引领学生自主管理,培养学生自主设计并组织了宁夏师范学院附属中学首届文学知识竞赛、环保知识竞赛、师生摄影大赛等大型活动。工作中坚持有理念、有创新、树榜样,努力成为楷模式的团委书记,创建楷模式的校团委,共同引领并带动全体团员的发展。

始终坚持为党育人,自觉担当尽责,心系广大青年,从政治上着想,从思想上入手，从青年特点出发，做青年友，关爱学生、尊重学生，做到对学生爱而不溺，严而有格，一视同仁。坚持做好青年的教育工作，做到晓之以理，动之以情，组织开展各项丰富多彩的活动，为学生成长和发展搭建平台。

每年的开学，我都会给学生讲述"亲爱的祖国，热爱的梦想"、"我对你的爱，不止弯腰一点点"等故事。2022年4月29日，宁夏师范学院附属中学召开纪念中国共青团成立一百周年，喜迎党的二十大"请党放心，强国有我"主题团日活动。为此，我制作了《1922—2022，与国同梦》纪录片，我们一起观看，热泪盈眶；我们一起重温入团誓词，热血沸腾；我们一起高唱《我和我的祖国》，激情澎湃；我们一起呐喊，强国一代有我在，有我们在，豪情满怀。我想，这一朵朵宁夏师范学院附属中学之花——中国之花开得很自豪。

每年三月是学雷锋月，我都会带着晨心志愿者前往敬老院进行志愿活动。今年去敬老院的活动让我们感触很多，其中有两位老奶奶给我们每一个人都留下了非常深刻的印象，她们非常开心地向我们展示她们画的简笔画，脸上满是幸福和开心，其实她们从去年才开始学习画画，因为热爱，才决定要学着画，而学习画画的过程让她们的老年生活更加的幸福而美好。在回学校的路上，我的学生马锋说："老师，周一晨会我能不能演讲，我有点感想。"我说："好呀。"周一晨会上，他给所有同学分享了这段经历。他说："雷锋在自己的日记中写道，人生在世，只有勤劳奋发图强，用双手创造财富，为人类的解放事业贡献自己的一切才是最幸福的，他以自己的事业为幸福的尺度，他每一天都在用自己的双手为自己打造幸福，丈量幸福……在紧张的工作闲余，挤出少量的学习时间，去补充自己的文化知识，他说过要想学习，时间总会是有的，问题是我们愿不愿意挤，善不善于钻。作为学生的我们，有大把的时间可以学习。人不可一日不读书，活到老学到老。学得多了才可能创造和突破，只有学习才能让心灵平静。"他觉得学习其实很幸福。我想，这一朵进步之花、奋斗之花开得很美好。

2018年固原市团员代表大会召开，非常荣幸我和我的学生海睿智一起参加了这次大会。在前往分组讨论会议室的路上，海睿智问我："老师，我真的也要发言吗？是真的吗？我该讲些什么呢？有什么要注意的？"我鼓励他讲出自己真实的感受，讲出自己的真心话。我永远不会忘记他当天的发言，他大方地介绍了自己，介绍了很多令他受益匪浅的活动，表达了感恩，又向市团委阐述了他对于社会救助等问题的思考。我想，这一朵使命之花、担当之花开得很温暖。

2019年4月22日世界读书日这天，我的学生刘张垚(荣获第32届中国化学奥赛初赛二等奖)给全校学生分享了他的故事。他认为，在高中化学中，外界条件固然会影响化学反应速率，但真正决定化学反应速率的还是物质本身的性质。你能为这个世界贡献多少能量，完全取决于你的内涵，人与人之间，国与国之间，皆是如此，而我们的内涵，必须通过不断的读书，不断地学习，不断的实践才能提升，人生至高无上的幸福，莫过于还能热爱，并不断追求。我想，这一朵思辨之花、科学之花开得分外妖娆。

还有属于我们发现自己"三步曲"的故事。

第一步：事出有因，发现美好的你。每学期开学，我都要逐一与学生进行一次谈话。首先，把他们的优点写下来并让他们张贴在自己的床头边。其次，我追溯了他们的原生家庭和成长轨迹，帮他们发现是因为哪个节点的问题导致他们没有成为更好的自己。最后，我和他们一起制订学习规划，确定学习目标，明确发展方向。在学生的心里种下一粒种子并不复杂，但让他们相信这粒种子会长成参天大树并能开花结果，需要我们温柔的语言、真诚的鼓励，还有发自内心地相信他一定是一个优秀的学生。

第二步：滴水成珠，成为精致的你。平时的学习中，注重细节，我会安排他们每天都讲好自己的"便利贴"故事，就是每天上课之前要用便利贴分享一个知识，或者分享一个思考，收获一个帮助，加强对知识的理解和反思，提高自己学习的兴趣。

第三步：及时反思，成就强大的你。每次考完试，我都会和学生进行一个长达两小时的深度谈话。谈及三个问题，你已经开始干什么了？你停止干什么了？你的目标是什么？最近一次我对他们说："我们有缘相伴一程，我们要把这个故事变成一个好故事,我们通过自己的努力,真的可以成功!"于是在人生的每一个转折之后,我们都要相信,只要我们愿意付诸努力,我们一定会收获彩虹。

　　无数个日日夜夜,我陪着他们一起见到过半夜一点的宁夏师范学院附属中学,一起迎接早晨五点三十凛冽的寒风。13 年来,从未因私事耽误过学生的一节课,为了上好一节课,我总是反复推敲改进教学设计,常常废寝忘食。最多的时候同时带 4 个班的化学课,每天批改 200 多份作业,还负责学校团委及班主任工作,经常忙的顾不上吃饭,由于过度劳累,免疫力下降,2015 年患上了扁平疣、颈椎病等疾病,但我仍坚守岗位,上好每一节课,开展好每一项活动,陪伴好每一位同学。13 年来,我们打赢了一个又一个属于我们的教育"脱贫攻坚战",中考成绩 450 分进校竟获得全国化学奥林匹克竞赛初赛二等奖、三等奖,高考成绩不断创造辉煌,2019 年我的学生李涛同学理综成绩更是突破建校以来最高分 230 分,2020 年马宏梅同学获得第五届全国"学宪法讲宪法"活动演讲比赛宁夏赛区高中组第四名二等奖。立德先立师,树人先正己,作为一名党员教师,一名共青团干部,我始终坚持榜样引领,楷模式影响,这 13 年里,我积极参加各级各类比赛,不断奋进,身正为范。2014 年代表固原市教育系统参加固原市直机关单位举办的"学习党的历史,践行群众路线"读书演讲比赛,荣获一等奖;2015 年 1 月参加固原市原州区消防安全演讲比赛,荣获一等奖;2015 年 3 月参加固原市妇联举办的"推动男女平等,促进依法治市"知识竞赛,荣获一等奖,并代表固原市参加自治区妇联举办的"推动男女平等,促进依法治市"知识竞赛,取得团体第四名的成绩;2015 年 11 月被固原市妇联聘为"护航春蕾"宣讲活动讲师,2015 年至 2018 年前往全市各个基层进行宣讲,关爱女童成长;2016 年参加固原市优质课大赛,荣获一等奖;2017 年参加固原市第二届教师技能大赛,荣获一等奖;2018 年参加全区化学说课讲课大赛,荣获二等奖;2019 年在固原市第五届"杏坛杯"教学成果评选活动中荣获一等奖;2020 年在固原市教育体育系统演讲比赛中荣获一等奖,固原市"四评一赛"评选活动中荣获一等奖;2021 年在全区中小学

"互联网+教育"应用大赛中荣获教学助手课例一等奖,荣获教育创新案例二等奖。先后多次获得自治区级、市级各类教育教学比赛一等奖。这13年里,我被评为爱岗敬业"固原好人"、全国优秀共青团干部;荣获第二届敬业风向"宁夏好人"称号、自治区优秀青年后备骨干等奖项。这13年里,哭过笑过,最累的时候站着都能睡着。

在我的教学生涯中,学生们给我起了很多"外号",其中"黄妈"叫的最响,我的一位社团学生这样写道:"每个人的一生都会遇到那么几个重要的人,让人无比感恩,对于我们来说,黄妈您就是这么重要的人,您既有母亲般的细腻,又有老师般的循循善诱,然后这二者的情感都无私的奉献给了我们。"

"黄妈您是我们的知己,更是一个高明的举荐者,是您发现了埋没在人流中的我们。您是钟子期,发现了马向妮演讲中的"高山流水";您是伯乐,观察出张旭这匹"千里马",为回中拍摄宣传片。"

"完美是不可及的,天下没有十全十美的人,但是,在我心中,您真是完美的,因为语言已经开始为您简陋,我只能用粗鄙的文字为您写下一首诗:一年一度一春秋,忙忙碌碌白了头;可怜光阴不闲等,辛苦汗水堪高楼。"

2018年的5月19日,当我的学生因为癌症复发躺在病床上,昏迷数日听到我的声音最后清醒的瞬间,握着我的手,嘴里不停地说着一个词"老师",我真是泪如雨下,我心中坚定一件事,就为了这句老师,只为了这句老师,无论多么艰难,我一定要好好努力。

习近平总书记指出,党和人民需要一大批这样的先锋分子,这些人是革命的先锋队。这些人具有政治远见。这些人充满着斗争精神和牺牲精神。这些人是胸怀坦白的、忠诚的、积极的、正直的。这些人不谋私利,唯一的为着民族与社会的解放。这些人不怕困难,在困难面前总是坚定的,勇敢向前的。这些人不是狂妄分子,也不是风头主义者,而是脚踏实地的人们。党中央殷切希望共青团能够培养出一大批这样的先锋分子。这是党的殷切期待,也是祖国和人民的殷切期待!我将不负期待,继续努力,喜迎二十大,青春著华章。就让我以青春的名义来憧憬,一名青年的人生必将是在那青春的奋斗中燃烧,必定是在不忘初心，引领青年中谱写精彩；就让我以教育的名义去承诺，即使明天天寒地冻，路远马亡，一位教师必将把生命的慷慨与繁华赋予她的学生，赋予她所珍爱的中华民族教育事业，赋予此时以及未来的每一次花开。

时代的接力棒已经传递到我们这代人手中，心中有阳光，脚下有力量。从扣好人生第一粒扣子到始终保持艰苦奋斗的前进姿态，从胸怀忧国忧民之心、爱国爱民之情到依靠勤劳和汗水开辟人生和事业前程，青春的模样是正能量的模样，青春的风采是真善美的风采。在新时代的奋斗实践中，让我们用臂膀扛起如山的责任，不怕苦、不畏难、不惧牺牲，展现出堪当大任的非凡担当。在新的伟大征程上，让我们一起努力在青春的赛道上奋勇跑下去，始终保持永不懈怠、只争朝夕的精神状态，在常学常新中加强理论修养，在真学真信中坚定理想信念，在学思践悟中牢记初心使命，在细照笃行中不断修炼自我，在知行合一中主动担当作为，保持对党的忠诚心、对人民的感恩心、对事业的进取心、对法纪的敬畏心，做到信念坚、政治强、本领高、作风硬，做人民满意的教师，做人民满意的青年。

雷锋精神永垂不朽

2023 年是毛泽东等老一辈革命家为雷锋同志题词 60 周年。习近平总书记在"纪念毛泽东等老一辈革命家为雷锋同志题词六十周年"座谈会上强调，"把雷锋精神代代传承下去"。

60 年前的那场意外，夺走了雷锋的生命，但却夺不走雷锋精神。雷锋精神从来就没有走远，新时代，仍然有万千楷模，让我们感受着温暖与力量。是命运置她于危崖，她却回馈人间以芬芳的张桂梅校长；他是与自己抗争，向贫穷宣战，一直在战斗，一生都在坚守的抗美援朝老兵朱彦夫；也是正站在寒风中的同学们、老师们，或是同学们的家人、朋友。

最让我们铭记的雷锋精神就是助人为乐。助人这件事情真的能给自己带来快乐，是我从母亲那儿感受到的。我们家原来住 6 楼，楼里的住户总是把垃圾先放到门外，再等下楼的时候带到楼下的垃圾桶扔掉，那时候没有电梯，我妈下楼的时候总是把从 6 楼到 1 楼的垃圾都随手带下去，一起扔掉，这件事情，我妈一做就是十几年，楼里的邻居们也因为我妈的带动，养成了只要下楼，不管是自家的垃圾还是别人家的垃圾都会主动带下去的习惯。我们家在那栋楼里住了十几年，和邻居们的关系非常和谐，即使现在搬家了，老邻居们仍然常常走动，互相问候。母亲教会我的是助人精神，真的会让自己快乐。

2022 年，我所带的 17 班面临着高考，在这紧张的冲刺阶段我们班有一位女生却出了状况。由于突发的家庭变故和巨大的高考压力，她开始持续的失眠，晚上睡不着，白天精神恍惚，常常不吃饭，这些情况都被跟她同一宿舍的我们的副班长看在眼里，她悄悄地跟我汇报了这一情况，宿舍里的同学们主动排了个班,每天都至少有一位同学跟她在一起,关心她吃饭、睡觉、吃药的每一个细节,默默地给予陪伴与保护,正是在全宿舍女生的共同努力下,她平稳的度过了高三阶段,考上了心仪的大学。我的学生们用行动告诉我,助人为乐这件事情,00后干得不错。

一切的现在都孕育着未来,未来的一切都生长于它的昨天。60年前的雷锋刚刚从旧社会的苦难中走来,面对新社会给予的尊重和关爱,雷锋抱着巨大的感恩之心,一心向党,把对党的爱化为对身边人、身边事的善良与关爱。那个风雨交加的夜晚,他不顾劳累送一对母子回家;那次出差的路上,他给旅客倒水,帮助列车员扫地、擦地,接送背着大行李包的旅客,给不认识字的旅客念报纸。他做的每一件事都很小,但涓涓细流汇聚起来就是汪洋大海,新中国正是因为有很多像雷锋一样的人,才那么让人感动与温暖。

梁启超先生说:"故今日之责任,不在他人,而全在我少年。少年智则国智,少年富则国富,少年强则国强。"在刚刚过去的2月,习近平总书记作出重要指示:"让学雷锋在人民群众特别是青少年中蔚然成风,让学雷锋活动融入日常、化作经常,让雷锋精神在新时代绽放更加璀璨的光芒。"我相信我们宁夏师范学院附属中学的学子们必会响应总书记的号召,让雷锋精神代代相传。

学习习近平总书记致全国优秀教师代表信件有感

学习了习近平总书记在教师节致全国优秀教师代表的信件原文,非常感动,总书记长期关心教师队伍建设,关心教育事业。从"四有"好老师一直到现在提出教育家精神,都是他对党的教育事业,对人民教师的关心关怀,这让身为教师的我们备受鼓舞,同时也受到鞭策。

"心有大我、至诚报国的理想信念"是要我们坚持正确的理想信念,大力弘扬教育家精神,才能恪守教育"为党育人,为国育才"的初心使命。

"言为士则、行为世范的道德情操"是要我们秉持崇高的道德情操,大力弘扬教育家精神才能发挥教育引领人、温暖人、凝聚人、感召人、教化人的精神力量。

"启智润心、因材施教的育人智慧"是要我们运用精妙的育人智慧,大力弘扬教育家精神才能体现教育深入学生心灵、春风化雨、润物无声的良好效果。

"勤学笃行、求是创新的躬耕态度"是要我们保持赤诚的躬耕态度,大力弘扬教育家精神才能推动教育的种子在思想的园地里落地生根、开花结果、枝繁叶茂。

"乐教爱生、甘于奉献的仁爱之心"是要我们铸牢纯真的仁爱之心,大力弘扬教育家精神才能推动教育回归本真、回归本分、回归本位。

"胸怀天下、以文化人的弘道追求"是要我们树立端正的价值取向,大力弘扬教育家精神才能激活教育传道尚美、成风化人的内在动力。

作为一名化学教师,我想我们首先要牢记总书记的嘱咐叮咛,有朝着教育家精神去追求、去努力的一种冲劲。有了这股冲劲再去追求。

在日常教育教学中,更要做到以下四点。

一、必须忠诚地履行教师职责

教师要树立正确的思想政治观。党的教育方针要求教师具有明确的政治标准,以党的指导思想为指导,严格遵循党的路线、方针、政策。坚持正确的政治方向,按照党和国家的需求去培养人,"师者,所以传道授业解惑也"。首先为师,要有良好的师德和师风,起到良好的榜样作用。接着就是要传授伦理道德、做人的哲理,做好思想教育。授业,则是教给学生专业知识和技能。解惑就是经常性的、大量的、耐心细致的帮助学生解答疑问,还要引导学生在不疑处设疑,促进学生思考,进而养成质疑和批判精神。培育学生学习的能力,让他们学会思考,掌握创造性的学习方法,引导他们发现自己的潜能,找到自己的志趣,不断成长。

二、必须具有博爱精神

根植于教育中的爱是大爱,亦即仁,或称为博爱。博爱要爱一切学生,包括那些调皮捣蛋、桀骜不驯的学生。接受有缺点的学生,容纳不完美的孩子。坚守人文精神,尊重学生,注重培养他们的人格完整;尊重学生的发展权利,注重培养他们的爱己容他。拥抱儿童立场,教师要有一颗童心对待学生,多从儿童立场、儿童视角出发,发现这个世界的奇妙和美丽,与学生产生心灵的同频共振。注重学生的身心健康,党的教育方针要求教师关注学生的身心发展,注重学生的全面培养,关心学生的心理健康,及时发现和解决学生的问题,营造良好的学习环境和人际关系。此外,还应关注学生的体育健康,注重培养学生的体育锻炼习惯和意识,帮助学生健康成长成人。

三、必须掌握精湛的教学艺术

讲授方法、语言功底、板书艺术、心理暗示以及应用信息技术的能力等,在我看来都是教学艺术,平时也要不断地在这些方面学习进步,与时俱进,创新创造。教育教学中要立足具体实践,注重道德教育,以课堂为主阵地,结合讲授的内容,以丰富多样的形式来进行道德教育,确保师德师风的长久传承。

四、必须既教书又做科学研究

一个成长型的老师要尽可能地去做到以教学带动科学研究,以科研促进教学。教师应注重个人修养和继续教育。党的教育方针要求教师具备高尚的品德和良好的文化修养,教师应当注重自身的素质培养,通过阅读书籍、参加学术研讨会和培训班等方式不断提高自身的修养和专业水平,只有具备了高尚的品德和深厚的学识,教师才能更好地完成党的教育方针所赋予的使命。

教育家精神,它是一种素养、一种境界,它也是一种底色、一种态度,应体现在教育教学工作的细节当中。

把灯点亮

斗转星移，花开花落，六年的小学生活看似漫长却又是那么短暂！今天，孩子们的小学生活就要在这里画上一个圆满的句号了。回首孩子在十八小的六年，往事历历在目。六年前，我们的孩子为了共同的梦想从不同的家庭步入十八小的校园。作为家长，曾经忐忑，曾经不安，是十八小的老师们用亲切的笑脸打消了我们做家长的顾虑，他们牵起那一双双小手，从此开始了孩子们人生的新篇章！

六年来，是你们——十八小的老师们，在这六年里一步一步指引着孩子们前进的航向，启迪着孩子们的智慧！引领着孩子们在广阔的知识殿堂里遨游，带着孩子们在广袤的知识海洋中汲取养分！学校的领导和老师们总是急孩子家长之所急，想孩子家长之所想！家长会上南校长等各位领导向我们传播的先进教育思想和创新理念；孩子作业本上留下的语文老师张静饱含深情的批语"心怀大志、梦想成真"；成长记录中班主任马小花老师娓娓道来的殷切期望"数学思维非常好，要再仔细一点"；"希望同学们都能做一只快乐的小鸟，努力翱翔"。所有老师们不计辛劳地加班加点，这些点点滴滴的心血付出，让我们家长看到了十八小高尚的师德师风，看到了十八小的求真务实，看到了十八小优秀的教学水准！我们知道，十八小的课堂有不拘一格的形式，十八小的课外活动更是多姿多彩，十八小参加的各类比赛都是名列前茅。是十八小的阳光雨露滋养和培育了这些年幼的孩子，他们在十八小的怀抱中一天天长大。当孩子们捧着一份份优异的成绩回家，当孩子们一天比一天懂事温暖，我的心情激动无比，感谢学校，此时此刻，我心存感激！

感谢老师们，点亮了孩子的明理信仰之灯。当孩子无论何时何地，听到国歌,立即站立,行少先队礼;当孩子无论何时何地,遇到老师,鞠躬问好;当孩子在马路上行走,自觉遵守交通规则,并及时提醒他人改掉不正确的行为;当孩子回到家中,主动拿起了笤帚,端起水果总是第一时间递给爷爷奶奶,鼓足劲为姥姥姥爷做力所能及之事;当孩子在二十四节气之时,行节气之举,为民俗之行。我感恩,这盏灯已被点亮。

感谢老师们,点亮了孩子的热爱奋斗之灯。热爱是张芯语在语文课上听到作文被老师点读时的欢喜雀跃;是数学课上听懂老师讲的,灵机一动,想起了第二种做法时的激动兴奋;是刚退烧,就着急要返回学校,因为课堂上举手回答问题有贴贴,贴贴可以兑换与老师们一次美好的约定;是从前我催促她完成作业,催促她阅读,如今她主动积极,可以安静地阅读很久很久,沉醉其中;是她参加各类比赛,坚定地说出"十八小　六(七)班",是她拿到一等奖时很淡定,拿到第二名时鼓励自己要继续努力;是从前她对二胡和乒乓球的喜欢很单一,如今她总说这些是中国的,我们有责任发扬光大;是她站在龙门石窟、黄果树瀑布前,走过祖国的山川河流,情不自禁地说:"君不见,黄河之水天上来,奔流到海不复回";是她讲起中国历史滔滔不绝,与我讨论明成祖朱棣时感悟的历史意义。注入热爱的奋斗是不会被打败的,热爱缤纷多彩,奋斗永不停止,少年本该如此。我感恩,这盏灯已被点亮。

感谢老师们,点亮了孩子们的团结关爱之灯。在六(七)班鹿鸣班里,我们听到了"一言 lan 尽、mai 有、nga、智慧的小眼神"这些可爱的呦呦鹿鸣;在合唱比赛、足球比赛、诗词大赛、经典诵读等比赛中,我们看到一张张红红的小脸蛋在大声呐喊"六(七)班加油、十八小加油"时看到他们团结的呦呦鹿鸣;有同学因病请假回家后,是老师和同学为他们整理好试卷,收好书本,并及时告诉他们学习的内容,当他们返回班级,会听到温暖有趣的呦呦鹿鸣;每逢佳节,我们总是第一时间收到来自老师们的关心问候。最好的爱是什么,是点滴细微,未曾改变且坚定。我感恩,这盏灯已被点亮。

这饱含深情的 2000 多个日日夜夜,如同颗颗美丽而宝贵的珍珠,承载着孩子也承载着家长们的记忆,记载着十八小的进程,更记载着孩子们的步伐。

我们要把这美丽的珍珠颗颗保存,粒粒串起。六年前,当你们踏进学校大门的时候,你们还是少不更事的孩子,如今,经过学校这块沃土的栽培,经过学校园丁的精心培育,你们一个个都已成为有理想、有志向的小小少年。羽翼日益丰满,即将起飞翱翔在更广阔的蓝天。要不了多少年,你们当中不少人就是社会和国家的栋梁。可是,孩子们,不管你们将来飞得有多高有多远,你们的本领有多大,都不应该忘记,是十八小学给了你们成功的种子,点亮了一个个希望之灯,是这里给了你们起飞的动力。希望你们永远铭记母校的教诲,希望你们能经常回母校看望你们亲爱的老师。你们更要用今后的努力来延续今天的成绩,绘制明天的蓝图!因为我们都相信你们的性格里已经注入了十八小"做最好的自己"这样的卓越精神。

这饱含温暖的 2000 多个日日夜夜,将成为美好的回忆,如同一阵微风,当微风吹过的时候,孩子们感受到的是幸福,是温馨,是甜蜜。老师们,我们原本只想收获一缕春风,你们却给了我们整个春天,我们原本只想捧起一簇浪花,而你们却给了我们整个海洋,在这人生的重要转折点,感谢十八小为孩子们举行盛大的毕业典礼,愿孩子们把握好人生的方向盘,驶向光明、美好的明天!

铸牢中华民族共同体意识

一部中国历史,就是一部民族团结、融合发展的历史。从东北的乌苏里江流域到西北的帕米尔高原,从海南岛的椰树林到宁夏沙坡头,都居住着我们少数民族的兄弟姐妹。56个民族在中国共产党的领导下紧紧相拥,为走向共同繁荣、建设文明富裕的社会主义现代化强国而并肩奋斗着,我们也在生活的点点滴滴中感受着这个大家庭的温暖。

2014年5月28日,习近平总书记在第二次中央新疆工作座谈会上指出:"各民族要相互了解、相互尊重、相互包容、相互欣赏、相互学习、相互帮助,像石榴籽那样紧紧抱在一起。"党的二十大提出,以铸牢中华民族共同体意识为主线,全面推进民族团结进步事业。

有这样一句话,在家乡这片土地上,许许多多叫不上名字的普通人,也在各自的"生活半径"中时刻践行着"民族团结一家亲",平凡生活中民族团结的微光,就是能让我们感同身受的每一段美好的记忆。

记得在陕西师范大学上学的时候,我认识的第一位朋友,是一位来自北京的满族姑娘。13年友谊的持久秘诀是什么?是在认识第一天就悄悄地去搜索满族的习俗,并用心记下,从没在这方面翻过车出过差错;是在颁金节等特别的节日里送去的一份祝福;是大年三十收到了来自北京的各种特色小吃。在我看来,民族团结是根植于内心的修养,是为他人着想的善良,是无须提醒的自觉,是以约束为前提的自由。

一切的现在都基于昨天,千帆过尽,举目远眺,中华民族在最初的岁月里,就已经种下了民族团结的基因。

古语有云:夷狄入中国,则中国之;中国入夷狄,则夷狄之。这句话就体现了我们中华民族的凝聚力和向心力。

"一去紫台连朔漠,独留青冢向黄昏。"王昭君远眺长安,她给两族人民带去了血脉的融合、文化的交融以及长达60年的和平。

"舅甥和叶社稷如一统,情谊绵长。"唐蕃会盟碑记载了那段民族融合的岁月。汉族的优秀文化知识给藏族同胞带来了飞速的发展,实现了青藏高原文化的整合与壮大。

"如琴涩然,手与弦调,心与手调,乃能成声。"这是左宗棠收复新疆时的形势分析,也是中华民族相互融合的准确解释,正是他的抬棺出征,才使得新疆回到了祖国的怀抱,使中华民族避免了金瓯有缺之恨。

走进新时代,民族团结在党的领导下融入了更加丰富的内涵。开放包容、兼收并蓄,历史上从未有过如此千载难逢的机遇。新时代的民族团结精神带领我们上下一心,共同向着中华民族伟大复兴中国梦而奋进。

在茫茫滇西,深度贫困山区,半生奉献半生坎坷的张桂梅老师用瘦弱的身体撑起1800名大山女孩的人生希望。她是东北人,满族,却为西南民族教育、脱贫事业奉献了大半生。她的光芒是燃烧自己,照亮别人。能够抗衡时间、改写命运的,唯有执着的信念。15个少数民族的学生、1800多名女孩的逐梦人生,每一个数字,都在诉说着膝下无儿女、桃李遍天下的张桂梅老师的奉献精神。"我生来就是高山而非溪流,我欲于群峰之巅俯视平庸的沟壑;我生来就是人杰而非草芥,我站在伟人之肩藐视卑微的懦夫。"这段校训中印刻着山区女孩的不屈信念,张桂梅以一生的光阴为代价,谱写着新时代民族团结最为动听的旋律。

中国人到底能团结到什么程度?一位叫马丁的英国教授这样形容:中国人最可怕的就是把团结刻在了骨子里。

刻在骨子里的民族团结精神,是一方有难、八方支援的关怀、是见义勇为、不忘初心的担当,是海纳百川、包容万物的气度胸襟,是咬紧牙关艰苦奋斗的复兴之梦;也是我们宁夏师范学院附属中学从2020年开始,在学校党委的领导下,在任校长的带领下,打赢三场硬仗,做到团结奋进、不甘落后,是我们全体师生民族融合共荣辱、万众一心勇奋进的日日夜夜。

滴水在大海中才能获得生命,生命在团结中才能绽放光芒。一切的现在都孕育着未来,铸牢中华民族共同体意识,是每一位宁夏师范学院附属中学人的使命与担当。

一、坚定信念,高举民族团结旗帜

课堂上认真学习课本知识,课下多去图书馆看书了解,在增长文化知识、了解历史中全面熟悉党的民族政策,铸牢中华民族共同体意识。让我们在阅读学习中感受党的民族政策,热爱党、热爱祖国、热爱人民、热爱家乡,自觉践行社会主义核心价值观,牢固树立国家意识、公民意识和法治意识,像爱护自己的眼睛一样爱护民族团结,像珍视自己的生命一样珍视民族团结,让中华民族共同体意识根植心灵深处。

二、手足相亲,自觉维护民族团结

要形成互助互爱、团结和睦的同学关系和民族关系,手拉手、肩并肩、心连心,和睦相处、和衷共济、和谐发展。

三、从我做起,争当民族团结楷模

学习民族团结先进事迹,以民族团结模范人物为榜样,多说有利于民族团结的话,多做有利于民族团结的事,多交有利于民族团结的朋友,形成民族团结人人有责、人人尽责的正能量,努力争做民族团结进步的好典范、遵纪守法的好公民,用自己的一言一行为民族团结进步事业助力添彩,让民族团结互助之花在我校处处绽放、常开长盛。

梁启超先生曾说过,"故今日之责任,不在他人,而全在我少年。少年智则国智,少年富则国富,少年强则国强"。我相信我们宁夏师范学院附属中学的学子们必会响应总书记的号召,坚定不移的铸牢中华民族共同体意识,我相信我们在宁夏师范学院附属中学的每一天都是中华民族大团结的记录,大家脸上洋溢出的每一个微笑都是中华民族大团结的见证。

按下新的开始键

秋风起兮木叶飞,桃李芳兮学子归。伴随着本学期的开学典礼,新学期的开始键已经全面启动。站在新的起点上,此时此刻,我想起了前两天收到的一封信,来自我校 2023 届高三年级毕业生杨雨晨。他在信中这样写道:

黄老师:您好。

写这封信的时候我已经坐上了前往哈尔滨工程大学的列车,随着列车缓缓前行,熟悉的场景离我越来越远,我突然涌上来对家乡,对母校的怀念和不舍,三年前,作为初中毕业生,面对着自己的中考成绩,我很难做出选择,或者可以说我没有选择的机会,因为当时的中考成绩只有 443 分。这个分数只有宁夏师范学院附属中学愿意接纳我,心中带着不甘的我来到这里。而今,考出了理科 517 分的成绩,我想对大家说,我的选择是正确的。

这里,有最优美的校园环境,温馨的学生公寓,物美价廉的食堂饭菜;这里,有最可爱的同学,我们互帮互助,共同进步;这里,有最负责的老师,他们对目标生的培养让我找到了自信,体会到学习的快乐,收获了成功的喜悦;这里,有最懂教育的领导,他们提倡的复习策略和"六个一"备考模式,让我们复习时不再盲目、无序。这些无不让我越来越喜欢这个地方,越来越感激这个地方。

虽然我们基础差,但老师们从不放弃我们中任何一位学生,他们用渊博的知识、宽广的胸怀、慈善的目光,让我们在迷茫中找到前进的方向,从懦弱变得坚强,由自卑逐渐变得自信,让我们逐渐找到了学习的乐趣。别人眼中的"差生"在宁夏师范学院附属中学却变成了"大熊猫"般的存在。从清晨的早读到晚自习,都有老师的陪伴,领导们也时常穿梭在教学楼道中对我们嘘寒问暖,时刻关注着我们的学习生活。只要你足够努力,宁夏师范学院附属中学就是展示自我、成就自我的最好平台。

就像人们常说的"宁买对的,不买贵的",母校宁夏师范学院附属中学,是"低进高出,高进优出"的摇篮。只要怀揣梦想,努力学习,宁夏师范学院附属中学会给我们插上成功的翅膀。是母校帮助我圆了大学梦,是老师帮助我圆了大学梦。感谢老师,感谢校长,感谢母校。

说实话,收到杨雨晨的这封信我很惊喜,他是我们学校优秀毕业生,他的成长是我们宁夏师范学院附属中学 1.0 时代的成绩。宁夏师范学院附属中学 1.0 时代,请允许我这样称呼它,2020 年,学校制定了打赢"校风转变仗、中高考翻身仗、校园环境治理仗"三场硬仗的目标,并将其作为第一个三年奋斗目标。三年来,学校的基础建设大家有目共睹,我们无愧"自治区园林校园"的称号。三年来,我们清楚地看到同学们能够自觉遵守纪律,做到举止文明、礼貌待人;他们在课堂上、班级中、校园里播洒下了辛勤的汗水,获得了骄人的成绩,也赢得了广大教师员工的认可和赞誉。我记得前两天遇到初一的小朋友们,下课了聚在一起说我们学校的管理挺严格的,还挺好的。

习近平总书记在 2018 年 9 月举行的全国教育大会上旗帜鲜明地指出:要努力构建德智体美劳全面培养的教育体系。至此,立德树人,培养德智体美劳全面发展的社会主义建设者和接班人的任务成为全体教育人的共同目标。本学期我们将按照总书记的要求,开启宁夏师范学院附属中学 2.0 时代,希望它是一个书香满园的时代,我们要打造自己的书香校园。书籍本身不可能改变世界,但是读书可以改变人生,人可以改变世界。我们的校园已经足够美丽,我们要让宁夏师范学院附属中学的孩子们在这个美丽的校园中感受到书籍带来的美好,让他们获得知识,充满智慧,慰藉心灵,塑造人格,从而拥有一个精彩的人生。

作为老师,我们深知大声朗读是一种高效的教育手段,学生在文化知识上的不断进步,足见我们确实通过诵读课本教材,培养了学生的专注力、思维力和创造力。在读书过程中人的能力得到了发展,智慧得到了提高。

在这三年里,我也收到很多学生偷偷塞进我办公室的一些信,也和很多学生进行了沟通交流,在他们勇敢大胆的表达中,我听到了他们对心灵成长的诉求,所以我希望我们的学生不仅仅读课本教材,我们更要创造机会让他们去读更多美好的书籍,让他们可以与读者交心,可以与主人公的命运共悲欢,可以在书中汲取到一种积极上进的力量。正如作家柯灵所说:"书是我青春期的恋人,中年的知己,暮年的伴侣。有了它,我就不再忧愁寂寞,不再怕人情冷暖,世态炎凉。它使我成为精神世界的富翁,我真是'不可一日无此君'。"阅读就是人类精神的放飞,我希望我们的书香校园可以慰藉每一位孩子的内心,这也是我们作为教育者对孩子们的另一种帮助。

责任心是迈向成功的起点。新的学期,我将继续用信念铸就师魂,爱岗敬业、恪尽职守,努力提高自身的素质和教育科研水平,为学校的发展尽心尽力。学高为师、身正为范,一如既往,埋头苦干,积极投身教育教学,全力打造高质量课堂,关心爱护每一个学生,教书育人、为人师表,为争做"四有"好老师而努力,为同学们的发展和终身幸福搭建平台,为他们的快步腾飞插上翅膀。

让我们在祖国的沃土上播种希望,洒下真情,奉献智慧。我深信凭着我们的赤诚,凭着我们的努力,会为每一个学生的美好未来发展奠基,我坚信:我们的明天会更好,我们的明天会更辉煌!

第二部分　教学的探索

　　讲授方法、语言功底、板书艺术、心理暗示，以及应用信息技术的能力等在我看来都是教学艺术，平时也要不断地在这些方面学习进步，与时俱进，创新创造。

　　教育教学中要立足具体实践，注重道德教育，以课堂的主阵地，结合讲授的内容，以丰富多样的形式来进行教育。

　　一个成长型的老师要尽可能地去做到以教学带动科学研究，以科研促进教学。

　　最好的爱是什么？是在追求专业化发展的进程中，永远不放弃，永远在探索……

第 56 号教室的奇迹

　　这两天,阅读了一本非常有趣的美国教育著作《第 56 号教室的奇迹》,这本书的作者雷夫·艾斯奎斯是美国洛杉矶市霍伯特小学五年级的教师。小学所在小区的居民多是非洲移民,九成学生家庭贫困,社区环境恶劣。但雷夫班里学生的成绩高居全美标准化测验(AST)前 5 名。他创造的阅读、数学、艺术等基础课程深受孩子们喜爱,所以他被授予 1992 年"全美最佳教师奖"、美国"总统国家艺术奖"并获英国女王颁发的 M.B.E 勋章。读完这本书,我认为,第 56 号教室的奇迹出自两点。

一、教育的安全感

　　雷夫与学生彼此之间建立的信任感,让学生有了安全感和信心。菲利普·津巴多在《路西法效应》一书中写道:"对安全感的需求是人类行为有力的决定因素。"可见安全感的重要性。教育的安全感是什么?我认为更多的是让学生感受到每个当下都被全然的接纳和欣赏,获得了无条件的信任和尊重,不被判断和怀疑,得到身心的陪伴和呼应。如何在教育教学过程中为学生建立安全感,我认为应注重以下几点。

　　1.换位思考,感同身受的去回应

　　换位思考,是因为我们相信,没有天生的笨孩子和坏孩子,孩子的所有行为背后都有一定的原因和动机,通过观察、分析并找出原因,站在学生的角度去看待他所面临的困境,能够帮助孩子更好地发展,而不是轻易地为孩子贴上标签。近 8 年来我一直担任学校各个年级倒数第一班级的化学教学工作,如何让倒数第一走向正数第一,从而实现不可能的变化,我认为第一点就是把自己变成"倒数第一"的孩子,以这样的身份去备课。对于接受能力有困难的学生,首先,要注重引发他的兴趣,记得讲"化学反应中的能量变化"这节课时,我就拿来了"暖宝宝"和冰袋来进行导课,讲到"来自煤和石油中重要的有机物"这节课,我拎着几个青苹果和一大袋香蕉进入班级,学生的兴趣点立马就被调动起来了;其次,将知识生活化,让抽象的概念变得更容易理解,比如用"顾名思义"法去理解相关化学概念,电负性就是吸引电子表现出负价态的性质;最后,要注重课堂的节奏,越是学习能力弱的同学,其在课堂上的注意力集中时间就越短,要适时调整上课的节奏,增加一些课堂活动,帮助学生提高注意力,这样设置课程,知识就会更容易被学生所接受。

2.平等意识,最大限度地去尊重

蒙特梭利认为,我们的教育方法与旧的教育方法的最大区别就是我们认可孩子是真正意义上的"人",尊重并呵护每一个孩子的独立人格,保护孩子丰富神奇的想象力和创造力,呵护他们敏感纯真的世界。孩子身体健康只是成长的一部分,比身体健康更重要的,是孩子的精神需求。教师在孩子的成长过程中更多的是一个观察者、引导者、帮助者,绝不能以审判者的角色,例如学生在第四节课容易精神不集中,其中一部分原因是饥饿,所以每当第四节课上课前,我会提醒学生先补充一些能量,然后投入学习中。

3.用心呵护,无微不至地去照顾

任何人前往一个陌生的环境,都会出现担心害怕的情绪,环境的改变,对未知事物的恐惧,都会引起情绪的很大波动,这也是造成焦虑的原因。作为班主任,每逢新生入校,我都会花费更多的精力和时间去对他们进行情绪上的安抚和一日生活的引导,建构班级团结友爱、互帮互助的氛围。我相信学生在一个平等、真实、亲密的环境中,逐渐建立起的安全感,会使得学生产生对教育的信任,继而学习到更多知识,获得更多经验。

二、活动教育的重要性

雷夫组织学生排演莎士比亚戏剧,每名学生扮演一个角色。学生逐渐有了表演的欲望,总想把角色演好,这就培养了学生的责任心、与同伴的合作精神等。在他的教育下,第56号教室出去的学生都获得了某些方面的成功,足见活动教育的重要性。

教育是人类传承文化、创造知识、培养人才的活动,是在师生相互活动中进行的。许多教育家都提倡过在活动中教育学生。法国教育家卢梭提倡让儿童通过实践活动和接触实际事物获得知识;瑞士教育家裴斯泰洛齐受卢梭教育思想的影响,提倡教学与生产劳动相结合,让每个儿童参加农业和手工业劳动,在劳动中学习;美国教育家杜威提出学校即社会,教育即生活,要摆脱课堂中心、课本中心、教师中心,让学生在生活中学习;我国教育家陶行知先生则把杜威的话倒过来,即社会即学校,生活即教育,提倡“生活教育”,更强调学生要以社会和生活为学习对象,并在生活中学习。

我国教育家陶行知先生提倡的“生活教育”是指儿童的学习对象、内容和方法,皆向生活学习、向社会学习。在我看来,活动既指学校课堂上的活动,也指在家庭中的活动、参加社会实践的活动,总之,是指学生参与的一切活动。学生成长在活动中,是指学生通过自己的活动、自己的体验获得成长。

活动教育要具有实践性, 实践是检验真理的唯一标准。毛泽东同志在《实践论》一文中指出,“马克思主义的哲学辩证唯物论有两个最显著的特点:一是它的阶级性,公然申明辩证唯物论是为无产阶级服务的;再一个是它的实践性,强调理论对于实践的依赖关系,理论的基础是实践,又转过来为实践服务”。人的知识是在实践中产生的。马克思主义认识论认为,人的认识过程是在主客体二者相互作用的实践活动过程中主体对客体的认识。教育过程也是一种认识过程, 其与一般认识过程的不同之处在于学生是在教师指导下进行的认识过程,但学生必须主动地参与到教育活动中,也就是说,学生要成为认识的主体,并在实践活动中获取真正认识。

活动教育要符合学生的认知规律。瑞士心理学家皮亚杰把儿童发展分为:感知运动阶段(出生到 2 岁)、前运算阶段(2 岁至 7 岁)、具体运算阶段(约 7 岁至 12 岁)、形式运算阶段(约在 12 岁以后)。直到形式运算阶段,儿童才开始能够进行假设—演绎推理、使用命题逻辑、将形式与内容完全分离等。就是在这个阶段,儿童认识事物也还是要以实践为基础,没有实践经验为基础,很难进行假设—演绎推理。尤其是儿童的情感、意志、品质等非智力因素,只有在实践中体验和发展。所以,活动是学生成长的动力。

活动教育要注重建构。建构主义学习理论认为学习是学习者在与环境交互作用的过程中主动地建构内部心理表征的过程。知识是学习者在一定的情境即社会文化背景下,借助其他辅助手段,利用必要的学习材料和学习资源,通过意义建构的方式获得的。建构主义学习理论强调以学习者为中心,认为"情境""协作""会话"和"资源"是建构主义学习环境中的基本要素或基本属性。

活动教育过程必须具备三个要素,即教师、学生和教育活动,必须三者统一才能形成教育过程或教学过程。活动教育的内涵是以学生为主体,让学生自主地参加各种活动,让学生在活动中获取知识和智慧、能力和技巧,体悟人生,形成正确的世界观、人生观、价值观,养成高尚的品质和完善的人格。

党的二十大报告指出:"坚持以人民为中心发展教育,加快建设高质量教育体系,发展素质教育,促进教育公平。"学校要坚持立德树人、五育并举,努力构建德智体美劳全面培养的教育体系,为学生终身发展和幸福成长奠基。活动教育应基于五育并举有不同的侧重。例如课堂教学活动,更应注重让学生积极思考,融入教学过程。无论是"讲讲、读读、议议""先学后教""尝试教学"等,都是为了调动学生的积极主动性,让学生参与到教学过程中,在活动中获取知识和能力。但一定要注意,课堂教学活动并非指学生的肢体动作,更重要的是学生的思维活动。在思维活动的建构中要避免两种情况:一是有些课堂搞得很热闹,学生讨论得热烈,甚至又唱又跳,但总有少数学生并没有积极参与,似乎是一位旁观者,没有积极的思维活动;二是让学生做大量的练习,机械地做题,学生似乎也在动手操作,但缺乏积极的思维活动,一定程度上阻碍了学生的发展,抑制了学生的自由成长。所以应以高质量课程体系为载体,推动学生全面发展、个性成长。课程建构中要形成对社会的认知、对生命的体验,提升创新能力和核心素养,并促进思想和精神的成长。发挥好课程思政的关键作用,并着力培养学生创新思维和实践能力,提升学生的人文和科学素养。

当一名教师倾其精力来培养学生时,就注定了他的不平凡;当一群遭遇困境的学生有此幸运遇到这样的好老师时,也注定了他们的人生不会平凡。

高中化学新课堂教学总结与反思

　　新课堂是针对课堂教学的无效性、低效性而言的。课堂教学高效性是指在常态的课堂教学中,通过教师的引领和学生积极主动地学习思维过程,在单位时间内高效率、高质量地完成教学任务、促进学生获得高效发展。高效发展就其内涵而言,是指知识与技能,过程与方法和情感、态度、价值观"三维目标"的协调发展。就其外延而言,涵盖高效的课前精心准备、返归教学本质的课堂教学和教师课后的反思与研究,以此来提高课堂教学效率。课堂教学的高效性就是通过课堂教学活动,学生在认知上,从不懂到懂,从不知到知,从不会到会;在情感上,从不喜欢到喜欢,从不热爱到热爱,从不感兴趣到感兴趣。那么,如何实施高效的新课堂教学呢?

一、课前备课下足功夫

　　要实现课堂高效,必须下足课前准备工夫,备课不是单纯地写教案而是必须备教材、备学生,不仅要花工夫钻研教材、理解教材,仔细琢磨教学的重难点,还要了解学生的实际情况,根据学生的认知规律选择课堂教学的"切入点",合理设计导学案。仔细考虑课堂教学中的细节问题,对于课堂上学生可能出现的认知偏差要有充分的考虑,针对可能发生的情况设计应急方案,确保课堂教学的顺利进行。还要设计高质量的、有针对性的课堂练习。单就每节课在上课之前对于课堂教学中导、学、展、点、测各个环节教师、教材、媒介、学生有个精细的设计,对实现新课程改革"三维目标"的高效率、高效益、高效果落实有一个先期的预设保证。

二、作为教师,课堂上应做到以下几点

1.先学后讲。这是关于教学顺序的总要求。新课堂一般要经过学生自主或合作性的学习、探究,当学生经过集体合作探究仍然不能解决某些问题、理解某些内容时,教师再进行精讲点拨。

2.三讲三不讲。要求教师在学生学习的基础上,重点讲易错点、易混点、易漏点;学生已经学会了的不讲、学生通过自己学习能够学会的不讲、老师讲了学生怎么也学不会的不讲,充分利用有效时间完成教学过程。

3.及时矫正反馈。学生的提高需要自己的内省和反思,更需要教师的纠正和反馈,教师应该通过检测,及时了解学生学习的状况,将正确的信息及时地反馈给学生,帮助学生更好地纠正学习行为。

4.减少无效教学环节。无效教学环节冲淡了课堂教学的落实,有时在环节转换和串联语上花费的教学时间太多,这样势必降低了课堂教学效益。

三、教师要适时地教给学生学习方法

学生课前独学,课堂上对群学是学生课堂高效率学习的重要手段。但是在学生大量的自主性学习面前,学习方法是否科学就突显出来了。如果学生掌握了科学的学习方法,进而养成良好的学习习惯,一则对于学生终身学习与发展有好处,二则会促进当下学生的学习,进一步促进新课堂教学的高效率。

教师应对学生明确要求,使其养成良好的学习习惯:

1.独学学习习惯。独学不只是把书本看看,不只是完成导学案,还要思考一些基本的问题:是什么?为什么?这样行吗?跟以前的知识有什么联系等等,并学会用彩色笔进行标示。这样,听课就有的放矢,会抓重点、攻难点,课堂学习效率自然就高了。

2.对群学学习习惯。先进行组内同层次讨论,然后组内集体讨论,解决疑难问题;"学科小先生"组织讨论,并起到知识引领作用;组内成员积极参与、认真探究,分享或交流,讨论声音不要太大,以免影响其他组的讨论。

3.课堂展示、点评习惯。展示同学要书写工整、迅速,展示内容后写出小结和新生成问题;非展示同学落实好讨论结果后总结拓展。点评同学做到侧站位、讲普通话,大胆、大声、大方,点评过程中注意新生成问题和规律小结;非点评同学认真听讲,大胆质疑追问。教师作为学生学习的指导者、促进者,必须在这两个环节中及时介入,进行当堂的指引或者面批面改。

4.当堂检测学习习惯。心理学研究表明让学生及时地了解自己学习的结果,会产生相当大的激励作用。反馈可用来提高具有动机价值的将来的行为。因为学生知道自己的进度、成绩以及在实践中应用知识的成效等,会激起进一步学好的动力。同时,通过反馈又可及时看到自己的缺点和错误,及时纠正并激发上进心。因此,及时反馈是新课堂必须考虑的一个策略,而具体的实施方法就是当堂检测。对课堂教学中学生思维能力是否得到发展、学生的吸收与消化是否高效进行当堂测试,能够对学生在课堂中的学习结果给予及时反馈等。

5.课后反思习惯。坚持在本节课结束后对导学案再次进行反馈学习,适时补充、修改、完善。

总之,新课堂教学表现为学生思维活跃、节奏明快,思维能力能得到长足发展。备、教、学、思的策略是相辅相成的一个整体,导、学、展、点、测的环节也是相辅相成的一个整体。今后我将继续思考、研究、总结,以科研促课改、以创新求发展,进一步转变教育观念,坚持以人为本,促进学生全面发展,打好基础,培养学生创新能力,以构建新课堂教学模式的研究与运用为重点,努力实现教学高质量、课堂高效率。

基于学生创新素养培养背景的社团课程实施策略

教育除了传授知识,更要注重激发思维,习近平总书记指出,创新是民族进步的灵魂,是一个国家兴旺发达的不竭源泉。在激烈的国际竞争中,追求创新素养的培养是当代社会发展的必然要求。

所谓创新素养,是指一个人平日创新精神和创新能力的养成和修养,即学生在日常学习和生活中养成的创新精神和能力。创新素养,是指通过教育、学习、活动、生活等来提高自己的创新素质。因此,从教育学的意义上看,创新素养更能体现创新精神和创新能力的一个培养过程,即通过创新教育,让学生在日常学习、活动和生活中养成创新的精神和能力,使学生的创新素质达到教育所规定的目标和水平。创新素养能够把"创新精神和创新能力"这个一般性目标具体化,其具体目标在不同环境、不同条件中有不同的内容和不同的要求。

在宁夏师范学院附属中学的教育教学实践中,中学生创新素养的培养,可以通过开设社团活动课程去落实。

一、将创新素养的培养融入社团活动课程的目标中,落实到学校社团活动课程中

要把培养学生的创新素养落到实处,必须将创新素养的培养融入社团活动课程的目标中,并落实到学校社团活动课程中,使之具有可操作性。

宁夏师范学院附属中学社团活动课程目标主要从六个方面渗透创新素养的培养:第一,明晰和了解创新的基本理念,树立正确的创新观念;第二,了解有关创新的知识和原理,培养学生具有较高的创新理论素养;第三,了解社会创新的历史,培养学生创新的社会责任感和使命感;第四,了解世界各个领域著名的创新人物,培养学生的创新精神和创新品质;第五,创设创新情境,掌握创新的基本方法和策略;第六,在创新实践活动中,培养和提高创新思维能力和创新实践能力。

从创新素养的目标出发,落实到具体的活动,并根据活动的特点挖掘社团创新教育的因素。例如:科技发明,以培养学生的创新意识、创新品质、创新技能为重点,进行全面的创新素养的培养;小组活动,重点让学生学会在团体内用智力相互激励的方法,培养团队合作创新的精神等。

二、有意识地给社团课程注入创新教育的内涵

社团课程开展的任何活动都可成为培养学生创新素养的载体,但这要靠我们有意识地给活动注入创新教育的内涵。要使活动真正成为创新性活动,就必须让学生在活动中自主探索、发现、想象、创新,在活动过程中求新、求异、求变、求优。只有在活动中有意识地注入这些创新教育的内涵,社团的创新素养教育才能得到有效开发。

三、社团活动课程需要形成有利于创新素养培养的社团文化

创新素养的培育需要创新文化的浸润。在我们的社团课程中,我们通过确立社团的名称、社徽、社旗、社团宣言、社团理念、社团管理制度、社长与社员等做法,培育创新的沃土,这些都蕴藏着创新教育和个性发展的因素,对学生的创新素养以及个性发展产生着潜移默化的影响。

四、推动社团课程实施,培育学生创新素养

从2014年开始,我就提出并确定了宁夏师范学院附属中学社团活动课程建构五步骤:一是学生自主开发社团;二是申请创立社团;三是管理社团;四是创建社团专属活动;五是打磨调整社团。学生形成创建社团的想法,向我递交申请书,并进行自述汇报,随后进入社团纳新面试环节。这个过程,既解放了学生的思想,新思想恰恰是创新的力量,又提供了学生言论的自由,发问的自由,充分发挥创新的能力。学生在管理社团和创建本社团专属活动的过程中拥有了一定的空间和时间去搜集资料,扩大认识的眼界,发挥内在的创造力,有了自主探究人生的机会。而在自我管理时间和空间的过程中,学生感受到了民主,并在民主生活会学习民主,建立了相应的规章制度,形成良好的习惯,给予创新沃土;打磨调整社团的过程,让学生认识自我,发现本社团的特点,因地制宜,让创新之力欣欣向荣。

宁夏师范学院附属中学社团发展理念为"缤纷社团,助力梦想",指导模式为"校团委→社联→社团",截至目前共有 29 个社团,实现了从无到有的革命性的改变,这也是宁夏师范学院附属中学建校以来的一大创新。社团活动课程完全由学生自主开发、申请、创立、管理。每个社团自己独立设计社徽、社旗、发展理念、社团宣言。例如:"心语"广播室社团宣言为"时光不停留,听我说心语";"墨涵"书法社的社团宣言为"如果我是一个中国人,那么我一定不是一个画家,而是一个书法家,我要用笔来写我的情感";等等。匠心独具,各有特色,充分展示了学生的创新思维和个性特长。

社团活动由学生自己创造组织。无论是活动的策划还是后期活动的安排组织,都是学生自主进行,通过社团活动培养学生的自主管理能力,促进学生创新素养的提升和发展。

模联社举行的"模拟联合国大会",学生会举行的"模拟法庭""学生大讲堂",志愿者协会举行的"环保知识竞赛""清水河水质监测活动",天文社举行的"天文知识竞赛"等,通过对不同主题的辩论、不同案例的分析、不同环境的调查,重点培养学生的问题意识、发现意识、改革意识和创造性运用所学知识去解决实践中的问题的能力。

志愿者协会举行的"晨心红·智享绿"擦拭修理智享单车志愿活动、国旗护卫队举行的"临行密密缝,拳拳爱国情"缝补退队旧国旗活动、向阳心理社举行的"遗憾墙"考前心理辅导活动、心语广播室举行的"主持人大赛"活动、社团联合会举行的"与雷锋同行"学雷锋活动等,无论是活动的题目、活动的形式、活动的内容都是创造,而在这个创造的过程中,重点培养了学生的创新意识、创新品质、创新技能,达到了创新素养全面培养的目的;漫画社举办的"星座漫画月"活动、摄影社举办的"视觉、映像"摄影大赛、书友社举办的校外"益书益友"交流会、书法社举办的"书法交流活动"、社团联合会举办的"红色研学"活动、社团联谊会、社团文化艺术节等,重点培养学生的想象力和学生自己编排节目、创造活动形式、创造锻炼方法的能力。

通过社团活动课程培养了一大批优秀的宁夏师范学院附属中学学子。在固原市首届模拟联合国大会比赛中,嘉懿模联社获得最佳团体奖,2017年参加第二届中部六省模拟联合国大会,获得最佳团体奖;广播室杨洋、张文燕同学代表我校参加固原市演讲比赛获得二等奖、三等奖;社联主席张旭等多位同学先后被评为固原市优秀团员;学生会安雄同学被评为"全国最美中学生"。

叶圣陶先生曾说过,"教育是要在儿童自身的基础上,过滤并运用环境的影响,以培养加强发挥这创造力,使他长得更有力量,以贡献于民族与人类。教育不能创造什么,但它能启发解放儿童创造力以从事于创造之工作"。首先,社团活动课程一定要创设宽松、自由、民主的氛围。宽松、自由、民主的心理环境,不但是创新素养培养的必要的基础性条件,而且是最有力量的创新教育。只有在宽松、自由、民主的氛围中,学生才敢于大胆地想象,敢于大胆地发表自己不同的见解,否则,学生的创造力会被压抑的环境扼杀。其次,要建立平等、和谐的师生关系。教师要把自己和学生摆在一个平等的位置上,尊重学生、欣赏学生,鼓励学生大胆提出问题和发表不同的意见。只有这样,才能激发学生的好奇心、求知欲和新奇、独特、大胆的想象。再次,建立服务、激励、支持创新的管理制度和评价制度,既在制度上对创新教育给予保证,又使制度本身成为创新教育的一个重要内容。最后,教师自身必须具备创新素养,树立创新的教育理念,能支持学生开展丰富多彩的创新性文化活动,为学生创新性学习和创新性活动提供良好的条件,并身正为范参与到创新创造的活动中,在关键时刻发挥指导点拨的重要作用。

罗丹说:"只要有一滴汗,一滴血,一滴热情,便是创造之神所爱住的行宫,就能开创造之花,结创造之果,繁殖创造之森林。"我相信,社团是创新之地,社团课程是创新之时,社员是创新之人。

2021年本文发表于《固原教育》。

开展社团活动课程,助力学生创新素养发展

教育是一项重大的工程,是引导人成长,正确树立价值观、道德观的伟大工程。教育不是一味地讲授,更要注重激发思维,习近平总书记指出:"创新是一个民族进步的灵魂,是一个国家兴旺发达的不竭动力,也是中华民族最深沉的民族禀赋。"在激烈的国际竞争中,追求创新素养的培养是当代社会发展的必然要求。

所谓创新素养, 是指一个人平日创新精神和创新能力的养成和修养,即学生在日常学习和生活中养成的创新精神和能力。创新素养,是一个动态性词组,它包含通过教育、学习、活动、生活来提高自己素质的意思。因此,从教育学的意义上看,更能体现创新精神和创新能力的一个培养过程,即通过创新教育,让学生在日常学习、活动和生活中养成创新的精神和能力,使学生的创新素质达到教育所规定的目标和水平。创新素养能够把"创新精神和创新能力"这个一般性目标具体化,其具体目标在不同环境、不同条件中有不同的内容和不同的要求。我认为中学生创新素养的培养,可以通过开设社团活动课程去落实。

要把培养学生的创新素养落到实处,首先,必须将创新素养的培养融入社团活动课程的目标中,并落实到学校社团活动课程中,使之具有可操作性。

首先,固原回民中学社团活动课程目标主要从六个方面渗透创新素养的培养:一是明晰和了解创新的基本理念,树立正确的创新观念;二是了解有关创新的知识和原理,培养学生具有较高的创新理论素养;三是了解社会创新的历史,培养学生创新的社会责任感和使命感;四是了解世界各个领域著

名的创新人物,培养学生的创新精神和创新品质;五是创设创新情境,掌握创新的基本方法和策略;六是在创新实践活动中,培养和提高创新思维能力和创新实践能力。

其次,从创新素养的目标出发,落实到具体的活动,并根据活动的特点挖掘社团创新教育的因素。例如,科技发明,以培养学生的创新意识、创新品质、创新技能为重点,进行全面的创新素养的培养;小组活动,重点让学生学会在团体内智力相互激励的方法,培养团队合作创新的精神等。

再次,要有意识地给活动注入创新教育的内涵。任何活动都可成为培养学生创新素养的载体,但这要靠我们有意识地给活动注入创新教育的内涵。要使活动真正成为创新性活动,就必须让学生在活动中自主、探索、发现、想象、创新,在活动过程中求新、求异、求变、求优。只有在活动中有意识地注入这些创新教育的内涵,社团的创新素养教育才能得到有效地开发。

最后,社团活动课程必定会形成独特的社团文化,包括社团的名称、社徽、社旗、社团宣言、社团理念、社团管理、社长与社员、社员与社员等,都蕴藏着创新教育和个性发展的因素,对学生的创新素养以及个性发展产生着潜移默化的影响。

固原市回民中学社团发展理念为"缤纷社团,助力梦想",指导模式为"校团委—社联—社团",从2014年开始组建,到目前发展成了拥有29个社团的社联,实现了从无到有的突破性改变,这也是固原回民中学建校以来的一大创新。

基于对社团活动课程中需要渗透的创新素养的理解,从2014年开始,我就提出了社团活动课程的要求:

第一,社团活动课程完全由学生自主开发、申请、创立、管理。每个社团自己独立设计社徽、社旗、发展理念、社团宣言。例如,心语广播室社团宣言是"时光不停留,听我说心语";墨涵书法社的社团宣言是"如果我是一个中国人,那么我一定不是一个画家,而是一个书法家,我要用笔来写我的情感"等。匠心独具,各有特色,充分展示了学生的创新思维和个性特长。

第二，社团活动由学生自己创造组织。无论是活动的策划还是后期活动的安排组织，都是学生自主进行，通过社团活动培养学生的自主管理能力，促进学生创新素养的提升和发展。

模联社举行的"模拟联合国大会"、学生会举行的"模拟法庭"、"学生大讲堂"，志愿者协会举行的"环保知识竞赛"、"清水河水质监测活动"，天文社举行的"天文知识竞赛"等，通过对不同主题的辩论、不同案例的分析、不同环境的调查，重点培养学生的问题意识、发现意识、改革意识和创造性的运用学得的知识去解决实践中的问题的能力。

志愿者协会举行的"晨心红·智享绿"擦拭修理智享单车志愿活动、国旗护卫队举行的"临行密密缝，拳拳爱国情"缝补旧国旗活动、向阳心理社举行的"遗憾墙"考前心理辅导活动、心语广播室举行的"主持人大赛"活动，社团联合会举行的"与雷锋同行"活动等，无论是活动的题目、活动的形式、活动的内容都是创造，而在这个创造的过程中，重点培养了学生的创新意识、创新品质、创新技能，对学生进行全面的创新素养的培养。

漫画社举办的"星座漫画月"活动、摄影社举办的"视觉、映像"摄影大赛、书友社举办的校外"益书益友"交流会、书法社举办的"书法交流活动"、社团联合会举办的"红色研学"活动、社团联谊会、社团文化艺术节等，重点培养学生的想象力和学生自己编排节目、创造活动的形式、创造锻炼方法的能力。

通过社团活动课程培养了一大批优秀的学生，在固原市首届模拟联合国大赛中，嘉懿模联社荣获最佳团体奖。2017年参加第二届中部六省模拟联合国大会，获得最佳团体奖。广播室杨洋、张文燕同学代表我校参加固原市演讲比赛获得二等奖、三等奖，社联主席张旭等多位同学先后被评为固原市优秀团员，学生会安雄同学被评为全国最美中学生。

个人反思：首先，社团活动课程一定要创设宽松、自由、民主的氛围。宽松、自由、民主的心理环境，不但是创新素养培养的必要的基础性条件，其本身就是最有力量的创新教育。只有在宽松、自由、民主的氛围中，学生才敢于大胆地想象,敢于大胆地发表自己不同的见解,否则,学生的创造力会被压抑的环境扼杀。其次,要建立平等、和谐的师生关系。教师要把自己和学生摆在一个平等的位置上,尊重学生、欣赏学生,鼓励学生大胆提出问题和发表不同的意见,只有这样,才能激发学生的好奇心、求知欲和新奇、独特、大胆的想象。再次,建立服务、激励、支持创新的管理制度和评价制度,既在制度上对创新教育给予保证,又使制度本身成为创新教育的一个重要内容。最后,教师自身必须具备创新素养,树立创新的教育理念,能支持学生开展丰富多彩的创新性文化活动,为学生创新性学习和创新性活动提供良好的条件,并身正为范参与到创新创造的活动中,在关键时刻发挥指导点拨的重要作用。

本文获 2018 年宁夏回族自治区中小学(幼儿园)创新素养教育教学优秀成果评选活动一等奖。

小组建设有效性的实践和反思

　　从社会学角度分析,学生的学习存在竞争和合作两种形式,在竞争性学习中,学生会意识到个人目标与同伴目标之间的排斥性,而在合作性学习中,学生会意识到这两者之间相互依赖的关系,这也是我们实施的新课堂所追求的。合作性学习的基石便是小组建设,小组建设是学生接触到新课堂的第一课,也是开启合作性学习的第一课,如何保证小组建设的有效性呢?

　　通过实践,我认为小组建设的有效性主要包括三个方面。

　　一、小组建设有效果

　　效果是指某种力量、做法或因素产生的结果(多指好的)。小组建设的效果是指由于小组建设出现的情况,小组建设的成果,包括受小组建设影响所能显示出的一切成果。苏霍姆林斯基曾指出:如果学生在掌握知识的道路上,没有迈出哪怕是小小的一步,那么对他来说,这是一堂无益的课。无效的劳动是每个教师和学生都面临的最大的潜在危险。

　　从实践上来讲,我的小组建设的效果评判标准主要有三点:一是团队建设的完整性,二是团队成员的认知变化,三是团队精神的深化。概括来讲,有效果的小组建设是让学生形成一个完整的团队,建立团队荣誉感,并在日后的新课堂学习中,发挥小组的作用,达到合作学习的目的。

　　从教学论的角度来讲,小组建设要有效果,有两点至关重要:一是小组建设的目的要明确(准确),二是小组建设的内容要清晰(清楚)。我在进行小组建设时,确定的目标有:一是建立有团队意识、有团队精神的小组;二是团队精神、小组分工合作能在实践教学过程中发挥重要的地位;三是将

导、学、展、点、测的新课堂教学模式和思想融入小组建设课程中。我的小组
建设,所包含的内容有:一是团队组建(包括组长、组员、组训组规、组徽、小
组口号的确立);二是团队细化(试题检测确定各学科小先生、长期的组长、
学科小先生的培训);三是亮剑——团队精神的实战比赛(包括日常学习、
生活中的各项评比)。

二、小组建设有效益

有效益即有效用,经济学中,把商品作为能够满足人的主观愿望的东西,
叫效用。有效果强调的是学到了东西(有结果),有效益强调的是学到的东
西能够为学生所用(有益处)。也就是说,学而无用的东西,即便有效果,也无
效益。

小组建设的效益强调的是小组建设及其结果的合目的性、合教育性,从
经济学的角度来讲,我认为它表现有三点:一是社会效益,符合社会对培养人
的要求;二是个人效益,为个人一生的发展和幸福奠基;三是引导个人学会学
习、学会生存、学会合作、学会创新,促进个人智慧、品质、体格等方面的成长
和发展,也就是让学生在学校做一个有个性、会学习、知荣辱的好学生,在家
做一个有孝心、会自理、担责任的好孩子,在社会做一个有教养、会共处、守公
德的好公民。

从实践来讲,我认为小组建设的效益主要表现在以下三方面。

1.小组应用。能够发挥个人在小组中的重要作用,从合作学习中,更有效
地掌握各方面知识;能够把自己在小组建设中学习到的如何组建小组、如何
培训、如何融入小组等知识应用到今后的学习生活中。

2.学会创建。小组建设的效益不仅关注学生建设了什么,还关注学生如
何创建小组,即学会合理创建小组以及管理小组成员。

3.学会合作。学会合作是小组建设的根本目的。小组建设的过程也是人
格健全和发展的过程,伴随着小组建设的深入开展,学生将变得越来越有爱
心、有同情心、有责任感、有教养,能够欣赏他人的优点,拥有合作意识和团队
精神。

三、小组建设有效率

小组建设的有效性应当是在保证有效果、有效用的前提下,还必须有效率。小组建设的有效率是指在一定的小组建设投入中产生尽可能大或多的建设产出。夸美纽斯在《大教学论》一书的扉页上曾指出,"寻求并找出一种教学的方法,使教员因此可以少教,但是学生可以多学;使学校因而可以少些喧器、厌恶和无益的劳苦,多具闲暇、快乐和坚实的进步"。

小组建设有效率是指小组建设过程中各个要素、各个资源都进入最佳的状态。从实践来讲,我认为小组建设中达到最佳状态的标准有两个:一是小组建设的效果,即每个学生按照所提出的任务,在一定的时间内完成小组建设,每个小组在一定的时间内完成小组合作,使每个学生的能力、教养、教育和发展,都获得了最可能达到的水平;二是时间消耗,即小组建设应遵循相应指示所规定的课堂教学和家庭作业的时间定额。

实际操作过程中,为了更大程度地提高小组建设的效率,我进行了一些尝试,如:在小组建设课程中,合理调配导、学、展、点、测五步流程的时间分配,及时发挥教师的主导作用;确定学科小先生过程中,进行合理测试;长期的小组建设中,及时发现问题,做到以问题为导向,并利用一些重大的活动和重要的事件确保长期小组建设的及时性、必要性、时效性。真正做到减负增效和解放学生。

综上所述,小组建设有效性必须是效果、效益、效率三者并重的。有效果指的是小组建设有所得、有所获;有效用指的是小组建设的东西是有价值的、有用的;有效率是指小组建设的过程和方法是科学的。总之,小组建设的有效性必定是教师遵循小组建设活动的规律,以尽可能少的时间、精力和物力的投入,取得尽可能多的小组建设效果,从而实现特定的目标。

这一路，繁花似锦

提笔写下这个题目的时候，我突然想起了 3 月 31 日早上八点，我带着 140 名学生正式开启"吃红军餐，走长征路"红色研学第一期的活动，这是一次红色文化的体验之旅，一次坚强意志的磨炼之旅，一次充满思考的研学之旅，一次高度自主的管理之旅。有太多珍贵而难忘的瞬间，但此时，闪现在我眼前的是这样的画面。

4 月 1 日早上，我们列队依次从隆德宾馆走出，随行的教官为大家撑起了门帘，几乎所有的学生鱼贯而出，向大巴上奔去的时候，只有一个男生走到教官面前，一把接过门帘，说："教官，我来，您先上车。"就是这么朴实的一个动作，这么憨厚的一句话，瞬间击中了我，140 名学生，只有他看到想到并做到了。最后小结时，我说："孩子们，今天，最让我感动的就是王晨，只有他做到了我们每一个人都应该做到的首先是当你有服务的意识，你便会为这世界带来更多的真、更多的好；当你有优秀的意识，你才会不懈追求，努力奋斗，成长为最棒的自己，成长为父母、老师期盼的样子。成长为祖国、民族期盼的样子，今天，我们所有人都应该向王晨学习。"

中午就餐后，我发现所有餐具都整齐摆放在餐桌上，毫无浪费，没有垃圾，140 人的方阵安静地列队站在旁边，无须言语。我的心一下又一下地剧烈颤动，我眼前的他们，那一张张青涩质朴的脸庞，都如同花朵一般，呈现出最美的容颜。

有人说：教育就是一棵树去摇动另一棵树，一朵云追逐另一朵云，一个灵魂唤醒另一个灵魂。孩子，这一棵树，一朵云，一个灵魂是你，是我，是我们。

为期两天的红色研学，有很多专业的讲解老师给我们分享了他们的知识和阅历,每次结束,我都要带着学生们向老师鞠躬致谢。活动结束时我们要选一张集体合影作为留念,我问他们,选哪张呢?学生们选择了我们出发时照的第一张合影,理由是:这张最好,所有人都在,所有一路相伴、给予我们爱和温暖的人都在,我们想记住每一个人。

这一路,繁花相随,开得夺目,开得耀眼。

2009年我大学毕业,成为宁夏师范学院附属中学的一名教师。这十年里,我遇到过他,在高一语文书第一页写下了自己的梦想:初中的我太弱小,太单纯了,高中我想变得强大;我遇到过他,进班名列前茅,因沉迷游戏,成绩步步下滑,甚是烦忧;我遇到过她,刚开学就与男生起了巨大的冲突,在这冲突下藏着的不过是一个孤儿的倔强和自我保护;我遇到过她,品德优异,但是在经历了无数次的考试失利后,对我说:"老师,我的梦想还能实现吗?"

基于这样的校情、学情,在教育教学过程中,我常常会遇到这样的拷问:"老师,这道题您讲的时候,我都能听明白,可下来还是不会做,怎么办?""老师,为什么我总是控制不住自己的思想开小差?""老师,如果我考不上好大学,我的一辈子是不是就完了……"

我看见一个个小小的伤口正在滴血,我看见一个个如花般的笑颜正在散去。我看见他们的父辈依然在农村坚守着这片土地,依然用微薄的收入和千辛万苦,为了让这些承载着一个个家庭梦想的花儿们尽情开放。我如此的感同身受,我认真的痛苦着,思考着……

2019年是中华人民共和国成立70周年,峥嵘七十载,与国同梦,何其有幸。在我生命中最美好的时刻能够相约我们的中国梦,让我在认真的痛苦和思考中得到了答案。习近平总书记指出:中国特色社会主义进入了新时代,必须坚持以人民为中心的发展思想,不断促进人的全面发展。我相信,新时代的浪潮中,每一个人都不是过客,任何个体都能创造出辉煌,都能实现梦想,只有所有个体的梦想实现,才能汇聚成一个美丽的中国梦,才能实现中华民族伟大复兴。

习近平总书记在十九大报告中强调,今天,我们比历史上任何时期都更接近、更有信心和能力实现中华民族伟大复兴的目标。中华民族伟大复兴靠什么？靠的是人才，人才哪里来，人才要靠教育培养。因此，我们对教育的需要比以往任何时候都更加迫切，对科学知识和卓越人才的渴求比以往任何时候都更加强烈！建设教育强国是中华民族伟大复兴的基础性工程，必须把教育事业放在优先位置，加快推进教育现代化，办好人民满意的教育。

我辈教育者，终生所学，不过是让这所有的花儿都尽情绽放，不过是为天地立心，为生民立命，为往圣继绝学，为万世开太平。我要为这一颗颗荒芜的心灵插上新绿，我要用爱去点燃这跳动的田野，我要在大地上画满窗子，让所有习惯黑暗的眼睛都能习惯光明。我希望他们为信仰而付出，为信仰而奋斗，我希望他们都是贤能快乐的颜回，都是程门立雪的杨时，都是努力奋斗的童第周，都是废寝忘食的陈毅。

新征程的这一路，我获得过大大小小很多的奖项，但唯有我的学生获得全国化学奥林匹克竞赛奖二等奖、三等奖，实现了固原回民中学化学竞赛零的突破，最让我自豪；新征程的这一路，我获得过很多的赞美，但唯有我的学生那句"老师，我想和你一样，高考志愿我就填化学了！"最让我骄傲；新征程的这一路，我收到了很多祝福，但唯有每次过节时，那个失去父母的孩子问候"老师，你好吗？"最让我动容；新征程的这一路，我听过很多誓言，但唯有那句"我不是最美的花朵，但我要怒放！怒放！怒放！"最让我豪情万丈……新征程的这一路，哭过笑过，最累的时候站着都能睡着，辛酸自知，冷暖自知。但是，那又怎样，这份太阳底下最神圣的职业，这段充满情怀、充满知识的征程，这段我无愧于我的学生、无愧内心的道路，我活得精彩。

习近平总书记指出，希望广大教师认清肩负的使命和责任，教育和引导学生热爱祖国、热爱人民、热爱中国共产党，教育和引导学生心中要有国家和民族，意识到肩负的责任，牢固树立为祖国服务、为人民服务的意识，立志成为党和人民需要的人才。这是祖国赋予我们每一位教师的职责。就让我以青春的名义来憧憬，一名青年的人生，必将是在那青春的奋斗中燃烧；就让我以教师的名义去宣告，一名教师的人生，必定是在不忘初心，引领青年中谱写精彩；就让我以教育的名义去承诺，即使明天天寒地冻，路远马亡，一位教师必将生命的慷慨与繁华奉献于中华民族教育事业。

峥嵘七十载,我用所有报答爱,因为我相信,中国特色社会主义进入新时代的这一路,必定繁花似锦。

本文获 2019 年固原市教育文学一等奖。

在线课堂连接你我，化学知识起承转合

——在线课堂"蛋白质-氨基酸"教学案例

一、主题与背景

2018年7月，教育部批复宁夏建设全国"互联网+教育"示范区。从此，宁夏教育插上了"互联网+"的翅膀，开启了新的征程。

作为一个身在一线的化学教师，我们一直追求的是充分调动学生学习的主动性，思维的积极性，培养他们不断追求卓越、勇于探索、善于思辨的科学精神和品德，我想，在线互动课堂为我们提供了这样的平台。通过在线互动课堂与教育教学各环节的深度融合，通过多校学生的互动互学，促进了学生圈、知识圈的纵向衔接、横向贯通，重塑了化学课堂生态。

"氨基酸"是人教版选修5《有机化学》第四章第三节蛋白质和核酸中第一课时内容，本节课的重点就是氨基酸的性质。其中，成肽反应更是难点，作为中学化学中重要的有机反应，其反应机理中渗透了多种方法与能力，是一个培养学生类比发散思维、充分感知化学与生活重要关系的好题材，不能错过良好的教育机会。

在具体的教学实践中，基于必修与选修知识的联系以及教学时长的设计，我加入微课视频，增加趣味性，更有利于知识的掌握，提高教学效率，还能够激发学生的积极性。

成肽反应学习中，采取了以"观察结构、大胆猜想、类比知识、学生讨论、教师引导、共同探索、得出结论"为主要教学模式的复习方法，的确有一些特别的收获，课后增加发散性作业安排，增强化学的趣味性，激发学生主动思考的动力。

二、核心素养培养策略

1.通过蛋白质、氨基酸的物理和化学性质理解学习,渗透宏观辨识和微观探析的化学学科核心素养。

2.通过对氨基酸的两性的学习,渗透变化观念和平衡思想的化学学科核心素养。

3.通过对成肽反应的思考探究,渗透证据推理和模型认知的化学学科核心素养。

4.通过小组间合作探究,渗透科学探究和创新素养的化学学科核心素养。

5.通过本节课整体知识脉络和思维框架,渗透科学精神和社会责任的化学学科核心素养。

三、三维教学目标

1.知识与技能:了解氨基酸的组成、结构特点和主要化学性质。

2.过程与方法:通过学生的观察分析,培养其分析推理的思维能力。

3.情感态度与价值观:通过蛋白质、氨基酸的学习,认识到化学与人类生活的联系。

四、教学重难点

1.重点:氨基酸的性质

2.难点:成肽反应

五、教学过程

表 1 教学活动

教师活动	学生活动	设计意图
【导入】趣味"广告"植入时间——本节课"赞助商"旺仔牛奶广告时间,引出"蛋白质"。	【学生观察】 【聆听】 【思考】	激发学生兴趣。
【学习目标解读】五中学生解读、回中学生补充。 【引入】恩格斯名言。	【阅读,了解】	第一次互动,明确本节课学习目标。

续表

教师活动	学生活动	设计意图
【思考讨论】蛋白质在人体中的作用。	【思考回答】	第二次互动,启迪思考。
【微课视频回顾必修 2 中相关知识】		微课回顾,趣味性与知识
蛋白质的介绍。	【观看、回顾】	性的充分结合。
【点拨】半节课关键内容:蛋白质的基		
石——氨基酸		
【顾名思义】		渗透化学学习思想和方
1.氨基酸的结构解析		法:结构决定性质;官能
2.α－氨基酸定义		团的重要性。
【练习】		
1.命名		
2.根据名称写出结构式	【理解、完成】	第三次互动,思辨能力的
【在线点评】		培养。
将学生答案投屏反馈	【思考、判断】	
【新知学习】		
1.—COOH 酸性	【理解、学习】	
2.—NH$_2$ 碱性		
【特别提醒】两性物质	【补充完善】	
【新知学习】成肽反应		
【合作探究】	【合作探究】	
课后习题 2		
【对群学】合作探究		第四次互动,展示一种学
【学生展示】		习的方法:合作探究。
合作探究	【展示】	
【知识总结】		
【课后反思】发散性思考		个人教育情怀的表达,情
【课堂总结】		感的互动,产生共情共鸣。
蛋白质—体能—健康—抗击疫情—	【理解、感悟】	
化学与人生		

六、反思与分析

1.凡事预则立。网络在线互动课堂前,需要两校教师进行学情对接,主课
堂教师在阐述课堂教学相关内容后,给对方学校的学情预判留足时间,继而
在教学设计、提问方式和教学组织形式上做出改变,辅课堂教师则充分考虑

到孩子的差异性,对学生进行个别关注。

2.智慧面对课堂变化。首先,在线互动课堂必须依靠相应的基础设施进行支持,不可避免地会因为技术上的缺陷导致课堂出现意外,特别考验教师的教学能力。例如主课堂 PPT 课件辅课堂学生看不到,这时候教师可灵活安排主课堂学生阅读并讲解;再比如辅课堂学生的做题反馈无法及时传输,可多展示主课堂学生反馈,深入分析,举一反三。

3.知识形象化,学得有趣味。人工智能技术在课堂教学中应用的最直观的作用就是将抽象难懂的知识形象直观化。蛋白质、氨基酸的结构、性质,利用信息技术呈现出的微课,让抽象的知识很有趣地呈现在学生面前,会得到很好的效果。

4.以学定教,注重点评,确保在线教学有效性。以学定教是先学后教的必然逻辑,在教学中,要进行提高性教学,渗透学习的思想和方法,学生对群学点评环节要恰到好处,基于在线互动课堂的独特性,更要有针对性和提高性地进行点拨,确保学生本节课学习的有效性。

本案例为我校首次开展在线课堂课例。

"互联网+教育"背景下,化学实验周项目教学案例

一、教学案例概述

本教学案例描述了在"互联网+教育"背景下,进行化学实验周项目课程。在这个项目课程中,教师以"酸碱中和滴定"实验为核心,将其设计为实验周项目,共计六个模块。模块一:由小组组长和组员前往实验室进行实验准备,为模块二做好准备;模块二:进行"酸碱中和滴定"实验,合作探究,知识学习,完成实验;模块三:随机挑选若干学生,独立完成整套"酸碱中和滴定"实验,录制视频,为模块四做好准备;模块四:以模块三的个人实验视频为基础,观看并点评,完成误差分析、知识辨析;模块五:学生在家中完成趣味小实验,录制视频并上传"云校家",班级展示并进行点评,深刻感知实验魅力;模块六:"抗击疫情,我们在行动",结合生活实际,对身边的抗击疫情的科学做法进行调查研究,感知科学研究的重要性和严谨性。

本案例的特色和创新之处:首先,进行项目式学习,改变灌输式实验教学模式,强调以学生为中心。基于任务驱动,教师引导学生进行合作学习、自主探究、评估分析,最终产出项目成果,提高学生学习化学实验的主动性,拓展实验理论学习和实践操作内容。其次,构建协同学习系统元模型:知识场、信息场、价值场、情感场、行动场的多场协同,促进以内容为中介的深度互动。利用"互联网+"进行协同学习场的转化、生成与协同,实现信息、知识、情感、行动和价值的有机协同;重组课堂本体,充分发挥信息技术的知识聚合作用,实现个体和群体思维过程的协同。最后,创建跨学科课程,以化学为主,将其与物理、数学、语文等学科知识融合在活动性作业的创作完成过程中,以真实任务和活动促进多学科知识体验。

二、教学设计方案

1.教学目标确定。本案例的教学目标分为知识、技能以及情感目标三类。

（1）知识目标：理解掌握"酸碱中和滴定"实验基本原理和有关计算，认识并掌握酸式滴定管、碱式滴定管等实验仪器的使用，掌握"酸碱中和滴定"的实验操作步骤，能绘制"酸碱中和滴定"曲线图，并学会通过基本公式，结合实验操作过程进行实验误差分析的方法。

（2）技能目标：模块一至四通过"酸碱中和滴定"相关量的关系、使用仪器和指示剂的选择、实验操作中误差分析问题的讨论探索，培养学生的思维能力、合作探究能力；模块五通过学生利用家中常见物品进行化学实验，并录制完整实验视频对其进行分析讲解，培养学生设计能力、思维能力、分析表达能力；模块六通过对身边防控疫情的做法进行多角度研究，培养学生调查研究能力。

（3）情感目标：培养学生合作意识以及合作探究精神；提高学生的实验责任以及实验服务意识。

2.教学内容的选择与活动安排。本案例关于"酸碱中和滴定"的教学内容分为三个部分。第一部分，"酸碱中和滴定"基本原理、实验仪器、实验步骤、误差分析方法等知识合作探究学习。第二部分，小组合作完成"酸碱中和滴定"实验。第三部分，"酸碱中和滴定"实验后的误差分析探究学习。

本案例教学以项目式学习为主，活动安排包括：明确项目任务—制定项目计划—实施计划—检查评估—反思与整改。具体分为以下六个模块。

第一个模块：Day1——实验准备，明确任务。由各小组组长和若干组员按照本组的"酸碱中和滴定"内容，前往实验室准备所需的实验药品以及实验仪器。

第二个模块：Day2——实验教学，合作感知。各小组按照"酸碱中和滴定"实验步骤，将各个步骤进行分配，合作完成本组实验。

第三个模块：Day3——个人实验，独立完成。"云校家"教学助手随机挑选若干同学,在实验室独立完成所有实验,并录制完整视频。

第四个模块:Day4——过程观看,点拨评价。观看模块三中学生录制的实验视频,查找实验操作问题,并结合公式思考其对实验结果造成的影响。

第五个模块:Day5——修正完善,家庭实验。利用家庭现有的物品,自主设计一个小实验,完整录制实验视频,并进行实验讲解。

第六个模块:Day6——评估检验,调查研究。结合生活实际,对身边看到听到的在抗击疫情中的科学做法进行调查研究,感知科学研究的重要性和严谨性。

3.教学模式与策略的应用。本案例主要采用项目式教学模式。项目式教学倡导的是教师引导学生创造性地解决复杂的真实问题,主要以小组合作的方式解决项目任务的教学模式。在项目式教学的模式下,学生以任务和问题为驱动,围绕具体的项目,利用多种学习资源,进行合作学习与自主探究,最终获得具体的知识,形成专门的技能,并提升个人的能力。项目式教学可以培养学生的化学实践操作能力,引导学生进行合作探究,联系生活,解决真实的化学问题,将化学知识迁移到生活中,提高学生的化学实验与操作的能力。

本案例从高中生思维以及化学实验特点出发,以项目式教学的方式引导学生开展化学中"酸碱中和滴定"相关的学习和研究。首先,围绕在真实的化学实验情境下,以问题和任务为驱动,让学生用小组合作的方式进行实验探究,并经过探究活动得到与化学实验相关的项目产品,即对未知浓度酸(碱)与已知浓度碱(酸)互滴测定其浓度的实验方法,同时关注项目过程与结果。其次,教师引导学生进行自主探究,进一步创造和完善项目产品,加强对实验知识的理解和技能的掌握。接着,让学生针对"酸碱中和滴定"实验形成过程进行分析评估,并反思实验操作不规范带来的实验结果偏差,改正实验中的错误操作,完成项目产出的迭代,并进行"酸碱中和滴定"实验的展示。最后,将获得的化学知识与经验有效迁移到生活中,利用家庭现有物品,结合所学知识,自主设计完成家庭小实验,并结合实际,进行抗击疫情的科学调查,发展学生的学科核心素养。

4.教学媒体资源的选择和开发。本案例中用到的教学媒体资源如下。

（1）"云校家"学习平台：主要用于课前导学,课后巩固学习。

（2）教学助手：课堂教学,其中移动讲台功能主要用于课堂中学生书写内容的呈现,随堂直播功能用于实验仪器的立体呈现以及演示。

（3）在线交流平台：利用班级建立的化学QQ群、微信群进行问题交流,利用"美篇"展示学生的调查研究成果。

所使用的平台和工具如图1所示。

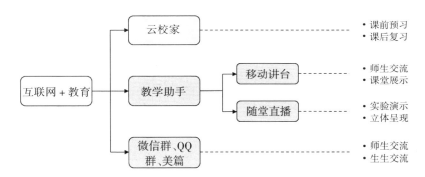

图1 在线交流使用的平台和工具

5.教学活动流程。

本案例中教学活动分为六个模块,如图2所示。模块一,教师引导学生明确"酸碱中和滴定"内容,由小组组长和若干组员前往实验室,准备所需要的实验药品以及实验仪器,增强学生主体地位,强化其主人翁意识、责任

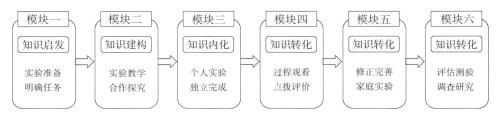

图2 教学活动的基本流程

意识,为模块二打下基础;模块二,教师引导学生按照"酸碱中和滴定"实验步骤进行分解,小组合作完成实验,并在教师的引导下,关注组与组之间形成的对比性实验,培养学生思维的灵活性和发散性;模块三,教师利用"云校家"教学助手随机挑选若干学生独立完成实验,培养学生独立思辨和实验能力,也作为下个模块误差分析的资料;模块四,观看模块三录制的实验视频,教师引导学生寻找实验操作错误,结合公式进行误差分析,是项目活动的创新创造;模块五,由学生自主设计完成家庭小实验,激发学生的实验兴趣,让学生产生"处处皆化学"的有趣而有意义的化学感受;模块六,结合实际,进行抗击疫情的科学调查,培养学生的科学精神,培养学生的调查研究意识,树立为人民服务的意识。

6.教学评价设计。本案例中教学评价以学生在项目学习过程中所呈现的状态为依据,对其学习行为进行评价。教学评价要关注学生的项目完成状态。学生的项目完成状态包括三个方面:一是学生在合作学习中的表现是否积极、主动、热情、投入;二是独学过程中是否积极思考;三是呈现学习成果的过程中是否理解、内化知识,是否通过质疑、主动建构以及合作来展示学习成果。

本案例中教学评价方式呈现多元化特点。多元化意味着肯定个性、允许不同、欢迎质疑,教师不是知识的绝对权威者,而是学生学习的引导者、激发者。评价表格如表1所示。

表1 "酸碱中和滴定"化学实验周项目教学评价量表

评价项目	评价指标	评分等级	评价方式
知识	酸碱中和滴定实验原理、步骤	☆ ☆ ☆	即时性评价、检测性评价
	酸碱中和相关计算	☆ ☆ ☆	检测性评价
	酸(碱)式滴定管相关知识	☆ ☆ ☆	检测性评价

续表

评价项目		评价指标	评分等级	评价方式
技能		酸碱中和滴定实验操作	☆ ☆ ☆	表现性评价、即时性评价
		家庭小实验实验操作	☆ ☆ ☆	表现性评价、即时性评价
		绘制酸碱中和滴定曲线图	☆ ☆ ☆	表现性评价、即时性评价
		实验误差分析	☆ ☆ ☆	检测性评价
模块	模块一	服务意识和责任意识	☆ ☆ ☆	表现性评价、即时性评价
	模块二	明确小组合作任务	☆ ☆ ☆	表现性评价、即时性评价
		积极参与小组讨论交流和任务探究	☆ ☆ ☆	表现性评价、即时性评价
	模块三	独立思考、任务完成能力	☆ ☆ ☆	表现性评价、即时性评价
	模块四	科学思维、评价他人能力	☆ ☆ ☆	检测性评价、表现性评价
	模块五	自主设计实验能力	☆ ☆ ☆	表现性评价
		语言表达能力	☆ ☆ ☆	表现性评价
	模块六	调查研究能力	☆ ☆ ☆	即时性评价
		文字表达能力	☆ ☆ ☆	即时性评价

三、教学实施过程

1.教学实施总体情况。通过"互联网+"教学环境,通过教师的有效设计,化学实验周项目让学生更有效地参与其中,使实验能够与学生的认知结构充分结合,达到有意义的体验性学习、接受性学习、创造性学习,也有利于形成一个不断主动建构及连续内化知识的过程。

2.教师授课引导情况。模块二的"酸碱中与滴定"实验教学阶段,教师能走到不同小组,和组员交流,给出反馈意见,提出引导问题,解决一些技术层面上的难题(比如如何正确使用酸式滴定管和碱式滴定管),这是保障小组作业能顺利进行下去的关键。同时,在该模块中教师特意设计了小组与小组之间的对比性实验,引导学生进行对比反思,得出结论。以下是教师引导学生注意对比性实验的教学片段。

教师:第一组同学,你们组的实验仪器有哪些?

学生A:老师,我们组的实验仪器有带蝴蝶夹的铁架台、酸式滴定管、碱式滴定管、烧杯、锥形瓶、实验记录单、抹布、0.1mol/LNaOH溶液、未知浓度的盐酸溶液、酚酞溶液(带胶头滴管的滴瓶)。

教师:根据你们组的指示剂,你们要如何滴定呀?

学生A:0.1mol/LNaOH溶液滴定未知浓度的盐酸溶液。

教师:第三组的同学,你们组的实验仪器有哪些?

学生B:老师,我们组的实验仪器有带蝴蝶夹的铁架台、酸式滴定管、碱式滴定管、烧杯、锥形瓶、实验记录单、抹布、0.1mol/L盐酸溶液、未知浓度的NaOH溶液、酚酞溶液(带胶头滴管的滴瓶)。

教师:根据你们组的指示剂,你们要如何滴定呀?

学生B:未知浓度的NaOH溶液滴定0.1mol/L的盐酸溶液。

教师:嗯,很好,请第一组和第三组的同学进行对比,看看我们能得出哪些结论?

学生C:既可以用已知浓度溶液去滴定未知浓度溶液,也可以用未知浓度溶液去滴定已知浓度溶液。

3.学生学习活动情况。模块一的任务中,学生积极认真参与准备实验仪器、独立思考实验原理的过程渗透宏观辨识和微观探析的化学学科核心素养。模块二的任务中,学生化学实验充满了好奇,小组间能够自发形成协作,既保证了每个同学在过程中都"有事可做",也在组间进行了实验操作的轮班,没有学生觉得无聊或者不公平。学生遇到问题会主动提问,乐于向老师请教和交流,体现了探究式教学的探究性和主动性。模块三的任务中,被抽选中的学生独立自主完成整套实验,情绪高昂,态度认真。模块四的误差分析中,在观看其他同学的实验时既觉得新奇,又能明察秋毫,仔细思辨。模块五的家庭小实验兴趣满满,虽然实验很简单,但热情度很高。模块六的调查研究虽然稚嫩,参次不齐,但简单质朴,充满真诚。以下是模块三和模块四的部分学习片段。

　　通过教学助手随机挑选功能挑选八位同学进行模块三的任务,四位同学独立完成实验, 另外四位同学为他们录下视频。其中马杰等同学非常激动,还特别注重仪式感,要求穿着老师的实验服进行实验。模块三的实验视频录制好后,第二天进入模块四的任务中。

　　老师:各位同学,今天我们来观看昨天四位同学的实验视频,大家仔细观看,我们一起来找"亮点"。

　　学生 1: 哇,马杰好帅,表情好严肃。

　　学生 2:过了过了,马杰的滴定没有注意半滴效应,加多了,测量结果肯定有误差。

　　4.学习效果描述与分析。借助"酸碱中和滴定",我和我的学生在实验室度过了为期五天的美好时光,一段与化学实验相知相遇的美好时光。第一次从实验准备阶段就由学生参与, 第一次借助随堂直播的技术手段进行化学实验学习, 第一次实现学生个人实验视频完整录制……有太多太多难忘的瞬间:学生打扫实验室时仔细认真;进入实验室时神情肃穆;面对实验仪器时激动难耐;看自己同学做的实验视频,挑"毛病"时锱铢必较;对比类比实验结论,成功解决实验题目时欢欣鼓舞。耳边甚至能回响起他们看到滴定终点时的惊喜呼喊,"老师老师,漏液漏液,这个滴定管不行不行","老师,老师,快来快来, 变色了变色了"。眼前浮现的都是实验报告册上写下的大大的感叹号"化学实验美得很! 期待下一次实验"……

　　化学实验周的某一节化学课上,我带着学生用宁夏教育资源公共平台发布的中小学德育学堂一起回顾了做出突出贡献的科学家,我们一起许诺"榜样引领,相信科学,相信知识",基于我们对化学实验的热爱,我提出,让我们一起进行"发现科学的美——有趣的生活小实验"活动。同学们可以利用家中的生活用品去完成一些简单的生活小实验。于是,在"云校家"的课后视频中,我们看到了"蜡烛吸水""苏打吹气""烧不着的纸杯子""蝌蚪的诞生"等有趣的现象,朴素而简单的实验里,饱含一颗颗热爱的心。

四、教学反思评价

在本案例中,我的思考与收获如下。

关于系统科学,我国著名科学家钱学森教授曾明确指出,系统科学是从事物的整体与部分、局部与全局以及层次关系的角度来研究客观世界的。在应用系统论方法时,要从系统整体出发将系统进行分解,在分解后研究的基础上,再综合集成到系统整体,实现系统的整体涌现,最终从整体上研究和解决问题。单独进行演示实验或者操作实验,一节课无法让学生彻底建立主人翁意识,最大程度只能得到"1 节课+1 个实验≤2 个即时收获"的结果,而化学实验周项目的完整性、系统性、广泛性、趣味性、科学性的设计就能实现"1+1>2"的效果。知识场、信息场、价值场、情感场、行动场的多场协同,促进以内容为中介的深度互动,利用"互联网+"进行协同学习场的转化、生成与协同,实现信息、知识、情感、行动和价值的有机协同;重组课堂本体,充分发挥信息技术的知识聚合作用,实现个体和群体思维过程的协同。

进入实验室后,学生高度注重本组实验,在全面了解本组实验仪器并顺利完成本组实验的过程中,并没有感知到对比性实验的存在。学生因为并不具备宏观的知识体系,所以普遍缺乏敏锐性,但是当教师及时进行点拨后,学生小组探究、迅速建立联系,能够得出对比实验渗透的知识,可见对比性实验的应用效果会受到学生异质分组、协同作业、学生探索、交互式指导等各方面的影响。

"教师演示实验是否必要?"对于这个问题,在设计的时候我也采用了两种办法。第一种,完全交给学生自我摸索,教师不进行完整的实验演示,学生摸索后教师根据情况再进行完整的实验演示;第二种,教师进行完整的实验演示,然后再由学生进行实验。这两种方案分别在两个平行班级进行的尝试,我个人认为都是合理的,是不同的建构理念产生的不同的方法。第一种侧重学生探究,但需要有比较充分的时间和完整的实验设备;第二种更侧重课堂的时效性,这个环节稍微降低了学生的主体性,但课堂效率高,比较适应我校实验设备的基本情况。"教无定法,贵在得法",我想这也是一个不错的创造和值得探究的点。

学生独立完成整套实验并录制视频作为下一节课的素材,让其他学生通过观察,结合知识,检验操作。这是我认为在化学实验周项目中的另一大亮点,这使得我们教育所关注的教学评价变得更具多样性、更具时效性、更有意义。同时"互联网+"技术在这里充分发挥了三大作用:作为媒体,承载和传递了教学信息;作为共同体互助工具,支持了学生与学生的交往互动;作为监控工具,帮助学生和老师对实验项目进行评价反思。

当我们进入"互联网+"时代,就要合理使用互联网技术,打破原有课堂在时间和空间上的界限,让学生在任何时间、任何地点利用信息化手段找到所需要的知识,因而在化学实验周项目中创设了活动性作业,让学生带着真实的任务做家庭小实验,去进行科学调研。这是更为个性的学习形式和更优化的学习体验,使化学教育更接近时代、接近生活。

"云校家"、教学助手、移动讲台、随堂直播充分解决了化学实验课中教师展示真实实验仪器时学生视线有死角的问题,而且在这节课的应用中发挥了"恰如其分"的作用,让随堂直播的功能不再显得突兀和无效率,确实实现了"智慧课堂""智慧实验",这也是教师媒体素养的充分展示。

周国平说:"世上有一样东西,比任何别的东西都更忠诚于你,那就是你的经历,你在经历中的感受和思考。"

今年的在线互动课堂,我带着我的学生和固原五中的学生一起体验了"互联网+"带给学生圈、知识圈的纵向衔接、横向贯通,塑造一种崭新的化学课堂生态。我想,惊奇是科学的种子,热爱方为科学的沃土,化学教育应当给予每一粒种子以热爱,给予化学以爱,给予科学以光。

习近平总书记提出"调查研究是谋事之基、成事之道。没有调查,就没有发言权,更没有决策权"。在"互联网+"化学实验周项目中,我们进行了一项调查研究的活动性课程,要求学生通过对比观察、上网浏览、观看新闻、调查问卷等方法去发现和感知身边的人物和故事……我想，相信也是科学的种子，实践方为科学的花朵，化学教育应当给予每一个"花朵"以希望，给予科学以爱，给予生命以光。

2020 年 5 月 8 日，线上教学接近尾声，在最后一节化学课堂上，我们用思维导图回顾了在线学习的化学选修 3《物质结构与性质》，我带着学生缅怀了一位化学家，了解了一位化学"大神"，我们约定：要一起成为有用的后浪。

2021 年 4 月，中国科学院自动化研究所一位博士论文的致谢信在网上被刷屏，感人至深，我便利用课堂上的时光与学生分享了这个故事，我们一起呐喊：生而无畏，战至终章。

我国著名化学家戴安邦先生曾经说过，"只传授化学知识和技术的化学教育是片面的，全面的化学教育要求，既传授化学知识与技能，又训练科学和思维"。我想，追求应是科学的种子，学生们才是科学的未来，化学教育应当给予每一个未来以力量，给予科学以爱，给予生命以爱，给予祖国以光。我相信，学习化学，体验科学的历程就是不断地给予生命以爱，给予岁月以光的过程。

本案例获 2020 年宁夏回族自治区中小学"互联网+教育"应用大赛教学助手一等奖；2021 年全区"互联网+教育"应用大赛教学创新案例二等奖，并被收录在宁夏"互联网+教育"示范区建设与应用成果系列丛书《基础教育创新实践案例集》中。

在"互联网+"背景下,基于"五育"融合的
化学实验项目化教学案例

一、教学案例概述

本教学案例描述了在"互联网+"背景下,基于"五育"融合理念,进行化学实验项目化课程教学,在这个项目化课程中,教师以"酸碱中和滴定"实验为核心,将其设计为项目化课程,共计四个模块,引导学生明确项目任务,制定项目计划,并通过小组协作,个人探究,参与各个项目活动中。

本教学案例的特色和创新之处在于将简单的化学实验与现实相结合,将理论学习与实践学习相结合,是对"五育"融合化学教学的实践研究。

二、教学设计方案

1.项目目标确定。本案例中项目活动分为"模块 1 酸碱中和滴定实验探究""模块 2 发现科学的美——有趣的生活小实验""模块 3 '我身边的疫情防控'科学调查""模块 4 '今天我当家'家庭活动"四个部分。其中模块 1 通过"酸碱中和滴定"实验的探究体验学习,增强学生主体地位,强化其主人翁意识、责任意识,对"酸碱中和滴定"实验过程进行小组分解,促进小组协作,组与组之间形成对比实验,培养学生思维的灵活性和发散性。随机挑选若干学生独立完成实验,其他同学观看视频找问题,进行误差分析,培养学生独立思辨能力。模块 2 通过学生独立设计完成家庭小实验,并录制视频进行展示讲解,充分激发学生的科学兴趣,让学生产生"处处皆化学"的有趣而有意义的化学感受。模块 3 通过学生对身边疫情防控的观察和调查,培养学生的调查研究意识和科学精神,树立为人民服务的意识。模块 4 基于学生前期的科学探究,让学生在家当家做主,感受生活的美好,学会感恩。

本案例中,德育教育拆分到各个育人场景中。智育教育重点落地到模块1"酸碱中和滴定实验探究"学习过程及检测以及模块2"发现科学的美——有趣的生活小实验"实验设计和完成中,学生既要掌握基本技能,还要延伸到生活实践中。体育教育在注重学生的课堂参与、团队合作等过程性教育的同时,侧重在模块3和模块4的社会调查实践中培养。美育方面,本案例注重学生通过化学实验现象培养发现美的能力,结合模块3和模块4社会活动,构建学生心理健康教育和综合素质评价融合体系。劳动教育方面,通过模块4注重锻炼学生吃苦耐劳精神和动手实践能力。整个案例通过探索化学实验学科知识和"五育"并举培养目标内在联系,提炼各个模块的育人目标,形成基于课堂教学、"五育"并举的化学实验教育教学体系。

2.教学内容的选择与活动安排。本案例的教学内容是按照党和国家的教育方针,结合学校的既定资源,结合"互联网+"教育环境,依据学生的"五育"融合发展目标而设计化学实验的过程,具体安排如下。

模块1:酸碱中和滴定实验探究

(1)完成实验室准备工作

(2)化学实验课堂教学体验

(3)学生独立完成全部实验并录制完整视频

(4)观看学生实验视频并进行分析点评

(5)习题检测、课后反思

模块2:发现科学的美——有趣的生活小实验

模块3:"我身边的疫情防控"科学调查

模块4:"今天我当家"家庭活动

3.教学模式与策略的应用。本案例主要采用项目化教学模式,任务驱动教学法,强调学生为项目的主体,强调项目的连续性、发展性、科学性,促进学生既能独立思考,又能合作探究、提高实验探究和动手解决问题的能力。实施过程包括:明确项目任务(即发展理念、活动目标)—制定项目计划(即周计划、活动计划、每一个项目计划)—实施计划(各项实验活动)—检查评估(多重评估)—反思与整改。

4.教学评价设计。本案例中教学评价是依据项目活动中各个模块的任务
与目标,使用不同的教学评价方式,对各个模块进行信息收集和科学判定,促
进、激励、提升教学质量。因此,在设计教学评价方式时,需要充分分析不同模
块的学习任务,根据学习任务来设定对应的评价方式。

表 1　教学评价表

评价项目	评价指标	评分等级	评价方式
知识	酸碱中和滴定实验原理、步骤	☆ ☆ ☆	即时性评价、检测性评价、智育评价、德育评价
	酸碱中和相关计算	☆ ☆ ☆	检测性评价、智育评价
	酸(碱)式滴定管相关知识	☆ ☆ ☆	检测性评价、智育评价
技能	酸碱中和滴定实验操作	☆ ☆ ☆	表现性评价、即时性评价、智育评价
	家庭小实验实验操作	☆ ☆ ☆	表现性评价、即时性评价、智育评价、美育评价、德育评价
	绘制酸碱中和滴定曲线图	☆ ☆ ☆	表现性评价、即时性评价、智育评价、美育评价
	实验误差分析	☆ ☆ ☆	检测性评价
	疫情防控科学调查研究	☆ ☆ ☆	表现性评价、即时性评价、体育评价、智育评价、德育评价
	家庭生活技能	☆ ☆ ☆	表现性评价、即时性评价、劳动教育评价、德育评价

续表

评价项目	评价指标		评分等级	评价方式
模块	模块 1	服务意识和责任意识	☆ ☆ ☆	表现性评价、即时性评价
		明确小组合作任务	☆ ☆ ☆	表现性评价、即时性评价
		积极参与小组讨论交流和任务探究	☆ ☆ ☆	表现性评价、即时性评价
		独立思考,任务完成能力	☆ ☆ ☆	表现性评价、即时性评价
		科学思维、评价他人能力	☆ ☆ ☆	检测性评价、表现性评价
	模块 2	自主设计实验能力	☆ ☆ ☆	表现性评价
		语言表达能力	☆ ☆ ☆	表现性评价
	模块 3	调查研究能力	☆ ☆ ☆	表现性评价
	模块 4	生活技能	☆ ☆ ☆	即时性评价

三、教学实施过程

在"互联网+"教学环境下,通过教师的有效设计,化学实验项目化教学让学生更有效地参与其中,使实验能够与学生的认知结构充分结合,达到有意义的体验性学习、接受性学习、创造性学习。同样的,形成一个不断主动建构及连续内化知识的过程,并实现了"五育"融合的目标。

模块 1 的任务中,学生积极认真参与准备实验仪器,独立思考实验原理,学生对化学实验充满了好奇,小组间能够自发形成协作,保证了每个同学在过程中都"有事可做",没有学生觉得无聊或者不公平。学生遇到问题会主动提问,乐于向老师请教和交流,体现了探究式教学的探究性和主动性。被抽选中的学生独立自主完成整套实验,情绪高昂,态度认真。误差分析中,在观看其他同学的实验时既觉得新奇,又能明察秋毫,仔细思辨。实现了德育、智育、美育的培养目标。

表 2 酸碱中和滴定实验探究(模块 1)

教师活动	学生活动	设计意图
【实验前准备】每班挑选六名实验小助手,与老师一起提前进入实验室,进行实验准备,教师引导学生观察实验室,填写所需实验仪器,取放实验仪器,进行仪器检验。	【学生观察】 【填写实验物品单】 【领取实验物品】 【检查实验物品】	从实验准备阶段就由学生参与完成,首先确保学生的主体地位,增强其主人翁意识、责任意识,其次也能够帮助学生更深入地去思考实验。
【对比性实验准备】 第一组实验仪器放置于一组一桌,包括:带蝴蝶夹的铁架台、酸式滴定管、碱式滴定管、烧杯、锥形瓶、实验记录单、抹布、0.1mol/L 盐酸溶液、未知浓度的 NaOH 溶液、酚酞溶液(带胶头滴管的滴瓶)。	【实验物品摆放】	对比性实验准备是本节课本人设计的一个小特色,旨在突破一个重要的知识点即用已知浓度物质去测定未知浓度物质,可以用已知滴定未知,也可用未知滴定已知,对比性实验考验学生宏观观察能力,培养学生的科学思辨性。
第二组实验仪器放置于二组三桌,包括:带蝴蝶夹的铁架台、酸式滴定管、碱式滴定管、烧杯、锥形瓶、实验记录单、抹布、0.1mol/L 盐酸溶液、未知浓度的 NaOH 溶液、甲基橙溶液(带胶头滴管的滴瓶)。	【随机请学生代表进行实验规则解读】 【随机确定的小组组长介绍本实验中本组实验仪器】	
第三组实验仪器放置于三组五桌,包括:带蝴蝶夹的铁架台、酸式滴定管、碱式滴定管、烧杯、锥形瓶、实验记录单、抹布、0.1mol/LNaOH 溶液、未知浓度的盐酸溶液、酚酞溶液(带胶头滴管的滴瓶)。		无论是进入实验室多少次,做什么,我都要求学生首先学习实验室规则,其次要仔细观察,熟悉实验仪器。一来增强化学实验教学的仪式感,二来强化学生的规则意识、安全意识。
第四组实验仪器放置于四组二桌,包括:带蝴蝶夹的铁架台、酸式滴定管、碱式滴定管、烧杯、锥形瓶、实验记录单、抹布、0.1mol/LNaOH 溶液、未知浓度的盐酸溶液、甲基橙溶液(带胶头滴管的滴瓶)。		

续表

教师活动	学生活动	设计意图
【教学助手准备】 【移动讲台准备】 【随堂拍摄准备】待学生坐好后,将实验室挂着的实验规则直接拍摄,传至电子屏。 【随堂直播准备】坐在摆放实验药品桌的两位同学担任本次实验的各小组组长,并依次为全班同学介绍本组实验物品,教师随堂直播,投屏,全体学生一览无余。	【全体同学通过教学助手功能中的随堂拍摄功能,通过电子屏清晰地看到不同小组的实验仪器】	多媒体的应用,一定是要基于实验的真实有效。本次实验中,随堂直播、随堂拍摄、移动课堂都充分地帮助学生减少其因为看不见等问题造成的学习效率下滑。学生帮助教师完成演示实验,增强学生的主体意识。
【PPT 准备】 【实验原理学习】 酸碱中和反应的本质 酸碱中和滴定实验的仪器 酸碱中和滴定实验步骤 酸碱中和滴定实验注意事项 【互动课堂准备】 【互动课堂——随机挑人】挑选两位同学担当教师的实验小助手 【随堂直播准备】一位小助手掌控随堂直播,教师与另一位小助手向全体同学演示实验操作过程,并解说。	【认真学习】 【两位同学参与老师的实验演示】 【全体同学通过教学助手功能中的随堂拍摄功能,通过电子屏清晰地看到完整的教师演示实验过程】	通过滴定终点的判断和不同的指示剂滴定终点现象观察,通过 NaOH 溶液滴定盐酸溶液和盐酸滴定 NaOH 溶液的对比,渗透变化观念和平衡思想的化学学科核心素养。
【小组合作完成实验】每两人为"小对对",负责实验操作的一个环节,滚动式集中进行本小组实验。 【教师现场观察并及时点评】 【填写实验报告册】 【小组整理本组实验台】 【小组长归还实验仪器】	【小组合作,完成实验】 【计算实验结果】 【实验台整理】	每个"小对对"完成一个操作,小组合作集体完成实验,确保学生全员参与,推动学生合作探究,让学生充分感受到每个环节对实验的重要性。实验报告册填写、实验台整理都是实验探究的仪式教学,渗透科学的基本素养,尊重实验的情怀。

续表

教师活动	学生活动	设计意图
【小组长汇报本组实验结论】 【对比性实验的结果讨论】 【互动课堂——小组挑人】每个小组挑选一位同学,进行实验操作测试。 【实验操作测试】各小组代表进行实验操作测试,教师进行完整录制,用于实验误差分析。 【观看学生实验视频】 【寻找问题】 【误差分析知识学习】 【当堂检测环节】 【小结】 【实验总结】中和滴定曲线绘制 【课后作业】导学案课后题完成 【直通高考】高考历年真题练习	【一二组对比】 【三四组对比】 【思考总结】 【随机请学生代表进行实验操作】 【其他同学通过电子屏完整观看同学的完整实验视频操作】 【仔细观察,认真发现】 【总结误差分析知识】 【应用与解决问题】 【绘制曲线】 【完成导学案】 【思考解答】 【认真完成】 【上传云校家课后作业】 【应用与解决问题】	对比性实验旨在突破一个重要的知识点即用已知浓度物质去测定未知浓度物质,可以用已知滴定未知,也可用未知滴定已知,对比性实验考验学生宏观观察能力,培养学生的科学思辨性。 学生除具备合作探究能力外,也应具备独立思考、独立完成实验的能力,通过个人的完整实验操作,可以给予他们一个独立思辨和学习的机会,而这也变成了误差分析的宝贵资料,可以让误差分析变得更加生动具体,这也是本节课我设计的另一个特色。

模块 2 的任务中,对于家庭生活小实验学生兴趣满满,虽然实验很简单、基础,但热情度很高,完成度也很高,实现了德育、智育、美育的培养目标。

表 3 发现科学的美——有趣的生活小实验(模块 2)

教师活动	学生活动	设计意图
【任务布置】请学生利用假期时间,用日常生活中的用品,查阅资料,设计一个有趣的家庭小实验,并录制视频,拍摄实验过程,并讲解原理,同时将视频上传云校家平台。 【班级展示】在班级展示本模块的成果。	【完成小实验并录制视频】 【观看视频并点评】	通过学生独立设计完成家庭小实验,并录制视频进行展示讲解,充分激发学生的科学兴趣,让学生产生"处处皆化学"的有趣而有意义的化学感受。

模块 3 的任务中,基于"我身边的疫情防控"调查研究虽然稚嫩,但对科学的严谨求实的追求初见成效。实现了德育、智育、美育、体育的培养目标。

表 4 "我身边的疫情防控"科学调查(模块 3)

教师活动	学生活动	设计意图
【任务布置】请学生利用假期时间,查阅资料,走访周围,完成关于"我身边的疫情防控"的调查研究,并形成研究报告,以"美篇"的形式发布。 【班级展示】在班级展示本模块的成果。	【调查研究并完成"美篇"】 【观看并点评】	模块 3 让学生通过对"身边疫情防控"的观察和调查,培养学生的调查研究意识和科学精神,树立为人民服务的意识。

模块 4 的任务中,学生感恩父母,为父母做了可口的饭菜,得到父母的点赞,温暖感动。实现了德育、智育、美育、劳动教育的培养目标。

表 5 "今天我当家"家庭活动(模块 4)

教师活动	学生活动	设计意图
【任务布置】自己当家做主一天,细心完成家庭事务,照顾家人,可拍照留念。 【班级展示】在班级展示本模块的成果。	【家庭劳动】 【观看并点评】	模块 4 基于学生前期的科学探究,让学生在家当家做主,感受生活的美好,学会感恩。

四、"五育"融合效果描述与分析

周国平说过,"世上有一样东西,比任何别的东西都更忠诚于你,那就是你的经历以及你在经历中的感受和思考"。

我所任教的宁夏师范学院附属中学的学生普遍来自农村,基础薄弱、学习能力参差不齐,对比同级其他学校,学生的学习能力和生活习惯更为薄弱一些。2018 年,我的学生刘张垚获得第 32 届中国化学奥林匹克(初赛)二等奖,李涛、黑生梅等 6 位同学获得三等奖,开创了宁夏师范学院附属中学建校以来的先河,实现了该项比赛获奖零的突破。恰逢世界读书日,刘张垚在晨会上分享了这样一些话:"高中化学中,我们学习化学反应速率、化学平衡,我们黄老师总说外界条件虽然能改变化学反应速率,影响平衡,但最重要的还是物质本身的性质,你能为世界贡献多少能量,取决于你的内涵。化学本无心,人可赋其魂……"

我一直坚信好教育是着眼于学生潜能的唤醒、开掘与提升,促进学生的自主发展;是着眼于学生的全面成长,促进学生认知、情感、态度与技能等方面的和谐发展;是关注学生的生活世界和独特需要,促进学生有特色的发展;是关注学生学习的愿望和能力的形成,促进学生可持续发展。最重要的是,让学校的教育有深度、有广度,让学生看得更远,见识得更多。

化学家拉瓦锡曾经说过,"在任何情况下,都应该使我们的推理受到实验的检验,除了通过实验和观察的自然道路去寻求真理之外,别无他途"。实验教学能够有效连接学习和思维,在实验学习的基础上去思维,思维才能深入,在思维的前提下进行实验操作,学习才有效果。

2021年,国内近909万大学毕业生走出校门,中国青年网在全国381所高校进行了调查,结果让人惊奇,将近88%的大学生担心自己找不到工作。也有另外一组数据出人意料,根据官方数据,2020年我国技能型人才缺口超过1900万,5年之后,这个数字将达到3000万。由此可以看出,我们需要培养的是能深度思考、掌握方法、有良好学习习惯的学生。高中教育要从"德智体美劳"五个方面为培养具备探索未知领域能力的人才打好思维基础、实践基础、知识基础,化学实验教育应当更有思想宽度,我想这就是我决定在"互联网+"背景下,基于"五育"融合进行化学实验项目化教学的原因。

1.给予化学以爱,给予科学以光。借助酸碱中和滴定,我和我的学生度过了一段与化学实验相知相遇的美好的时光,这是第一次从实验准备阶段就由学生参与,第一次借助随堂直播的技术手段进行化学实验学习,第一次实现学生个人实验视频完整录制……

项目化实验教学某一节化学课上,我带着学生用宁夏教育资源公共平台发布的中小学德育学堂一起回顾了在抗击疫情过程中做出突出贡献的科学家,我们一起许诺:抗击疫情,榜样引领,相信科学,相信知识。基于我们对化学实验的热爱,对科学防疫的认知,我提出,让我们一起进行"发现科学的美—有趣的生活小实验"活动,同学们利用家中的生活用品,去完成一些简单的生活小实验。于是,在云校家的课后视频中,我们看到了"蜡烛吸水"、"苏打吹气"、"烧不着的纸杯子"、"蝌蚪的诞生"等,朴素而简单的实验里,有一颗颗温暖的心。

我想,惊奇是科学的种子,热爱方为科学的沃土,化学教育应当给予每一粒"种子"以热爱,给予化学以爱,给予科学以光。

2.给予科学以爱,给予生命以光。毛主席说"没有调查,就没有发言权",习近平总书记提出"调查研究是谋事之基、成事之道。没有调查,就没有发言权,更没有决策权"。在"互联网+"化学实验周项目中,我们进行了"关于抗击疫情的调查研究"活动性课程,要求同学们通过对比观察、上网浏览、观看新闻、调查问卷等方法去发现和感知身边的人物和故事。

我想,相信也是科学的种子,实践方为科学的花朵,化学教育应当给予每一个"花朵"以希望,给予科学以爱,给予生命以光。

3.给予生命以爱,给予祖国以光。项目化教学的最后一节化学课堂上,我们用思维导图回顾了本次化学实验项目化教学的过程, 随后我带着学生缅怀了一位化学家,了解了一位化学"大神",我们约定,要一起成为有用的后浪,我们一起呐喊:"生而无畏,战至终章。"

化学晚自习,我们所有人一起吹起了泡泡,我说:"希望大家以后吹泡泡的时候,都能够想起椰子油、烧碱、聚乙烯醇、甘油和香料,想起化学的美妙,吹起希望的泡泡。"

我想,追求应是科学的种子,你们才是科学的未来,化学教育应当给予每一个未来以力量,给予科学以爱,给予生命以爱,给予祖国以光。

我国著名化学家戴安邦先生曾经说过,"只传授化学知识和技术的化学教育是片面的,全面的化学教育要求,既传授化学知识与技能,又训练科学思维和方法"。

我相信,学习化学,体验科学的历程就是不断地给予生命以爱,给予岁月以光的过程。

2014 年,我的学生说:"老师,如果我考不上大学,我的人生是不是就完了?"2016 年,我的学生说:"老师,我不是最美的花朵,但我也渴望能够绽放。"2017 年,我的学生说:"我虽并非圣贤,但心怀见解。"2018 年,他们说:"预测未来,不如创造未来。"2019 年,他们说:"峥嵘 70 载,我与祖国共奋进。"2020 年,他们说:"奔涌的后浪,永不停歇。"2021 年,他们说:"建党百年,与国同梦。"……

2021 年,我的学生马旭写下了这样一段话赠予我,"不曾奢望您记住,希望您在想起这个学生之时,没有遗憾",我内心深受感动,我希望当我的任何一个学生想起化学学习之时,都没有遗憾,我深刻感知着不断前行的中国教育、化学教育带给学生的选择与公平,成长与发展,深刻感知到学生在德智体美劳方面取得的进步,我期待即将到来的美好……

此文获 2022 年宁夏回族自治区中小学"五育"融合典型案例一等奖。

"传承雷锋精神、科学探索精神"
化学实验项目化教学

一、项目化设计概述

1.实施背景。习近平总书记在 2018 年 9 月举行的全国教育大会上旗帜鲜明地指出：要努力构建德智体美劳全面培养的教育体系。至此，立德树人，"五育"并举，培养德智体美劳全面发展的社会主义建设者和接班人成为全体教育人的共同目标。2019 年发布的《中国教育现代化 2035》进一步提出：更加注重学生全面发展，大力发展素质教育，促进德育、智育、体育、美育和劳动教育的有机融合。明确提出"五育"融合的教育发展目标。

雷锋的名字家喻户晓，雷锋的事迹深入人心，雷锋精神滋养着一代代中华儿女的心灵。2 月 23 日，"把雷锋精神代代传承下去——纪念毛泽东等老一辈革命家为雷锋同志题词六十周年"座谈会召开，习近平总书记强调，新征程上，要深刻把握雷锋精神的时代内涵，更好发挥党员、干部模范带头作用，加强志愿服务保障和支持，不断发展壮大学雷锋志愿服务队伍，让学雷锋在人民群众特别是青少年中蔚然成风，让学雷锋活动融入日常、化作经常，让雷锋精神在新时代绽放更加璀璨的光芒，为全面建设社会主义现代化国家、全面推进中华民族伟大复兴凝聚强大力量。

我一直坚信好教育是着眼于学生价值观的形成，培养学生积极的、有益于社会发展的价值观；是着眼于学生潜能的唤醒、开掘与提升，促进学生的自主发展；是着眼于学生的全面成长，促进学生认知、情感、态度与技能等方面的和谐发展；是关注学生的生活世界和独特需要，促进学生有特色的发展；是关注学生终身学习的愿望和能力的形成，促进学生可持续发展。最重要的是,让学校的教育有深度有广度,让学生看得更远,见识得更多,感受到爱并传播爱。

2018 年 7 月,教育部批复宁夏建设全国"互联网+教育"示范区,从此,宁夏教育插上了"互联网+"的翅膀,开启了新的征程,从那一刻开始,我就意识到,我的化学教育也要打开另一扇"窗"了……

化学家拉瓦锡曾经说过,"在任何情况下,都应该使我们的推理受到实验的检验,除了通过实验和观察的自然道路去寻求真理之外,别无他途"。实验教学能够有效连接学习和思维,在实验学习的基础上去思维,思维才能深入,在思维的前提下进行实验操作,学习才有效果。高中教育是要为培养具备探索未知领域能力的人才打好思维基础、实践基础、知识基础、心理基础等。化学实验教育应当更有思想宽度,我想这就是我决定在"互联网+教育"背景下,进行"传承雷锋精神、科学探索精神"化学实验项目化教学的原因。

2.项目目标。

(1)在"互联网+"背景下,利用信息技术提高实验教学的有效性,引导教师更有效的设计和组织实验教学,并在化学实验周项目活动中培养学生正确的人生观、价值观,学科核心素养。

(2)将实验教学进行项目化设计,提高化学实验教学的趣味性、有效性、连贯性,创造化学知识生活化的机会体验。其中,模块 1 通过酸碱中和反应的相关知识学习,为后期实验教学打好知识基础;模块 2 巧妙地回顾了上一个实验溶液配制的相关内容,并设计成下个模块的任务,即学雷锋活动要解决的问题,同时实现了实验教学大课程体系的连贯性;模块 3 通过"酸碱中和滴定"实验的探究体验学习,增强学生主体地位,强化其主人翁意识、责任意识,对"酸碱中和滴定"实验过程进行小组分解,促进小组协作,组与组之间形成对比实验,培养学生思维的灵活性和发散性;模块 4 随机挑选若干学生独立完成实验,其他同学观看视频找问题,进行误差分析,培养学生独立思辨能力;模块 5 通过学生独立设计完成家庭小实验,并录制视频进行展示讲解,充分激发学生的科学兴趣,让学生产生"处处皆化学"的有趣而有意义的化学感受;模块6让学生参与"雷锋"实践活动,树立为人民服务的意识,感受帮助他人的美好,学会感恩。

（3）通过项目化设计将实验教学与学雷锋活动紧密连接,开展学生的爱国主义教育,扩展化学实验教学的教育意义,达到化学学科思政育人的目标。

（4）本案例中,德育教育拆分到各个育人场景中。智育教育重点落到模块1、模块2、模块3、模块4、模块5实验设计和完成中,学生既要掌握基本技能,还要延伸到生活实践中。体育教育在注重学生的课堂参与、团队合作等过程性教育的同时,侧重在模块5和模块6的社会调查实践中培养。美育方面,本案例注重学生通过化学实验现象培养发现美的能力,结合模块5和模块6社会活动,构建学生心理健康教育和综合素质评价融合体系。劳动教育方面,通过模块5注重锻炼学生吃苦耐劳精神和动手实践能力。整个案例通过探索化学实验学科知识和"五育"并举培养目标内在联系,提炼各个模块的育人目标,形成基于课堂教学、"五育"并举的化学实验教育教学体系。

3.项目内容。项目化教学中采用任务驱动教学法,强调学生为项目的主体,强调项目的连续性、发展性、科学性,促进学生既能独立思考,又能合作探究、提高实验探究和动手解决问题的能力。实施过程包括:明确项目任务(即发展理念、活动目标)—制定项目计划(即周计划、活动计划、每一个项目计划)—实施计划(各项实验活动)—检查评估(多重评估)—反思与整改。

模块1:酸碱中和滴定实验分析

模块2:配制盐酸和氢氧化钠溶液

模块3:酸碱中和滴定实验课堂教学体验

模块4:分析点评学生小组实验

模块5:习题检测和活动性作业(家庭小实验)

模块6:学雷锋活动

二、教学设计方案

1.核心素养教学培养目标。

（1）通过"酸碱中和滴定"的实验基本原理,渗透宏观辨识和微观探析的化学学科核心素养。

（2）通过滴定终点的判断和不同的指示剂滴定终点现象观察,渗透变化观念和平衡思想的化学学科核心素养。

（3）通过对学生完整实验视频的分析和滴定实验误差分析方法,渗透证据推理和模型认知的化学学科核心素养。

（4）通过小组实验的分析推理,渗透科学探究和创新素养的化学学科核心素养。

（5）通过学生自主利用家庭用具进行小实验,通过学雷锋活动,渗透科学精神和社会责任的化学学科核心素养。

2.教学内容、教学活动、教学过程。

表 1　酸碱中和滴定实验分析(模块 1)

教师活动	学生活动	设计意图
【教学助手准备】 【PPT 准备】 【随机挑人】 【互动课堂准备】两位同学上台展示课堂问题。 【实验原理学习】 酸碱中和滴定本质 酸碱中和滴定实验仪器 酸碱中和滴定实验步骤 酸碱中和滴定注意事项 【当堂检测】	【投屏展示、讲解】 【学习、思考、展示、思维碰撞】 【检验反馈】	学生学习和独立思考实验原理的过程渗透宏观辨识和微观探析的化学学科核心素养,也为实验教学打好知识基础。

表 2　配置盐酸和氢氧化钠溶液（模块 2）

教师活动	学生活动	设计意图
【实验前准备】每班挑选 6 名实验小助手，与老师一起提前进入实验室，进行实验准备，教师引导学生观察实验室，明确实验目的，回顾溶液配制对应知识，填写所需实验仪器，取放实验仪器，进行仪器检验。	【学生观察】 【填写实验物品单】 【领取实验物品】 【检查实验物品】	从实验准备阶段就由学生参与完成，首先确保学生的主体地位，增强其主人翁意识、责任意识，其次也能够帮助学生更深入地去思考实验。 学生准备实验和独立思考实验原理的过程渗透宏观辨识和微观探析的化学学科核心素养。
【一定浓度盐酸溶液的配制】 【一定浓度氢氧化钠溶液的配制】	【计算、量取、稀释、冷却、洗涤、转移、定容、颠倒摇匀、装瓶贴签】 【计算、称量、溶解、冷却、洗涤、转移、定容、颠倒摇匀、装瓶贴签】	学生配置的溶液将作为一个问题进入到下一个项目阶段，是整个项目设置雷锋精神和科学探究精神的一个准备环节。
【安排视频录制】 【酸碱中和滴定实验准备】 第一部分(8 组)实验仪器放置于一组一桌，包括：带蝴蝶夹的铁架台、酸式滴定管、碱式滴定管、烧杯、锥形瓶、实验记录单、抹布、1.00mol/L 盐酸溶液、未知浓度的 NaOH 溶液、酚酞溶液（带胶头滴管的滴瓶）、甲基橙溶液(带胶头滴管的滴瓶)。 第二部分(8 组)实验仪器放置于一组一桌，包括：带蝴蝶夹的铁架台、酸式滴定管、碱式滴定管、烧杯、锥形瓶、实验记录单、抹布、未知浓度盐酸溶液、1.00mol/L 的 NaOH 溶液、酚酞溶液(带胶头滴管的滴瓶)、甲基橙溶液(带胶头滴管的滴瓶)。 【16 组实验仪器随机放置】	【录制视频、剪辑】 【实验物品摆放】	对比性、判断性实验准备是本模块本人设计的一个小特色，旨在突破一个重要的知识点即如何选择指示剂，对比性实验考验学生宏观观察能力，培养学生的科学思辨性。

表 3 酸碱中和滴定实验课堂教学体验(模块 3)

教师活动	学生活动	设计意图
【教学助手准备】 【移动讲台准备】待学生坐好后,将昨天录制好的视频,传至电子屏。 【移动讲台准备】将学生的学习案投屏展示。 【希沃思维导图】理清实验思维。	【观看视频, 明确本节课要解决的问题】 【投屏展示、板书展示、讲解分享】 【认真学习】	通过"小老师"的设计,一来增强化学实验教学的趣味性、教育意义,二来强化实验教学的仪式感,三是树立学生的主人翁意识。 多媒体的应用,一定要基于实验的真实有效,本次实验中,随堂直播、随堂拍摄、移动课堂都充分地帮助学生减少其因为看不见等问题造成的学习效率下滑。
【随堂直播准备】一位小助手掌控随堂直播,教师与另一位小助手向全体同学演示实验操作过程,并解说。	【两位同学参与老师的实验演示】 【全体同学通过教学助手功能中的随堂拍摄功能,通过电子屏清晰地看到完整的教师演示实验过程】	学生帮助教师完成演示实验,增强学生的主体意识。通过滴定终点的判断和不同的指示剂滴定终点现象观察,渗透变化观念和平衡思想的化学学科核心素养。
【小组合作完成实验】每三人为一组,进行本小组实验。 【教师现场观察并及时点评】 【填写实验报告册】 【小组整理本组实验台】 【小组长归还实验仪器】 【小组长汇报本组实验结论】	【小组合作,完成实验】 【计算实验结果】 【实验台整理】	每个"小对对"完成一个操作,小组合作集体完成实验,确保学生全员参与,推动学生合作探究,让学生充分感受到每个环节对实验的重要性。 实验报告册填写,实验台整理都是实验的仪式教学,渗透科学的基本素养,尊重实验的情怀。
【课堂活动】进行两组课堂活动,检验实验知识,并进行冠军表彰。 【小结】	【参与课堂活动】 【思考总结】	课堂活动增强本节课的趣味性。 本节课的小结是对本节课教育思想的升华,是教师教育情怀的再现。

表4　分析点评学生小组实验(模块4)

教师活动	学生活动	设计意图
【互动课堂——小组挑人】每个小组挑选一位同学，实验操作测试。	【随机请学生代表进行实验操作】	学生除具备合作探究能力外，也应具备独立思考、独立完成实验的能力,通过个人的完整实验操作,可以给予他们一个独立思辨和学习的机会,而这也变成了误差分析的宝贵资料,可以让误差分析变得更加生动具体,这也是本节课我设计的另一个特色。
【实验操作测试】各小组代表进行实验操作测试,教师进行完整录制,用于实验误差分析。	【其他同学通过电子屏完整观看同学的实验视频操作】	
【观看学生实验视频】 【寻找问题】 【误差分析知识学习】 【当堂检测环节】 【小结】	【仔细观察,认真发现】 【总结误差分析知识】 【应用与解决问题】	

表5　习题检测和活动性作业(家庭小实验模块5)

教师活动	学生活动	设计意图
【实验总结】中和滴定曲线绘制 【课后作业】导学案课后题完成 【直通高考】高考历年真题练习 【活动性课程安排1】请同学们预习 pH 测定实验,并做好实验准备。	【绘制曲线】 【完成导学案】 【思考解答】	学生除具备合作探究能力外，也应具备独立思考、独立完成实验的能力,练习题是检验学生对实验本质理解的最有效途径。 活动性课程安排1实现了化学实验大课程设计探究,将三个化学实验在一个项目中有效结合。
【活动性课程安排2】请同学们在周末利用家中的生活用品完成个人小实验,上传云校家。	【认真完成】 【上传云校家课后作业】	活动性课程安排2是为了激发学生的实验兴趣,让化学更贴近生活。
【活动性课程安排3】以小组为单位开展多样的学雷锋活动。	【脚踏实地学雷锋】	活动性课程安排3让学生时刻保持向雷锋同志学习的优秀品质,也是本模块我设计的另一个特色。

3.教学媒体资源。基础化学实验室、云校家、希沃白板、希沃教学助手、腾讯会议、度加剪辑等软件。

4.教学评价。教学评价是依据项目活动中各个模块的任务与目标,使用不同的教学评价方式,对各个模块进行信息收集和科学判定,促进、激励、提升教学质量,因而在设计教学评价方式时,需要充分分析不同模块的学习任务,根据学习任务来设定对应的评价方式,在设计中渗透"五育"融合教学评价。

表6 教学评价

评价项目	评分等级	评价方式
酸碱中和滴定实验原理、步骤	☆ ☆ ☆	即时性评价、检测性评价、智育评价、德育评价
酸碱中和相关计算	☆ ☆ ☆	检测性评价、智育评价
酸(碱)式滴定管相关知识	☆ ☆ ☆	检测性评价、智育评价
酸碱中和滴定实验操作	☆ ☆ ☆	表现性评价、即时性评价、智育评价
家庭小实验实验操作	☆ ☆ ☆	表现性评价、即时性评价、智育评价、美育评价、德育评价
绘制酸碱中和滴定曲线图	☆ ☆ ☆	表现性评价、即时性评价、智育评价、美育评价
实验误差分析	☆ ☆ ☆	检测性评价
家庭生活技能	☆ ☆ ☆	表现性评价、即时性评价、体育评价、智育评价、德育评价
学雷锋活动	☆ ☆ ☆	表现性评价、即时性评价、劳动教育评价、德育评价

三、创新亮点

1."钱学森系统论"研究。关于系统科学,我国著名科学家钱学森教授曾明确指出,系统科学是从事物的整体与部分、局部与全局以及层次关系的角度来研究客观世界的。在应用系统论方法时,要从系统整体出发将系统进行分解,在分解后研究的基础上,再综合集成到系统整体,实现系统的整体涌现,最终从整体上研究和解决问题。我认为这个理论就是化学实验大课程设计的有效支撑,在本次化学实验项目化设计中,我将溶液配制实验、酸碱中和滴定实验、pH 测定实验三个实验有机结合,形成实验大课程教学体系,同时单独进行演示实验或者操作实验,一节课无法让学生彻底建立主人翁意识,最大程度只能得到"1 节课+1 个实验≤2 个即时收获"的结果,而化学实验项目化的完整性、系统性、广泛性、趣味性和科学性的设计就能实现"1+1>2"的效果。

2.对比性化学实验的应用效果探究。进入实验室后,学生高度注重本组实验,在全面了解本组实验仪器并顺利完成本组实验的过程中,并没有感知到对比性实验的存在。学生因为并不具备宏观的知识体系,所以普遍缺乏敏锐性,但是当教师及时进行点拨后,学生小组探究、迅速建立联系,能够得出对比实验渗透的知识,可见对比性实验的应用效果会受到学生异质分组、协同作业、学生探索、交互式指导等各方面的影响。

3.媒体素养的形成。云校家、希沃教学助手、移动讲台、随堂直播充分地解决了化学实验课中教师展示真实实验仪器时学生视线有死角的问题,而且在这节课的应用中发挥了"恰如其分"的作用,让随堂直播的功能不再显得突兀和无效率;思维导图的应用,有利于实验教学的系统性;课堂活动的设置让本节课显得活泼有趣,学生通过多媒体进行课堂展示,参与课堂活动,也是学习主体性的有效体现,对多媒体灵活有效的应用是教师媒体素养的充分展示。

4.教师作为帮促者。对于这个问题,在设计的时候我也采用了两种办法。第一种,完全交给学生自我摸索,教师不进行完整的实验演示,学生摸索后教师根据情况再进行完整的实验演示;第二种,教师进行完整的实验演示,然后再由学生进行实验。这两种方案分别在两个平行班级进行的尝试,我个人认为都是合理的,是不同的建构理念产生的不同的方法。第一种侧重学生探究,但需要有比较充分的时间和完整的实验设备;第二种更侧重课堂的时效性,这个环节稍微降低了学生的主体性,但课堂效率高,也比较适应我校实验设备的基本情况。"教无定法,贵在得法",我想这也是一个不错的创造和值得探究的点。

5.协同学习系统元模型的建构。知识场、信息场、价值场、情感场、行动场的多场协同,促进以内容为中介的深度互动,利用"互联网+"进行协同学习场的转化、生成与协同,实现信息、知识、情感、行动和价值的有机协同;重组课堂本体,充分发挥信息技术的知识聚合作用,实现个体和群体思维过程的协同。

6.学生评价多样性。学生独立完成整套实验并录制视频作为下一节课的素材,让其他学生通过观察,结合知识,检验操作。这是我认为在化学实验周项目中的另一大亮点,这使得我们教育所关注的教学评价变得更具多样性,更具时效性,更有意义。同时"互联网+"技术在这里充分发挥了三大作用:作为媒体,承载和传递了教学信息;作为共同体互助工具,支持了学生与学生群成员的交往互动;作为监控工具,帮助学生和老师对实验项目进行评价反思。

7.带真实任务的多学科知识体验。当我们进入"互联网+教育"时代,就要合理使用互联网技术,打破原有课堂在时间和空间上的界限,使得学生在任何时间、任何地点利用智能手机、电脑、上网等工具找到所需要的知识。因此,在化学实验周项目中创设活动性作业,让学生带着真实的任务,做家庭小实验,去力所能及地用所学科学知识解决解释一些生活问题,这是更真实有效的学习形式和更优化的学习体验,使化学教育更接近时代、接近生活。

8.课程思政。本次课程思政主要是将向雷锋同志学习融入项目化课程设置中去,潜移默化的对学生的思想意识、行为举止产生影响。

在本次项目化学习中,教师本身的目的就是想要构绘这样一个"人人都可学雷锋,处处都可见雷锋"的育人蓝图,从最开始将整个实验课放置在帮助他人的情境下,到后期以小组为单位,展开各式各样的学雷锋项目活动。同学们有的前往敬老院打扫卫生,看望孤寡老人;有的擦拭共享单车并进行简单的修理;有的自制并发放雷锋明信片,对雷锋精神进行宣传;有的去山上捡拾垃圾并齐唱红歌。通过深化课程目标、内容、结构、模式等方面,把政治认同、国家意识、文化自信、人格养成等思想政治教育导向与项目化学习中各个模块固有的知识、技能传授有机融合,实现显性与隐性教育的有机结合,促进学生的自由全面发展,充分发挥教书育人的作用。

在教育中积极探索"雷锋精神"介入学生个人日常生活的方式,将教学与学生当前的人生阅历和心灵困惑相结合,真正触及他们心灵深处,并有意识地回应学生在学习、生活、社会交往和实践中所遇到的真实问题和困惑,从而对之产生积极的影响。

四、教学反思

1.化学本无心,人可赋其魂。这些年我一直在努力进行着项目化教学探究,当我迷惑困惑时,项目化教学总能告诉我答案,并带给我成长。

这学期开学,我带着学生学习选择性必修 2《物质结构与性质》,进行了元素周期表的项目化学习,我让学生以小组为单位自制属于本小组的元素周期表,小组内的成员都去认领一种喜爱的元素,去调查研究和这个元素有关的知识,这是一件很有艺术感和快乐的事情。2023 年 8 月 24 日,下午第一节课,我将同学们绘制的元素周期表拿出来,我让认领了氢元素和碘元素的马斌同学上台和大家进行分享,然后我带着学生一起观看了日本排放核污水视频,我也讲到了氚和碘 129 的危害,当时同学们情绪都很激动,马斌在黑板上画了一个大大的"×",我在课后收到了这样一封信,上面写道:"老师,以前我只觉得您讲得生动,化学课有趣,今天这节课,您讲得太好了,我真的很感动很感动。"

于是,我在这个项目化学习教案的封面上写下了:化学本无心,人可赋其魂。

2.让属于我们的化学故事遍地开花。8 月 28 日,学校举行升旗仪式,国旗下演讲的是一位刚刚入学的小女生,她说,初入学校,第一眼见到的便是身披红色战甲的志愿者们,引导、搬东西,他们不计回报的帮助我们,点亮了我高中生涯的第一盏灯。交谈时,我看见了他们校服上的那一抹蓝,那是青春的颜色,永远散发着激情与活力,而我,也将要成为其中的一份子! 想到这里,我不禁暗下决心,我也要穿上这身校服,活力满满,以梦为马,迎接新的胜利! 我们班朱亮轻轻的碰碰我的胳膊,笑得像一朵花。"传承雷锋精神、科学探索精神"这个项目化学习中,班里面有小组前往敬老院看望孤寡老人,他们打扫了卫生,还给老人讲了讲"洁厕灵"和"84"消毒液不能同时使用,一起吹泡泡的时候还讲了讲泡泡化学,我们班妥桂宁在回来后写下了这样一段话:"敬老院的李奶奶听我讲我的生活,很开心,给我拿出了她画的简笔画,她是从去年才开始学的,学习画画的日子让她的老年生活更加丰富多彩,学习真的很美好。"班里面还有其他小组擦拭了城里的共享单车;一起爬山捡拾垃圾,并在山顶组织了"和雷锋共唱红歌"的团建活动(韩祥同学穿了小红军的表演服);一起自制了雷锋明信片,将所有同学的姓名围成了一张雷锋同志的照片。

习近平总书记指出, 要让学雷锋在人民群众特别是青少年中蔚然成风,让学雷锋活动融入日常、化作经常,让雷锋精神在新时代绽放更加璀璨的光芒。还记得面临高考时,在紧张的 100 天冲刺阶段我们班马玲出了状况,开始由于突发的家庭变故和巨大的高考压力,她持续的失眠,晚上睡不着,白天精神恍惚,常常不吃饭,这些情况都被跟她同一宿舍的我们的副班长看在眼里。副班长悄悄地跟我汇报这一情况,宿舍里的同学们主动排了个班,每天都至少有一位同学跟她在一起,关心她吃饭、睡觉、吃药的每一个细节,默默的给予陪伴与保护,正是在全宿舍女生的共同努力下,她平稳地度过了高三岁月,考上了心仪的大学。我的学生们用行动告诉我,助人为乐这件事情,00后干得不错。

于是,我在这个项目化学习教案的封面上写下了:雷锋精神永垂不朽,让属于我们的化学故事遍地开花吧。

3.流水不争先,争的是滔滔不绝。昨天晚上,学校的一位同事给我打来电话,和我分享了这样一个故事。说班级里有个全年级前三名的学生,每次在她的课堂上都显得不耐烦。于是,她将这个学生叫到办公室,原本准备进行沟通交流,帮助学生,没想到学生非常不耐烦地对她说:"我不想知道那个公式是怎么推导的,你只要告诉我这个公式怎么用,用在哪里就行了,我对你的教学方法不适应,我只想要用这个公式去做题。"学生的话让老师惊讶万分,我在听到这个故事的同时,想到了著名学者北京大学钱理群教授的故事,他曾经亲自给高中学生开设"鲁迅作品选读"选修课,合作的学校是南师大附中、北师大实验中学这些生源与师资力量堪称一流的名校。起初,学生充满新奇,后来,却门庭冷落。据《南方周末》报道,一位学生在写给钱理群教授的信里说了老实话:"钱教授,我们不是不喜欢听您的课,而是因为您的课与考试无关,我们的时间又非常有限,我们宁愿在考上北大以后再毫无负担地来听您的课。"真是没想到困扰钱教授的故事如今也发生在我的身边。

回忆起这些年做的项目化教学,我想,原来项目化教学的过程在不断地给我答案,只有我们深刻了,进步了,我们才能坚定教育的信念,坚定"为未来而教,为未知而学",所有已知、未知的知识,都是基于人的发展,都需要建构有意义的学习,培养人的好奇,启发人的心性,启迪人的智慧。学生的心扉悄然打开,如同一扇窗透过缕缕阳光,温暖而美好。教育就需要这种美好的意象和图腾,真正让孩子的心灵敞开,遇见光亮,看见未来。教师的使命不只是为学生增添分数,而是要为孩子点亮一盏盏的灯,这一盏盏的灯,不仅启悟思维,烛照灵魂,点亮未来,更重要的是,让孩子在真实的世界里感受到生活的诗意与生命的美感。

于是,我告诉同事,请坚定地带领学生去理解公式的推导,形成思维的过程是对的,我们要继续去引导那个只会考试、只要成绩的孩子学会热爱。

老子在《道德经》中讲述,流水不争先,争得是滔滔不绝。不争先不是不求上进,而是尊重自然规律,不破坏均衡,不因小失大、迷失自我。就像流水一样,慢慢地流淌。它不去争先后,而是在一点一点地积攒自己的力量。细水长流,以待迸发。看向未来,我希望我在项目化教学过程中能有流水的滔滔不绝之力,永葆教育智慧之活水不干涸,做一个拥有持久力的优秀教师。以化学化导人心,乃吾辈之重任也。我深刻感知着不断前行的中国教育、化学教育带给学生的选择与公平,成长与发展,我相信化学学科的育人力量,我期待此时与未来的每一次美好。

本文获 2023 年宁夏回族自治区中小学"五育"融合典型案例二等奖。

第三部分　成果的展示

教学成果就像我们想要制备的最终产物，无论是一步反应，还是多步反应，历经多少坎坷，最终如愿以偿，当我们站在这场反应的终端再次向前望去，那些在这场反应中的光和热，那些偶尔出现的中间态，那些帮助我们的催化剂，还有意外出现的副反应，个个都透着可爱与智慧，个个都成了教育教学的"生成"……

最好的爱是什么：是成长的路上有爱意满满，也有硕果累累。

"学生社团对培养中学生核心素养作用的
实践研究"开题报告

一、选题依据

从古至今,我们教育学生的方式总是随着时代的变化而变化,但教育学生的目的从未发生过改变,那就是培养出德智体美劳全面发展并对社会有用的人,我们要培养孩子具备应对现在和与当今截然不同的未来的能力。研究表明,我们的发明和创新不断改变着我们的世界,解决问题的需求与我们赖以生存的社会息息相关,这种需求是学习必备的素养,缺乏了这些素养,学生就不能成为对国家经济以及社会有益处的、有生产力的、有创新的问题解决者。世界上很多国家的教育部门正在开展素质教学,他们认为要理解全球重大事件并表现出创意和创新,需要特定的知识、概念和素养。

2016 年 9 月,中国学生发展核心素养研究成果在北京师范大学正式发布。中国学生发展核心素养以培养"全面发展的人"为核心,分为文化基础、自主发展、社会参与三方面,综合表现为人文底蕴、科学精神、学会学习、健康生活、责任担当、实践创新六大素养,具体细化为国家认同等 18 个基本要点。这一研究成果的发布是对教育部《关于全面深化课程改革落实立德树人根本任务的意见》的进一步贯彻与落实,为我国基础教育的后续发展提出了指导性意见。

如何培育中学生的核心素养,通过多年的实践,我想,学生社团是一个有效的载体,它带来的不仅仅是概念理解,还提供了很多机会,让学生体验愉快、乐趣,以及终身学习的欲望。首先,社团活动课程氛围宽松、自由、民主,这样的氛围和心理环境,不但是中学生核心素养培养的必要的基础性条件,而

123

且其本身就是最有力量的素养教育。只有在宽松、自由、民主的氛围中,学生才敢于大胆地想象,敢于大胆地发表自己不同的见解,否则,学生的想象力、创造力将会被压抑的环境扼杀。其次,在社团中能够更快建立平等、和谐的师生关系。教师把自己和学生摆在一个平等的位置上,尊重学生、欣赏学生,鼓励学生大胆提出问题和发表不同的意见,激发学生的好奇心、求知欲和新奇、独特、大胆的想象。再次,是服务、激励、支持创新的管理制度和评价制度,既在制度上对素养教育给予保证,又使制度本身成为素养教育的一个重要内容。最后,教师自身具备"核心素养教育"素养,拥有与时俱进的教育理念,能支持学生开展丰富多彩的创新性文化活动,为学生社团学习和活动提供良好的条件,并身正为范参与到创新创造的活动中,在关键时刻发挥指导点拨的重要作用。

宁夏师范学院附属中学社团文化,让学生在参与社团的过程中思考,培养学生的主体意识,学生的思辨精神和创新精神也得到了拓展,将核心素养培养工作落实落细落小,从而促进了学生形成正确的世界观、人生观、价值观! 这些年来,我们看到了学生的负责,发现了学生的改变,见证了学生的成长!

在欣慰的同时我们也有感受、有思考,我们开展学生社团活动的目的是确保核心素养培养工作取得时效,在实施过程中我们发现学生社团对核心素养培养工作的影响主要取决于以下方面。

1.将"核心素养"的内涵融入社团活动课程的目标中,落实到学校社团活动课程中。

2.社团活动课程需要形成有利于"核心素养"形成的社团文化。

3.对社团核心素养培养工作评价方式的确定。

如何让这些方面更具有科学性,与时代接轨,与德育政策接轨,与教育理念接轨,更有利于核心素养培养工作的实施,基于这些思考,我们将本课题聚焦于以下内容。

1.通过对宁夏师范学院附属中学社团发展的研究,探索社团活动在核心素养培养工作中形成了哪些影响。

2.分析得出核心素养培养工作的新对策,引导学生更有效地参与和组织社团。探索如何通过学校、家庭、学生自身来帮助学生建立社团,并在社团活动中形成正确的人生观和社交价值观。

3.本课题旨在帮助学生重新理解"核心素养"的真谛,确立积极的、具有深远意义的,并且与社会主义核心价值观相匹配的人生观、价值观。

本课题是基于宁夏师范学院附属中学学生社团对核心素养培养工作的影响所做的一项研究。学生社团我们已经实践了 8 年,通过研究从中发现哪些方法更符合我校的实际,符合学生的成长规律,哪些方法可以进一步进行推广,而哪些方法需要进一步改进,这一研究是非常有价值的。我们在社团发展的同时,理论联系实际,通过本课题,进一步得出以核心素养培养为目标,从目标开始建构社团的发展和社团课程,并与家校共育、全员育人的德育政策有机结合,更具科学性、操作性!

目前,广大教育工作者对核心素养培养工作的认识不断加深,研究的内容丰富,但综合来看,对社团活动的研究主要集中在小学生社团活动方面。

二、研究内容

(一)本课题聚焦以下内容

1.通过对宁夏师范学院附属中学社团发展的研究,探索社团活动对核心素养培养工作形成哪些影响,这也是本课题研究的重点。

2.分析得出核心素养培养工作的新对策;引导学生更有效地参与和组织社团。

3.探索如何通过学校、家庭、学生自身来帮助学生建立社团,并在社团活动中形成正确的人生观和社交价值观。

4.本课题旨在帮助学生重新理解"核心素养"的真谛,确立积极的、具有奋斗意义的并且与社会主义核心价值观相匹配的人生观和价值观,后面三个方面确定为本课题的难点。

（二）本课题主要使用了案例分析法、行动研究法、问卷法、访谈法和文献法

1.案例分析法：在课题研究过程中，将不同的案例进行收集整理，归纳分析，使之系统化、理论化。

2.行动研究法：坚持理论联系实际，强调该课题的可操作性，尽可能进行各种类型的对比性研究和实践，确保课题样本的多样性。同时边实践、边探索、边总结，做到课题命题更具有推广应用的价值。

3.问卷法：以本校社团全体学生以及已经毕业的社团学生为抽样对象，研究各个不同阶段学生对社团活动的适应性、评价和感受。

4.访谈法：选择具有典型性的学生个体和教师作为访谈对象，通过他们在社团活动过程中的经历、感受，分析社团对核心素养培养工作的影响因素。

5.文献法：通过对社团活动的相关文献分析，对比其他研究者的已有做法、成熟做法，明确我校社团活动教育的创新之处和独到经验。

（三）总体框架

1.宁夏师范学院附属中学核心素养培养基本情况调查研究。

2.宁夏师范学院附属中学学生社团基本情况调查研究。

3.在实践的基础上，研究如何将核心素养融入学生社团。

4.力求通过本课题的研究，强化我校社团管理，总结社团活动培养核心素养的途径。

5.培养宁夏师范学院附属中学学生在社团管理和学习管理中的自主参与意识、组织管理能力，从而不断完善和发展其自身的核心素养。

6.鼓励更多的学生参与到社团活动当中，发挥自己的爱好和特长，让每一个学生都有用武之地。

三、研究步骤

1.启动阶段（2022年8月—2022年11月）

组建课题小组，进行职责分工和研究预设，在课题立项之后寻求理论的指导与帮助。学习教育理论、召开开题论证会议、拟订课题报告、调查访问、摸

清情况、建立档案。收集资料,制定研究步骤、设计并完善课题方案。

2.实施阶段(2022 年 12 月—2023 年 8 月)

继续学习理论知识,在理论的基础上进行实践。针对社团活动的实际情况,定期进行总结和评估,积累研究素材,整理有关总结,及时提升成果。对有关数据进行分析、评议、评价,阶段总结。

3.总结、推广阶段(2023 年 9 月—2024 年 8 月)

运用经验总结等方法,对研究材料进行收集整理,撰写课题研究论文、调查报告等,完成结题工作,展示课题成果。重点进行研究资料的最后整理和结题报告的撰写,申报科研成果评选并申请课题鉴定。

(1)研究前期:通过实地考察以及访谈、调查问卷等方法对学生社团情况进行全貌调查,对问卷进行分类,数据统计,分析总结得出结论并整理成册;对典型的社团活动进行案例调查,采访,分析并整理成文字性资料收录在《宁夏师范学院附属中学学生社团案例册》。

(2)研究中期:探索构建宁夏师范学院附属中学核心素养培养教育的新途径和中学生德育教育的新方法,撰写论文。

(3)研究后期:实践—反思—分析—总结,撰写《宁夏师范学院附属中学核心素养培养教育报告》《学生社团对培养中学生核心素养作用的实践研究》结题报告、研究报告、论文。

四、预期成果

完成《学生社团对培养中学生核心素养作用的实践研究》结题报告,发表论文,完成《宁夏师范学院附属中学学生社团案例册》。

在研究方案指导下,经过课题组成员努力,在每个阶段都取得预期效果,最终以论文集、调研报告、案例集等形式呈现出来。在课题研究成果指引下,让本校在核心素养培养方面取得更大进步,为我校社团活动方面提供参考和借鉴。此外,为了让优质教育资源得到共享,将课题研究成果进行分享,让课题研究价值得到最大程度体现。

"'互联网+'背景下,实验教学有效性的实践探究"开题报告

一、研究的背景和意义

我们今天的时代处处渗透着信息化、数字化,我们被各种渠道的各种信息所包围,教育教学要跟上时代的步伐,顺应时代的变化。2018年7月,教育部批复宁夏建设全国"互联网+教育"示范区,从此,宁夏教育插上了"互联网+"的翅膀,开启了新的征程。

基础教育课程改革提倡培养学生搜集和处理信息的能力,获取新知识的能力、分析和解决问题的能力,这些能力的培养都离不开学习和思维,学习是思维的基础,思维是学习的升华。化学家拉瓦锡曾经说过,"在任何情况下,都应该使我们的推理受到实验的检验,除了通过实验和观察的自然道路去寻求真理之外,别无他途。"作为一个身在一线的化学教师,我们一直追求的是利用有限的课堂时间充分调动学生的思维积极性,培养他们的创造力和科学思维,我想实验教学就是最好的手段。实验教学能够有效连接学习和思维,在实验学习的基础上去思维,思维才能深入,在思维的前提下进行实验操作,学习才有效果。

同时,"互联网+"学习媒体的正确选择和使用可以大大提高实验教学效率,优化教学设计,从抽象到形象,从死板到生动的认知过程符合中学生的年龄和心理特点,更利于知识的掌握和能力的培养。

二、研究解决的问题

当今社会,信息浩繁。实验教学知识学习中,一味地进行演示实验教学当然不行,但一味地主张学生实验探究而不重视接受同样不行,如何使实验教学紧跟时代的脚步,将其有效性发挥到最大化,值得探究。

通过"互联网+"教学环境,通过教师的有效设计,让学生更有效地参与部分实验,能够与学生的认知结构充分结合,达到有意义的接受性学习;同样,将有些实验设计为研究性学习项目,培养学生的问题意识和研究意识,项目化实验教学能够形成一个不断主动建构及连续内化知识的过程,而将所学知识有效应用,更能促进知识的深度内化。

学生在实验教学中所得到的学习体验和情感体验与理科学习的有效性内在统一,能够促使学生感受理科知识的乐趣,提高理科学习效率,增进学习效果。

三、研究目标

本课题旨在帮助教师深入理解"互联网+"教育有效性的真谛,帮助学生通过"互联网+实验教育"培养积极的学习力、思考力,也在研究过程中使教师充分感知技术素养和媒体素养的重要性,我们将本课题的研究目标聚焦于以下四个方面。

1.在"互联网+"背景下,分析得出如何利用信息技术提高实验教学的有效性,引导教师更有效的设计和组织实验教学,并在实验活动中培养学生正确的人生观、价值观以及学科核心素养。

2.如何将实验教学进行项目化设计,提高理科实验教学的有效性。

3.如何设计并开展对实验教学的评价,来促进实验教学效能的提升。

4.通过对宁夏师范学院附属中学理科实验教学的研究,探索如何利用实验课程来提高物理、化学、生物学科的教学有效性,指导学生有效学习。

四、国内外研究现状

(一)国外研究现状

1.高中实验教学研究。实验教学在美国、英国、日本等国家课程教学中占有重要地位。美国注重实验技能的训练,培养学生的探究能力,教材中的实验大都为探索性的,实验的课时数加起来超过总课时数的 50%。除了实验设计部分,每一章节都有穿插数学实验室、快速实验室、数字实验室、实验设计、互动探究和实验室技术等栏目。英国是科学实验的发源地,以实验能力的培养作为核心,部分学校根据教学实际需要,结合学生生活实际自行编写或选用特定教材。英国实验类型多样,并且实验多与实际生活紧密相关,有利于学生将知识运用于实际生产生活,提高应用能力。日本中学的实验丰富多彩,最明显的特点是短小精炼、类型多、范围广,而且评价方式也是多种多样的。土耳其提倡在教学中要充分利用实验室,加强实验教学,让学生产生积极的态度,从而激发学习兴趣。

2.“互联网+教育”研究。美国主导着全球通信技术与网络的发展进程,也引领着信息技术变革教育的方向。为了更好地促进信息化在教育上的应用与发展, 美国自 1996 年开始, 先后进行了 5 次国家教育技术规划(National Education Technology Plan,简称 NETP)。为了设计和实施有更高效率和更好效果的教育系统,NETP 要求以服务大众为己任的组织机构,应在学习科学、技术与教育的交叉学科领域进行深入的研究。2016 年 NETP 开始重新思考技术在教育中的角色,在技术支持学习方面,该计划鼓励学生通过实践获得真实的学习经验,基于现实问题进行高参与度的学习与实践,采取课堂学习、网络学习、混合学习、校外实习和工作实践等多种模式共同促进学习。在此之后,教育信息化在全世界快速发展,教育教学形式也开始多样化。

以 1993 年互联网服务的商业化为标志, 日本正式进入互联网和手机时代。日本互联网技术发展较快,得到了国家相关政策的支持,日本教育信息化在促进教育公平方面具有重要作用,日本政府将其作为基本国策。

卡耐基梅隆大学(Carnegie Mellon University)率先提出将我们使用的移动设备应用在教学评价,之后主要应用在高等教育领域,英国、德国等国家引进移动设备为大学生提供个性化服务, 同时将移动设备用作学习和管理的工具。人工智能在教育中的应用逐渐成熟,它以一种新的方式参与到学生学习中并帮助教师提高教学效率。

综上所述,我们发现,一些国家在互联网与教育方面应用较早,发展速度较快,在一定程度上促进了教育的发展,为教育提供了不同的发展模式,值得我们借鉴。

（二）国内研究现状

1.高中实验教学研究。利用中国知网 CNKI 进行文献检索,通过"主题"一栏输入"互联网+高中实验教学"进行查找,查到 2017 年至 2021 年之间发表的期刊论文和硕博士论文共 40 篇。

实验作为物理、化学、生物学科的重要组成部分,其在理科教学中的地位尤为重要,随着新课改的进行,近两年研究成果呈现逐年上升的趋势。学者针对高中实验教学的不同方面进行研究,发现了其中所存在的问题,得出多种不同结论。

我国实验教学越来越受到大家的重视,实验的重要性也逐渐被大家所认识,不断改进实验教学方法,改善实验教学环境,促进学生发展。但是发现"互联网+"背景下高中实验教学的研究还是较少,因而"互联网+"背景下开展实验教学是有意义的。

2."互联网+教育"研究。自 20 世纪 80 年代中期以来,随着互联网技术的发展和广泛应用,在线教学呈现快速发展之势,目前越来越多的学校和教师在尝试运用"互联网+"教学,基于互联网的在线教学成为学校教学信息化研究与实践的新热点。当前,随着互联网技术、移动通信技术和知识数字化技术的飞速发展,MOOC、翻转课堂、微课程等基于互联网的新型教学模式应运而生。鼓励互联网企业与社会教育机构根据市场需求开发数字教育资源,提供网络化教育服务。

笔者利用中国知网 CNKI 进行文献检索,通过"主题"一栏输入"互联网+高中教学"进行查找,查到 2017 年至 2021 年之间发表的期刊论文和硕、博士论文共计 751 篇。

互联网在我国快速发展,"互联网+教育"模式发展多样、应用广泛。笔者查阅相关文献资料发现,在互联网背景下对数字化实验室研究较多,数字化实验室在高等院校应用较多且起步相对较早,对于基础教育来说,数字化实验室应用较晚。

本文从"互联网+"背景下,如何提升高中实验教学有效性进行实践研究,为一线教师教学提供借鉴。

五、核心概念的界定

1."互联网+"。是指以互联网技术为核心的信息技术在各个社会领域、各个部门的融合和应用过程,换句话说就是传统产业的在线化和数据化。从工具层面分析,它代表一种先进的生产力,从思维层面分析它又是创新的驱动力。

2.认知学习理论。从认知心理学的角度解释学习的过程,它是对事物的认知、分辨和理解,从而获得新知识过程。

3.建构主义学习理论。建构主义即结构主义,内容的核心概括为:以学生为中心,强调学生对知识的主动探究,对所学知识意义的主动建构。

4.最近发展区理论。在个体的发展水平中,"最近发展区"是指处于"发展水平"和"潜在发展水平"之间的水平。

5.杜威"从做中学"。杜威认为,"从做中学"也就是"从活动中学""从经验中学",它使得学校里知识的获得与生活过程中的活动联系了起来。

6.巴班斯基教学过程最优化。是指从所提出的准则的观点出发,在全面考虑教学规律、教学原则、现代化教学教育形式和方法、已有条件以及班级和个别学生特点的基础上,使教育过程最有效地(最优化地)发挥效能。

7."互联网+实验教学"。"互联网+实验教学"是在互联网技术的基础之上,借助互联网的优势,根据实验教学的特点与其进行融合、创新,促进实验设计结构发生改变,从而达到推动实验教学有效性最优化的效果。同时,笔者认为实验教学的有效性的核心是学生有没有学到什么或学生学得好不好。在实验教育教学中将部分实验设计为项目课程,即按照党和国家的教育方针,结合学校的既定资源,依据学生的发展目标,构建学生实验体验,这是促进实验教学有效性的一种优质办法。

六、研究方法、步骤

本课题主要使用了案例分析法、行动研究法、问卷法、访谈法和文献法。

1.启动阶段(2021年8月—2021年12月)。组建课题小组,进行职责分工和研究预设,在课题立项之后寻求理论的指导与帮助。学习教育理论、召开开题论证会议、拟订课题报告、调查访问、摸清情况、建立实验档案。收集资料,制定研究步骤、设计并完善课题方案。

2.实施阶段(2022年1月—2022年12月)。继续学习理论知识,在理论的基础上进行实践。针对学科和班级的实际情况,定期进行总结和评估,积累研究素材,整理有关总结,及时提升成果。对有关数据进行分析、评议、评价,进行阶段总结。

3.总结、推广阶段(2023年1月—2023年8月)。运用经验总结等方法,对研究材料进行收集整理,撰写课题研究论文,完成结题工作,展示课题成果。重点进行研究资料的最后整理和结题报告的撰写,阶段成果为总结论文,申报科研成果评选并申请课题鉴定。

七、研究成果预期形式及内容

1.课例研究。通过对云校家、教学助手等功能与实验教学有效融合的相关课例研究,感知"互联网+"带来的实验教学的创新性,提高实验教学设计的有效性。通过对教师借助云校家以及相关媒体平台、利用爱剪辑等手段剪辑动画等与实验教学相融合的相关课例研究,体会教师信息化技术手段所带来的实验教学的创新性和有效性。

2.查阅文献。前期检索、阅读文献,主要通过中国知网、万方等平台对资料进行搜集。查阅与高中实验教学及"互联网+教育"相关国内外研究现状、问卷编制以及研究理论,并仔细研读高中物理、化学、生物教材以及新课标的有关内容。文献查阅可拓宽对问题研究的视野,拓宽自己的知识面,了解相关的教育教学理论,为论文的撰写提供思路。

3.问卷调查。问卷是本次研究内容之一,主要包括教师和学生问卷。教师问卷内容主要集中在学校实验室、基本教学资源配置、实验教师队伍建设、互联网在实验教学中的应用、教师对新课标的理解等方面;学生问卷内容主要涉及学生对实验的态度、对教师教学方式的态度、互联网在实验中的应用态度等情况的调查。

4.现状分析。通过在线互动课堂、网课等课程中实验教学资源的分享,体会教育资源共享带来的便捷。

5.项目调研。在"互联网+"背景下,通过实验项目化设计,创新实验教学,真正培养出具有媒体和技术素养的"互联网+"教学人才。

6.最终呈现形式。形成《固原回中"互联网+教育"实验教学》课例研究报告、《"互联网+"背景下,实验教学有效性的实践探究》结题报告,发表论文《在"互联网+教育"背景下,高中化学实验教学有效性的策略研究》。

"'互联网+'背景下,实验教学有效性的实践探究"课题研究中期报告

我们课题组自承担《"互联网+"背景下,实验教学有效性的实践探究》课题研究以来,课题组人员热情饱满,态度积极,自觉加强理论学习,查阅资料,撰写论文,结合理论上实验课,阶段性工作取得了一定成效,现简要汇报如下。

一、课题概况

（一）课题研究的现实背景及意义

2018 年 7 月,教育部批复宁夏建设全国"互联网+教育"示范区,从此,宁夏教育插上了"互联网+"的翅膀,开启了新的征程。

基础教育课程改革提倡培养学生搜集和处理信息的能力、获取新知识的能力、分析和解决问题的能力,这些能力的培养都离不开学习和思维,学习是思维的基础,思维是学习的升华。化学家拉瓦锡曾经说过,"在任何情况下,都应该使我们的推理受到实验的检验,除了通过实验和观察的自然道路去寻求真理之外,别无他途"。作为一个身在一线的化学教师,我们一直追求的是利用有限的课堂时间充分调动学生的思维积极性,培养他们的创造力和科学思维,我想实验教学就是最好的手段。实验教学能够有效连接学习和思维,在实验学习的基础上去思维,思维才能深入,在思维的前提下进行实验操作,学习才有效果。同时,"互联网+"学习媒体的正确选择和使用可以大大提高实验教学效率,优化教学设计,从抽象到形象、从死板到生动的认知过程符合中学生的年龄和心理特点,更利于知识的掌握和能力的培养。

（二）课题研究的预期目标

1.创造"互联网+教育"实验教学环境,从教学理念、教材教法、学习方法、学习习惯、学习环境等方面提高实验教学有效性。

2.将实验课项目化,项目化实验教学能够形成一个不断主动建构及连续内化知识的大课程体系,并将所学知识有效应用,更能促进知识的深度内化。学生在实验教学中所得到的学习体验和情感体验与理科学习的有效性内在统一,能够促使学生感受理科知识的乐趣,提高理科学习效率,增进学习结果,发展自主学习的能力和合作精神。

3.实验教学评价的建立对实验教学的有效性有一定的影响。

4.在项目化实验教学中,通过项目设定培养学生的观察、记忆、思维、想象能力和创新精神。

5.培养学生爱国主义精神,形成健康的人生观、价值观,为以后的学习生活,为学生的全面发展和终身发展奠定良好的基础。

（三）研究对象及主要研究方法

1.研究对象。重点是研究宁夏师范学院附属中学初三和高中学生,形成课题研究的基本框架,取得一定的成果,然后延伸到所有班级、学生。

2.研究方法。

（1）文献研究法:检索和收集与本课题相关的理论学习材料,通过学习提升教学理念。

（2）行动研究法:教师以教育教学实践为立足点,撰写案例。

（3）调查法:通过问卷的形式了解学生对实验教学的认识,了解这些学生对中小学实验课堂教学的满意度及对实验课堂的期望。

（4）经验总结法:对撰写的案例按课题要求进行阶段性小结和课题研究结束时的总结,形成结题报告和论文。

二、目前课题总体进展情况

（一）研究计划

课题组根据课题研究的需要,确定了课题研究计划。课题的实施分三个阶段进行。

1.准备阶段(2021年12月—2022年7月)

(1)向市教育体育局教研室申请课题立项。

(2)准备课题研究的有关资料。

(3)确定参加课题研究的有关人员。

(4)制定研究实施方案,确立各项研究的主要负责人,落实各项研究的研究计划。

2.实施阶段(2022年8月—2023年3月)

(1)本课题的各项研究内容按计划开展研究。

(2)深入开展行动研究、理论研究。

(3)组织专题研讨和经验交流。

3.总结验收阶段(2023年4月—2023年12月)

(1)各项研究先后各自进行总结,并将总结上报课题组。

(2)课题组进入总结阶段,并完成总结报告。

(3)申请教研室领导对课题组进行评估验收。

(4)将验收后的结果上报课题组。

(二)课题实施过程

1.加强课题研究中的理论学习。本课题需要理论研究和实践研究相结合,所以课题组重视加强理论学习。为此,课题组召开了多次会议,通过读书分享、交流讨论、辩论等多种形式强化理论学习,并以集中统一学习和个人自学相结合的方式推进,先后召开了实验室教学助手功能使用现场操作研讨会、"互联网+"信息化培训交流分享会等,课题组成员先后学习了国家中长期教育改革和发展规划纲要全文、国务院关于积极推进"互联网+"行动的指导意见、普通高中物理学、化学、生物学课程标准、倪志华等老师的《"互联网+"背景下的生物化学实验改革初探》、闫祯老师《有效学习指导》、阿兰·柯林斯·理查德·哈尔弗森《技术时代重新思考教育》等等与课题研究有关的大量的文献。同时,充分利用网络资源,查阅与课题研究相关的很多网络信息。

2.积极进行课题的研讨和管理。在近半年来的课题研究过程中,课题组成员深感协作精神的重要性与必要性,能共同探讨课题研究中出现的新情况、新问题,通过讨论达成共识。同时,为了进一步加强对课题的平时管理,经课题组全体成员商议,拟定了有关课题研究的规定,对课题研究的相关工作,指定专人负责,保证各项工作及时落实到位。

课题组成员自觉参加每一次的课题组活动,或学习或讨论或开设公开课,使课题研究扎实有序地进行下去,并且有所收获。课题组成员都各自开设了一节公开课,实施开放性教学,形式各种各样,内容丰富多彩。针对高二和高三年级240名学生进行了两次实验问卷调查,及时反馈总结调查结果。调查显示大多数学生认为化学实验对于化学的学习很重要。大多数学生对化学实验有着浓厚的兴趣,而且喜欢自己亲自动手操作。虽然57%的学生认识到了实验课前预习很重要,可还有将近一半的学生并没有认识到这一点。如果没有课前充分的预习,学生看教师演示实验也就只是看个热闹,学生的视线会被新奇的实验现象所吸引,实验中该注意的细节问题往往被忽略。受各种因素的影响,学生在做化学实验前,大多数的预习方法是看教科书;还有一部分学生根本就不预习,仅限于实验课堂盲目操作。说明学生对化学实验的重视程度还有待提高。大多数同学能在做实验时做到认真观察,及时总结,可是还有一小部分学生只顾看实验现象、看热闹,没有总结思考,没过两天实验现象也就全忘光了,对应的知识点当然也就没有任何印象。所以在平常的实验教学中,我们不仅要引导学生观察实验现象,还要及时引导学生深刻思考,逐渐培养他们总结思考的习惯。合作精神是很珍贵的科学精神之一,我们在教学中必须大力弘扬。大部分学生都有与他人相互协作的意识,并做得比较好,少数学生还需在分组实验中与他人磨合,合作意识和习惯的培养还需加强。

调查结果说明,将近一半的学生是愿意进行学生探究实验的。后来对此问题又进行了随机问询调查,有一部分学生表示,进行学生探究实验太浪费课堂有效教学时间,所以选择了教师演示实验。还有一些学生表示,涉及反应机理的实验,期望能有模拟动画帮助理解。

只有少部分学生能认真完成老师安排的家庭小实验,后来对此问题又进行了随机问询调查,学生表示老师如果要利用"人人通"等检查,重视程度就会高一些。

三、课题研究所取得的成果

阶段性成果明显,教师理论水平、课堂教学水平均有提高。

1.黄瑜。2020年在全区"互联网+教育"应用大赛中,获教学助手课例一等奖;2021年在全区"互联网+教育"应用大赛中,其撰写的"互联网+教育背景下,化学实验体验周教学项目"获教学创新案例二等奖;2022年,其撰写的"酸碱中和滴定化学实验周项目"被收录在宁夏"互联网+教育"示范区建设与应用成果系列丛书《基础教育创新实践案例集》;2023年,其撰写的"'在互联网+教育'背景下,基于'五育融合'的化学实验项目化教学案例"获全区中小学"五育融合"典型案例一等奖。

2022年,张西彬、张桂香、黄瑜老师参与的教学成果《课堂教学评价艺术探析》获全区第一届基础教育教学成果一等奖。

2.周海平。2021年,其命制的试题获全区创新素养和"互联网+教育"背景下宁夏初中学业水平暨高中阶段招生考试原创试题二等奖;2022年,其教学设计"植物根部吸水和失水"获全市中小学教师优秀作业设计一等奖。

课题组形成"互联网+"实验教学案例:化学3份、生物2份、物理1份。

四、课题研究中的困惑

在过去的一年中,我们的课题研究取得了可喜的成果。然而在研究过程中,我们不断发现问题,同时也出现了许多困惑,需要在今后的研究中不断探索与解决。

1.突发疫情使课题的正常开展受到一定的影响。

2.课时不足,使教师的研究不够细化或不能落到实处。

3.各项课题材料的收集还不到位,对于过程性资料的整理与收集还应更细致些。

4.技术方面、实验资源方面存在一定的局限性。

5.研究过程中,我们开展的教学研讨范围不广,沙龙活动次数还不多。希望可以与其他学校开展多样化的课题研讨交流活动,使课题研究实现多渠道、多样化。

五、后一阶段的研究设想及主要措施

后期教学时间紧张,教学任务繁重,尽管如此,我们还是要克服困难,按照预定的计划和安排,形成最终研究成果。完成"'互联网+'背景下,实验教学有效性的实践研究"论文、调研报告、结题报告,继续抓好学生实验项目化教学设计,加强学生实验学习的有效性。把所学理论具体运用到教育教学实践中,落实到课堂教学中,为学生终身学习奠定坚实的基础。

六、小结

我们在过去的研究中,学习了一些基本理论,做了一些探讨,并且在教学中进行了一些尝试,但是由于理论水平还不够,所以研究成果也存在很多问题,甚至还有些问题没意识到,期待专家们的点评和帮助。

在"互联网+教育"背景下,高中化学实验教学有效性的策略研究

　　根据研究调查表明,互联网技术所具备的灵活性及信息交互性等等一些功能,有助于促使传统应试教育背景下的课堂教学模式,形成相对较大的改革以及创新。因此,在高中化学这一学科的教学过程之中,教师意识地实现实验教学与互联网的有机结合,通过应用电子白板工具来为学生呈现实验操作的具体视频,在此基础之上,分析实验的操作流程,有助于促使课堂教学内容更加的多元化,并帮助学生在学习的过程中快速地理解并掌握实验所揭示的规律,促进教学质量及效率有效提升。因此,本研究旨在为"互联网+教育"背景下高中化学实验教学提供一些有益的启示和建议,以期为提高高中化学实验教学的有效性做点贡献。同时,本研究也期待引起更多教育工作者和研究者对这一问题的关注和讨论,共同推动教育领域的创新和发展。

一、互联网时代高中化学实验教学的优势

　　首先,在传统的教学过程之中,教师并不注重引导学生展开化学实验教学,也不注重完成课堂教学模式的创新,从而导致学生无法形成良好的兴趣,抑制了其学习习惯的培养。当然,由于教师在传统教学过程中,所采取的教学方式忽略学生在课堂教学中的主体意识,从而导致学生对于这些实验现象的理解及掌握仅仅停留在表面,也无法促进其学习能力得到有效的提升。若教师在教学的过程中,能够有意识地借助互联网手段来进行辅助教学,通过引导学生积极主动地参与到实验操作的过程,为学生提供自主探究的空间,那么,便能够促使学生在视频的帮助之下一步步地完成实验规律的理解及掌握,并真正地实现课堂教学质量及效率的提升。其次,通过借助互联网功能来

141

展开实验教学,还有助于促使实验教学更加的可视化,也就是说,能够将一些操作相对复杂又或者是学校并没有条件来完成的实验,借助多媒体的方式为学生直观的展示,有助于帮助学生更加清晰地观看实验的具体操作,进而实现实验教学效果的优化。

二、互联网时代高中化学实验教学面临的挑战

1.技术设备。许多学校可能没有足够的技术设备来满足实验教学的需求,尤其是在贫困和偏远地区。如果学生不能接触到最新的实验设备和技术,他们的实验技能可能会受到限制。

2.网络安全。实验教学往往涉及化学药品和实验器材,这些物品可能对学生的安全构成威胁。因此,如何保证学生在进行在线实验时的网络安全,防止他们受到网络欺诈和网络攻击,是一个重大的挑战。

3.在线学习的有效性。虽然在线实验教学提供了很多便利,但是这也可能导致一些问题。例如,学生可能会分心,难以集中注意力进行实验。此外,在线实验教学可能不如面对面的实验教学那么直观和生动,可能会影响学生的学习效果。

4.实验教学资源的共享。互联网上有大量的实验教学资源,但是这些资源的质量和适用性各不相同,如何为学生提供高质量的实验教学资源,并且保证资源的共享,是一个挑战。

5.教师角色的转变。在互联网时代,教师的角色正在发生变化。教师不再只是教学的提供者,他们也需要成为学生学习的引导者和促进者。如何适应这种角色的转变,提高教师的网络教学能力和技术素养,是一个重要的挑战。

三、互联网时代高中化学实验教学的具体策略

1.注重课前实验预习,激发实验探究兴趣。基于互联网时代背景,在高中化学这一学科的教学过程中,要想进一步优化实验教学的效果,增强课堂教学的实效性,需要教师注重课前预习环节。也就是说,教师需要引导学生提前来掌握实验操作的具体步骤,这样有助于学生在顺利地展开具体操作过程,并快速地理解并掌握其中所涉及的内容。

　　例如,教师在讲解"氧化还原反应"这一实验内容时,由于受到传统实验教学观念的影响,学生在实验操作的过程中,往往更加习惯于看实验、听实验,以此来完成实验内容的记忆。但是,一旦要求学生进入到实验室中来进行具体的操作,便会发现学生的不知所措,不敢借助器材来进行实验操作,甚至有一些学生在实验过程中所采取的操作步骤并不规范。因此,影响到实验教学的效果。事实上,要想引导学生有效地借助互联网技术来进行实验操作,需要教师真正地抓好课前预习的环节。在此过程中,教师一定要注意,引导学生进行知识的预习并非简单的、机械式的来进行实验步骤的记忆,而是需要引导学生能够真正地熟悉实验操作过程中所使用到的器材及这些器材的正确使用方法。除此之外,借助这样的方式,还有助于促使学生能够真正地带着预习过程中所存在的困惑,展开化学实验的具体操作,进而帮助学生进一步明确实验操作的最终目的以及所形成的最终效果。由此能够看出,在高中化学实验教学的过程中,教师应该有意识地为学生提前布置课前预习的内容,并且引导学生重点关注三个不同的方面:实验原理的预习、实验步骤的预习以及实验操作的注意事项。教师只有在教学的过程中,对学生进行严格的要求,才能够真正地促使这一课堂教学顺利地开展,在此基础上,促使学生的学习热情得到有效的提升。

　　2.借助微课辅助教学,引导学生自主探究。在高中化学这一学科的教学过程中,微课教学的模式是教师运用最为广泛的一种教学的手段,与传统意识教育背景下的教学模式相比,这一教学方式中所涉及的内容将更加精简。研究调查表明,微课视频的时长相对较短,更在于突出教学的重点及难点,并引导学生基于这些内容来展开积极主动的分析及探究,进而培养学生形成良好的自主学习能力。

　　例如,教师在讲解"氧化还原反应"这一实验内容时,便可以尝试借助微课教学的模式来引导学生展开知识的学习。首先,教师需要借助微课视频来为学生呈现出碳还原氧化铁的化学反应方程式,并且能够在此基础上,引导学生对其知识展开深层次的分析及探究。微课视频的内容主要有:在碳还原氧化铁的反应过程中,能够发现,氧化铁失去了氧,最终形成了单质铁,并在此基础上发生了一定的还原反应,除此之外,当碳得到氧的时候,能够形成二氧化碳,发生氧化反应。提出问题:有哪位同学知道,还存在哪些类似的反应吗? 对于学生而言,这一问题具有相对较强的迁移性以及推导性,所以在提出问题之后,学生便能够积极主动地参与到分析及讨论的过程之中,并根据微课中所涉及的相关内容,真正地做到从原子结构的这一层面出发来揭示氧化还原所具备的本质。当学生能够真正地理解并掌握其内容之后,便可以引导学生积极主动地参与到实验操作的过程中。如果在引导学生进行知识的自主学习以及探究的过程中,学生遇到一些问题难以解决,此时,教师应该鼓励学生当场询问,并为学生提供针对性的引导,促使学生在问题分析及解决的过程中,形成良好的实验探究能力。又如,教师在带领学生展开"钠与水的反应"这一化学实验的操作时,仍然可以采取微课教学的模式来引导学生进行知识的学习。在此过程中,教师需要注意,教师不仅仅需要注重为学生讲解相关的内容,还需要在讲解的过程中培养学生形成良好的探究能力。也就是说,教师不可以直接为学生呈现出实验操作的最终结果,而是需要引导学生亲自参与探究以及推理的具体过程,这样一来,更有助于帮助学生完成相关理论知识的理解及掌握。首先,教师需要为学生播放相关的微课视频,当学生仔细地观察实验现象之后,提出以下问题来引导学生进行分析及解决。例如,钠与水进行反应之后,往往会形成无色无味的气体,有哪位学生知道这到底是什么气体呢?为何在气体之中加入酚酞溶液之后,会呈现红色呢?通过为学生提出问题,引导学生展开积极的思考及探究,并在此基础之上获得相关的结论。当然,也可以给学生提出一些创新性的问题,进而帮助学生在循序渐进的过程中,形成良好的创造性能力。

  3.借助动画开展实验,优化课堂教学效果。随着互联网时代的到来,数字化实验室以及虚拟实验室等一些教学的工具得到了广泛的应用。需要教师在高中化学实验教学的过程中,有意识地借助这些教学的工具来完成教学模式的创新。在实验演示的过程中,教师便可以利用多媒体技术所具备的动画功能,完成实验操作过程的分解,从而达到良好的课堂教学效果。

例如,教师在讲解"氧气的制取"这一实验内容时,由于在实验操作的过程中,所涉及的实验仪器相对较多,并且这些装置的选择以及连接并不是唯一的答案,教师应该有意识地将这些仪器制作成相关的动画,并在此基础上,要求学生在电子白板中进行连接,最终,由教师对其进行点评,并且教学中教师应该引导学生积极参与到化学实验的操作过程中,以加深学生对于教材内容的理解,同时激发学生的学习兴趣。传统实验教学模式下,由于教师没有真正尊重学生的情感认知,教学效果往往不如数字化实验教学模式。在数字化实验教学中,教师应该鼓励学生多动手、动脑,引导学生积极参与到实验中,从而帮助学生完成知识的理解和掌握,并达到培养学生学习能力和操作能力的教学目的。

4.利用优质在线资源,提高课堂教学效率。在线资源库中包含了大量与化学实验相关的课程、视频、课件等,为教师和学生提供了丰富的教学资源。教师可以根据学生的需求和兴趣,选择合适的在线资源进行课堂教学。同时,优质在线资源也可以帮助教师节省时间和精力,提高教学效率。教师应通过在线平台查找和筛选优质资源,将其应用于课堂教学,扩大教学范围。

例如,教师在进行化学知识的扩充和外延时,仅靠书本中的内容是无法完成的。因此,教师可以在互联网上查找化学实验教学资源,例如,在在线教育平台上寻找与化学实验相关的课程与资料。此外,教师还可以通过搜索引擎、专业论坛、社交媒体等途径获取有关化学实验教学的优质资源。在资源收集完毕后,教师应将优质的在线资源引入化学课堂,为学生提供更多的学习资源和信息,帮助学生更好地理解和掌握化学实验知识。为提高课堂教学效率,教师可以利用虚拟实验室为学生提供在线模拟实验与实践的机会,这样学生就可以在安全的环境中进行实验操作,提高实验技能和实践能力。同时,教师也可以利用在线实验室开展互动教学活动,如在线答疑、小组讨论、在线实验等。这种方式可以提高学生的学习兴趣和学习动力,促进学生之间的交流与合作。除此之外,教师可以根据在线资源,设计与之相结合的实验教学活动。例如,利用在线视频资源为学生提供实验演示和操作,或者邀请专家进行在线实验指导和在线直播。教师也可以利用互联网技术,将在线资源与线下教学相结合,如在线测验、线下实验等。这种模式可以满足学生不同的学习需求,提高教学效果。

5.进行实验模拟考试,培养学生实践能力。实验模拟考试是一种在线考试形式,它主要利用计算机模拟实际的实验操作环境和过程,让学生在模拟的实验条件下完成实验操作。这种考试方式能有效地提高学生的实验技能和实验素质,同时也能提高学生的实验安全意识。

例如,当教师想要了解学生的实际操作能力时,就可以采用模拟考试的方法,来检测学生的学习成果。因此,教师应利用计算机模拟软件创建仿真的实验环境,包括实验仪器、实验用品等。在创建过程中,应尽可能地真实还原实际的实验环境。同时,教师还应根据学生需要掌握的实验技能和知识,设计实验题目。这些题目应该包括实验操作、实验结果的分析和解释等。在模拟考试开始后,教师应让学生在仿真的实验环境中进行实验操作,并记录实验结果。在这个过程中,应尽可能地模拟实际的实验条件和操作要求。在模拟考试完毕后,学生需要对实验结果进行分析和解释,这可以通过给学生提供相关的背景知识和数据来帮助他们完成。教师也应根据学生的实验操作和分析结果进行评分,帮助他们了解自己的优点和不足,并制定改进计划。

随着互联网的不断发展,教育界也在积极探索互联网技术在教学中的应用,特别是在高中化学实验教学过程中的应用。教师应该认识到互联网技术所具备的价值和功能,并将其与传统的教学模式融合,采取科学有效的教学手段,以达到提高教学质量和效率的目的。多媒体和电子白板等教学设备的广泛应用也为化学实验教学提供了新的可能性,使学生可以更加直观地感受化学实验过程,从而更好地理解和掌握实验知识。因此,教师应该在教学中充分利用互联网技术和教学设备,使学生能够更加全面、深入地理解化学实验的原理和方法,同时提高学生的实验技能和操作能力,以实现高中化学实验教学的有效性和全面性。

本文为固原市第三届基础教育教学课题("互联网+"背景下,实验教学有效性的实践探究,GYKT-HL-03-002)阶段性成果。

学生社团对培养中学生
核心素养作用的实践研究

在新时代背景下，要求学生不仅要在课堂时间内认真完成学习任务，提高学科综合成绩，更要在课余时间参与各种各样的课外活动，深入挖掘自身的兴趣和特长，在学习过程中积累更丰富的学习经验，提高自身的综合能力。在这个过程中，教师也要扮演好自身的角色，结合中学生的求知特点及身心发展规律完成社团活动的组织，为学生提供更多选择的机会，让社团活动成为课堂教学的重要延伸和补充，指引学生在其中感受到学习的趣味性，以更加积极主动的态度参与到学习活动中，确保学生在实践中获得全方位的锻炼，推动人才培育工作获得长远的发展。

一、中学阶段开展社团教育工作的积极作用

对于初中阶段的学生来说，正处于承上启下的学习阶段，这一时期的学生学习任务增多，学习压力增大，这也就在一定程度上对学生的学习和发展提出了更高的要求。由于中学生正处于蓬勃发展的青春期，其在学习和生活中容易受到各种外界因素的干扰，从而影响这类群体做出准确的判断和选择。为此，在这一阶段组织开展社团活动，能够更好地帮助学生抽出时间参与到形式多样的课外活动中，有效地缓解学习活动中的各种压力，更好地找到自己的兴趣爱好，在其中发挥自己的优势和特长，找到自身的闪光点，更自信地完成当前的学习任务。在参与这类活动的过程中，还能增进学生之间的了解，使得其构建良好的同学关系，并且在更加开放和谐的氛围中学会与他人合作，树立合作学习意识，有效锻炼学生的人际交往能力。对于学生在社团活

动中表现出的优势,教师也可以及时给予肯定,并针对每个个体的特点给出建设性的发展意见。对于学生表现出的不足,要及时指出并要求学生快速改正,主动从他人身上借鉴学习方法和专业技能。除此之外,结合社团活动还能有效完成课堂教学的拓展和延伸,为学生提供更多自主选择学习项目的机会,营造更加民主的教学氛围,优化教学体系的构建,使得教与学有机结合起来,让社团成为学生自我发展的实践场,打造丰富多彩的校园生活,使得学生能够张扬自己的个性,全面实施素质教育,推动学生核心素养的稳步提升,确保初中阶段的人才培育工作获得更上一层楼的发展。

二、结合社团活动培育学生核心素养的对策

1.加强教育活动组织机构建设。在中学阶段的教育教学活动中,要想确保社团教育工作取得更显著的育人成绩,教师就要坚持以人为本的原则,要确保每个学生个体都能主动参与,遵循教师有特长、学生有个性、学校有特色的原则,致力于培育学生的综合素质,并把组织机构的建设放在突出位置。学校层面要及时成立社团领导小组,加强社团活动的组织协调,为学生拓宽学习和发展的舞台。

在具体的社团建设活动中,要把管理制度的建设放在第一步,打造一支更优秀的社团领导班子,使得社团的开设及各类活动的组织能够更好地迎合学生发展的需求。具体来说,可以建设由学校领导、社团团长和社团组长为一体的分级管理网络体系,在这个过程中,还可以高度重视对组织机构人员领导力和执行力的培养,使得这类群体能够在管理环节发挥更大的作用,完成对社团活动的设计、组织和实施监督,为发挥社团作用打下基础。在这个过程中,还要建立健全社团发展的管理制度,要使得全体教师参与到社团管理中,为其传授更专业的管理技能,加强对教师群体的培训,使得其具备良好的管理意识和综合能力,打造一支全能型的教育梯队。在完整的组织机构中,社团活动开展的各个环节都能得到有效的组织和督促,也能吸引广大家长和社会群众参与到社团的建设中去,组织多样化的实践活动,并借助自己的专业能力为学生提供更全面的服务，更好地填补学校发展过程中的空白部分，满足学生学习兴趣的需求，保障社团的持续稳定发展。

2.搭建开放广泛的社团舞台。对于初中阶段的学生来说，正处于蓬勃发展的青春期，这也就决定了学生会有自己的价值判断和价值选择，兴趣爱好也变得更加广泛。在这样的教育背景之下，教师在组织社团活动时要为学生提供多元化的选择机会，让每个学生都找到适合自己的社团，并在其中展现自己的魅力，确保其能够更好地体验成长的趣味性和快乐，在现阶段的学习活动中得到最大程度的提升。

在具体的社团设计环节，学校的教育工作者可以按照国家、地方、校本课程这个三位一体的建设要求完成社团组织的搭建，综合考虑不同社团的特色完成校本课程的开发，使得社团教育活动的课程化特点更突出，丰富社团活动的形式和内容，更好地凸显社团的育人功能。在实践中，还要在国家课程的基础上完成对外拓展，结合不同课程的特色完成不同类别社团的建设，如合唱团、天文社、漫画社、武术社等多个社团，更好地激发学生的学习兴趣，让社团能够为学生的个性发展搭建更广阔的舞台。在多元的选择范围内，学生就能够根据自身的需求做出科学、准确的判断，使得社团活动受到更多学生的青睐，推动人才培育工作朝着既定的方向发展。

3.创设良好的社团文化环境。环境对一个人的成长有着不可或缺的影响，环境的营造也是学校建设中极为必要的一环。创设良好的生态文化环境，能够促进社团内涵的发展，使得学生能够更加积极主动地参与到社团活动中，感受实践活动带来的成就感，并在其中树立长远发展的意识，主动提高自身的核心素养，在德育、智育、体育方面取得多重发展。

第一，学校要编制多彩的、文化浓郁的社团课程，主张在帮助学生张扬个性的同时优化对其人文情怀的培养。第二，要致力于打造一支学习型的教师队伍，让文化与传承、博学与智慧成为社团教师的代表符号，更好地帮助学生树立尊师敬长的意识。第三，要致力于营造全员参与和全员学习的社团文化氛围,打造师生共同努力的学习共同体。第四,要打造一支具有优秀传统文化的社团队伍,使得学生能够在参与实践的过程中传承优秀的传统文化,弘扬中华民族的美德。第五,让社团活动阵地更温馨、更和谐,真正做到集知识性、艺术性和创造性为一体,使得学生群体能够在潜移默化中受到感染和熏陶。除此之外,还要高度重视学生在社团活动中的自主管理,让学生能够意识到自己才是学习的主体,主动投入更多时间完成自我兴趣爱好的发展和锻炼。在良好的环境中指引学生主动参与、主动学习、主动提升,培育更多德智体美劳均衡发展的现代化学生群体。

4.注重德育与体育的有机融合。对于初中阶段学生来说,不仅要奠定坚实的学科基础,更重要的是具备优秀的道德情操和良好的身体素质。在具体的社团组织活动中,教师要注重德育与体育,以及科学文化知识的有机结合,指引学生合理分配学习时间,找到正确的学习突破口,在自己的能力范围内,发挥自己的优势和特长,提高自身的专业素质,最终培育出更多推动社会发展的主力军。

在素质教育深入发展的背景下,除了完成智力教育,还要高度关注德育,要让社团活动成为进行德育的重要载体,指引学生在全员参与的过程中感受到自己才是学习的主体,掌握自我管理、自我教育、自我提升的方法和技巧。具体来说,教师要认真观察学生在社团活动中的为人处世、随机应变、团结协作等能力,并对学生的优良行为进行相应的鼓励和表扬,针对学生的个性特点制定进一步的培养方案和教学计划。同时,教师也要抓住时机渗透更多德育方面的知识,使得学生能够在社团实践活动中,主动提高自身的道德修养和意志品质。这样一来,就能更好地彰显社团活动的特色,帮助学生更轻松地获取更丰富的知识,全方位、多层次地提高自身的核心素养,努力成为社会主义的建设者和接班人。

总而言之,在新时代背景下,社团的建设成了学校发展和人才培育过程中的一种新型模式。作为新时代的教育工作者,要认真研究中学生的身心发展规律,结合社团教学的优势完成教学体系的构建,指导学生根据自己的实际情况选择感兴趣的社团并在其中展现自己的优势和特长，进而帮助学生完成自我管理、自我提升的转变,最终有效推动人才培育工作获得长远持续的发展。

核心素养理念下学生社团"第二课堂"实践探析

　　新课改下,学生社团"第二课堂"已成为教师加强育人工作、提高教学实效性、培养学生核心素养的重要手段。高中化学教师应以核心素养理念为导向,积极探索化学社团实践教学方法,帮助学生在形成化学概念、掌握科学探究方法的同时发展其化学核心素养,实现以化育人的教学效果,将"立德树人"真正落到实处。同时,教师还应与时俱进,不断探索"第二课堂"创新方法,为学生打造丰富灵活的化学社团教学活动,让学生在社团活动中自然而然激发学习潜能和兴趣,提高学习成绩,继而落实学生化学核心素养的培养和发展。

一、核心素养理念下学生社团"第二课堂"实践的作用

　　1.有利于进一步培养学生自治能力,强化学生核心素养。高中化学社团作为化学课堂的有效延伸,其更注重对学生主体地位的彰显,能让学生在社团活动过程中更好地发挥主体作用,培养主人翁意识,继而进一步培养其自我管理意识和能力,强化其自治能力,为其核心素养发展奠定良好基础。在化学社团实践活动中,学生可以自主设计活动内容和形式,自由选择组队合作对象,这样不仅利于其自我管理、自我教育能力发展,还能约束、规范学生,使其在不断实践中强化自治意识,真正实现将核心素养培养落到实处,为教学改革和学生核心素养发展创造有利条件。例如,在"配制一定物质的量浓度的溶液"实验活动教学中,为进一步培养学生核心素养,教师会让学生以小组为单位自主思考、合作探究、协商实践活动完成过程。在这个过程中,学生不仅增强了彼此间的学习交流、沟通协商,还强化了自我管理能力,对唤醒其主人翁意识,发挥其主体意识有积极作用。同时,社团活动多为课余时间进行,需

要学生平衡好学习与社团活动两者间的关系。因此,对培养学生自我管理能力有明显效果,适合学生自主发展。

2.有利于强化学生对化学学科兴趣,提升学生综合素养。随着年级的增长,化学学科的学习难度也越来越大,特别是实验活动教学,还是让不少学生感到头疼。对此,高中化学教师积极将学生社团"第二课堂"融入化学课程教学中,不仅能更好地丰富化学实验教学,更能激发学生动力,使其对化学产生浓厚兴趣,继而提高其参与积极性,提升实验教学效果。同时,化学社团为学生提供了良好的实验教学验证场所,让学生能够自主探索、了解化学世界的奥妙,理解化学概念,汲取化学知识,构建属于自己的知识体系,掌握科学探究方法,对其培养化学核心素养大有裨益。不仅如此,在学生社团"第二课堂"中,学生还可以以化学实验为载体,通过实验活动内化化学概念,锻炼实践操作能力,这对其实验基本技能、设计实验能力、分析解决问题能力、探究能力、创新能力的培养都大有裨益,能让学生快速成长为新时代优秀接班人,推动其综合素养全面发展。

3.有利于培养高中生团队合作精神,助其塑造健全人格。团队合作精神和能力是新时代新人才必备的重要素养,高中化学教师以学生社团为载体展开教学,既有助于学生个人素养发展,又对学生团队合作发展大有裨益,是培养学生团队合作精神和能力的重要手段。同时,在微信、抖音、哔哩哔哩等多元化信息传播途径影响下,高中生思维越来越灵活,想法越来越多,视野也越来越开阔,学生的学习方式、实验方法等都随之发生巨大转变。在这种情况下,教师积极运用"第二课堂"展开教学,不仅能帮助学生摆脱以往那种自我封闭式学习模式,强化学生间沟通交流,还能促使学生主动合作、交流,探索与社会接轨的新渠道、新途径。这些都将对学生团队合作精神和能力的培养产生积极作用,亦对学生健全人格塑造产生良好促进作用。

二、核心素养理念下学生社团"第二课堂"实践的策略

1.加强领导、教师和学生对学生社团的重视。社团文化已成为高中校园文化建设的重要途径之一,其育人价值也较为明显,对学生核心素养、知识能力的发展和提升都有积极影响。高中学校应重视学校社团活动组织和建设，营造由上而下的重视氛围，这样才能确保学生社团建设，才能充分发挥其"第二课堂"效能，促进学生核心素养全面发展。对此，学校首先可以从领导层开始，更新教育思想、管理理念，明确指导思想，摆正教学立场，这样才能理性、正确看待高中学生社团，才能发挥其实效性，为学生社团实践提供顶层设计支持和导向，确保资源配置合理性、公正性。其次，学校可以从高中化学教师入手，鼓励教师自主学习、转变教育观念，提升自身素质，革新育人模式，为学生创新、探索提供有效途径，确保学生化学核心素养能在学生社团实践中得到有力发展。学生社团作为第二课堂，为教师提供了课外与学生沟通、互动的有效平台，高中化学教师应充分意识到学生社团实践对学生发展的重要性和培养学生核心素养的实效性，加大对学生社团实践活动的重视和支持，为学生积极参加社团实践活动创造宽松、和谐环境。最后，学校可以从学生入手，引导学生转变学习观念，提高其在社团实践中的参与度。学生社团活动对学生发展化学核心素养有着深远影响，是学生巩固课堂学习成果，夯实基础，提升实践能力的重要途径。对此，学校可以引导、鼓励学生转变原有学习观念，以学生社团为载体，以自身发展需求为参考，聚焦核心素养和高考需要，在实践中培养自身核心素养，挖掘化学潜能，提高化学成绩和技能，为其适应时代发展，成长为德智体美劳全面发展的优秀接班人奠定良好基础。

2.实现对学生社团组织化、制度化管理。高中学生社团具有一定的自主性、开放性、时尚性和散漫性，需要教师对其加强组织和管理，这样才能确保其有效、持久运行，才能有效落实核心素养培养。对此，高中学校可以从组织化、制度化两方面入手，实现对学生社团实践的组织化、制度化管理。首先，学校可以组建社团领导机构，以学校团委会为组织管理核心，为社团发展提供强有力的组织支持和保障。学校还可以将学生社团建设纳入学校整体工作设计中，由团委指导，学生会社团部、学生处分管学生社团日常管理，并建立科学、合理、明确的组织机构管理体制，确保社团实践活动顺利进行。在社团组织和管理期间，教师可以引导、鼓励学生参与其中，发挥其主体作用，制定严谨、细致、规范的组织和活动细则,为学生在社团实践中提供规范化引导。教师还可以适当"放手",让学生自主选举社团团长、组长等负责人,完善社团成员花名册等组织材料,制定社团活动计划,监督社团实践活动运行和发展。这样不仅能确保社团实践有效运行,还能持续推进学生自主管理意识和能力发展,推动其核心素养有效提升。其次,学校可以通过制定适宜的制度来确保学生社团活动有序、规范化开展。教师可以为学生提供固定的场地、时间和内容,保证社团活动的常规化,培养学生参加社团活动的兴趣,提高其在"第二课堂"上的活跃度,为其掌握知识技能、培养核心素养创造良好条件。例如,高一化学教师为了保障学生社团实践活动有序顺利运行,不仅为学生提供了固定的活动场地,还和学生一起制定每周社团活动实践时间,确保每一个学生都能参与其中,完成社团活动。同时,教师还鼓励学生自主制定社团活动主题,让学生发挥主体作用,自主决定社团活动实践内容。

3.创新社团活动形式,开展个性化高质量活动。高中化学教师可以通过丰富社团活动类型、创新活动模式来满足学生对社团活动的需求,并将学生社团"第二课堂"与第一课堂结合起来,通过有效衔接,帮助学生巩固学习成果,夯实知识基础,提高学习技能和核心素养。首先,教师可以通过定期开展社团竞赛来激发学生参与积极性和动力,为其学好化学知识、培养化学核心素养创造良好条件。例如,教师可以以"同周期、同主族元素性质的递变"实验活动为主题,让学生自由组队,在规定时间内完成实验活动。在这个过程中,教师可以将其分为知识讲授、实践活动、课后总结三部分。学生可以自主决定某个模块的负责人,并在竞赛中自由发挥。如在知识讲授环节中,学生可以在教师知识讲授基础上,利用互联网进行拓展,形成更全面的化学知识内容,在分享知识的同时拓展自身视野,提高其对化学之美的体验,培养其核心素养。在实践活动中,学生可以合作完成所有实验项目,培养学生严谨、细致的探究精神。如学生可以自主确定实验目的,准备实验主要仪器用品或药品,制定实验步骤,这些都对学生自主管理能力和实践探究能力培养有积极作用,是学生掌握化学实践能力,提升核心素养的重要途径。在课后总结环节中,学生既可以对本节课实验活动内容进行总结,又可以通过查阅资料、互联网等途径对本次社团实践活动进行拓展,在帮助学生夯实基础的同时,进一步促进其团结合作、沟通交流、策划管理等能力发展。其次,教师可以从学生生活入手,利用校内资源、当地社会资源等为学生创设一些贴合其最近发展区的实践活动,增强学生对化学与生活关联性的认知,提高其学习动力。例如,在"用化学沉淀法去除粗盐中的杂质离子"社团实践活动中,教师可以通过多媒体为学生展示一些有关"盐"和我们的生活息息相关的视频。通过视频讲解,让学生更好地意识到化学实验在现实生活中的作用。接下来,教师可以借助当地资源或优势,与一些厂家合作,带领社团学生到当地工厂去参观学习,强化其对化学用途的认知,提高其学习动力和参与积极性。通过这样的活动,不仅能大大提升学生社会适应能力,更能贴合学生最近发展区,唤醒学生生活经验,使其更好地理解化学知识,掌握化学概念,继而达到"知行合一"教学效果,促进学生核心素养有效发展。

4.制定行之有效的多元化学生社团评价体系。学生社团"第二课堂"的顺利进行离不开科学合理的评价机制,高中化学教师可以通过建立多元化评价机制来更加规范地引导学生社团健康发展,实现学生自我管理、自我教育、自我服务能力的发展,使社团真正成为学生核心素养发展的重要阵地。首先,教师可以让学生发挥主体作用,让学生参与到评价中,以自评、互评等方式总结、反思社团实践活动中的优势和不足,找到解决问题方法,提高解决问题能力,促进其全面发展。教师还可以鼓励、引导学生团队合作,学会有效、融洽沟通与交流,为学生评价提供更多交流机会,推动其核心素养发展。其次,教师可以从多个方面、多维度评价学生在社团活动中的表现,鼓励学生独立思考、共同探讨,有效参与社团活动,以此来激发学生自我发展潜能,使其在不知不觉中提升化学核心素养,达到以化育人教学效果。例如,在"铁及其化合物的性质"社团实验活动中,教师首先可以让学生先以小组为单位展开互评,增加学生间的沟通交流,让学生既能有效巩固学习成果,还能培养其沟通合作能力。其次,教师可以让学生在改良基础上与其他小组进行互评,让学生吸收他人宝贵经验,提高自我学习能力和自我管理能力。最后,教师还可以将学生实验过程通过多媒体展示出来,让其他学生根据实验中学生的表现和实验结果等进行评价。这样既能锻炼学生分析、判断、总结能力,又能让学生集思广益,迸发新的灵感,提高其创新思维,为其化学核心素养发展提供动力。

学生社团是学生的"第二课堂",更是化学课堂教学的有效延伸,对教师落实"立德树人"根本任务,实现素质教育具有重大意义。高中化学教师应加强对学生社团的规划,鼓励、引导学生加入社团实践活动中,以社团为阵地更好地发展自身核心素养,提升学习成绩。同时,教师还应立足现有教学基础和优势,明确学生社团"第二课堂"实践教学方向和重点,以针对性设计来帮助学生强化化学知识,培养和发展其核心素养,使其在不知不觉中完成学习任务,达到预期教学目标,实现对学生核心素养的培养和发展。

本文系宁夏教育科学规划"基础教育质量提升行动"专项课题(学生社团对培养中学生核心素养作用的实践研究,NXJKG22117)阶段性成果。

"固原回中新课堂高中化学不同课型的研究" 课题结题报告

一、课题的概念界定

固原回中新课堂、高中化学、不同课型的研究是本课题研究的三个核心概念。

固原回中从 2013 年 4 月开始,就进入新课堂的准备阶段,在 2014 年 9 月 9 日,根据"固原市回民中学推进高效课堂工作实施方案",我校在初中各年级和高一、高二年级全面实施新课堂,揭开了新课堂改革的新篇章。

以实验为基础的高中化学课程中包含大量的定性与定量分析,侧重于抽象思维,在抽象思维的基础上建立化学概念和规律。高中化学教学内容有深度、有难度、化学方程式多,需要学生狠下功夫,花更多的时间和精力去学习。对很多化学方程式的记忆既要联想其实验的过程, 又要牢记反应的物质、条件、结果。只有准确记住了参与反应物质的化学性质、实验操作方式、化学方程式,才能正确地解题。

不同课型的研究包括新授课、习题课、复习课、探究课等各种课型的研究。在研究的过程中侧重于基于教育教学目标把握我校提出的新课堂模式:"导学展点测"的分配。对不同课型的研究,界定于操作性强、易推广课型的研究。

二、研究背景

1.课题提出的背景。固原回中的新课堂理念改变了以教为中心、重结果轻过程的传统教育思想;倡导学生自主学习,师生双向互动的高效课堂;解放学生,发展学生,能够看到学生快乐地学习。

但是单纯的只考虑理念,不结合教育教学的目标和重难点,仍旧完全按照固原回中新课堂模式进行,在教学中主要存在的问题有:一是教育教学的目标和重难点很难实现突破;二是课堂效果呆板不具有灵活性,长此以往也将无法调动学生的积极性;三是部分内容无法在规定的教学时间内完成,部分课程又容易拖沓。

2.课题研究的意义。化学是一门研究物质组成、结构、性质及变化规律的自然学科。要想使学生学好化学,取得高分,就必须让学生充分了解高中化学学科的特点,掌握一定的学习方法,而学习方法和学科特征完全可以在不同的课程中得到体现。进行固原回中新课堂高中化学不同课型的命题研究,是让固原回中新课堂理念更具有可操作性和时效性的关键性组成部分,这一研究将对真正解放学生、发展学生具有重要的作用,将有利于推进培养学生核心素养、高校分层选拔人才,推进固原回中教学内容和教学方法的进一步改革。

3.课题所要解决的主要问题。作为固原市课改名师工作室的其中一员,作为固原市回民中学黄瑜课改名师工作室的课题,着力以"固原回中新课堂高中化学不同课型的研究"为基点,研究新课堂化学不同课型下导学展点测的时间分配,由此形成一套科学的固原回中化学新课堂课型。

4.国内外研究现状。美国教育家曾提出了视听教育理论——"经验之塔"理论:塔之底层是最具体、直接的,也是学习者最易理解的,教育应从具体经验入手,过渡到抽象,上升为理论,形成概念。

课型设计应当基于教育教学的深入思考和实践。目前,广大学者和化学教师对高中化学的课型认识不断加深,研究的内容丰富,综合来看,主要有三个方面:一是人们开始关注课型的功能,提出各种课型,并探讨它们对于课堂教学所能起到的作用。二是课型设计对学生自学能力的帮助。三是对高中化学课型的评价问题的研究和探索。但后两点都还处在研究的初级阶段,还比较缺乏系统的、可大规模推广的完善方案。

三、研究的目标、内容与研究重点

1.研究目标。

（1）通过对高中化学课型的设计和分析，尝试总结如何调控不同课型中固原回中"导学展点测"所占据的比例。

（2）通过对高中化学课型的导学案设计和分析，引导学生自学，真正成为学习的主导者，实现高效教学，有效教学。

（3）通过对高中化学课型的设计和分析，引导学校和教师更加重视固原回中新课堂课型设计，加大课型设计的力度，提升教师的专业素养。

2.研究的内容。

（1）研究固原回中新课堂高中化学不同课型的类别，总结出如何调控"导学展点测"的比例。

（2）研究固原回中新课堂高中化学不同课型的导学案设计，确保各种课型的规范和可操作性，并确保针对全体学生的科学性。

3.研究的重点。研究高中化学教育教学大纲，基于固原回中的学情，在新课堂的理念下，形成一套如何设计高中化学不同课型的思路和方法。

四、研究方法

1.文献研究法。分类阅读有关文献（包括文字、图形、符号、声频、视频等具有一定历史价值、理论价值和资料价值的材料），通过广泛吸收和借鉴近年来国内外成功的理论，筛选出可借鉴的信息资源，为系统地构建出一套完整课型设计原理提供理论支撑。

2.行动研究法。坚持理论联系实际，强调该课题的可操作性，尽可能在各类型班级、年级、学校进行研究和实践，保证样本的多样性，同时边实践、边探索、边总结，并做到命题具有推广运用的价值。

3.归纳总结法。在课题研究过程中，对在不同实践活动中的具体情况，进行归纳与分析，使之系统化、理论化，让该研究方法上升为经验的一种方法。

五、研究思路和步骤

1.研究思路。本课题基于固原回中新课堂氛围,通过大量的实践探索,最终系统地构建一套完整的高中化学新课型模式。

命题研究按照循序渐进的方式大致分为三个过程:第一过程,依据高中化学教学大纲要求,提出新课堂化学课型的类别。第二过程,通过课程实践,探究出新课堂不同课型中"导学展点测"的不同分配。第三过程,对新课堂化学课型的实践进行总结。

2.研究步骤。本课题组计划用3年时间完成课题研究。研究过程分三个阶段:

第一阶段,前期准备。收集有关信息,并进行分析、归类,确定研究主题,制定课题计划;组织课题开题,举办课题研究人员培训班,明确实验任务及具体操作方法,明确各自的职责及相应的研究方法。研究高中各年级新课堂化学不同课型,提取有效信息,为全新的命题方式提供理论支持。

第二阶段,中期研究。提出完整的"固原回中高中化学不同课型的设计"方案,并在学校中展开操作能力大赛,形成中期研究报告和相关论文资料。

第三阶段,结题。全面总结课题组研究成果,形成结题报告和教学资源等成果资料。

六、保障条件

1.制度保障。由我室牵头,由固原市回民中学负责实施,并形成相关的检查督促制度和有效的评价机制,正面引导和激励教师加强命题研究,有效调动教师积极性。

2.人员保障。子课题组成员均具有大学本科及以上学历,中级职称,是化学学科一线教学骨干和教科研骨干,具有教研热情、经验、水平和能力。

3.经费保障。本课题所需的各项经费由申请人及单位自筹;争取市级课题立项,拨款部分经费;争取省自治区级课题立项,拨款部分经费。

4.资料保障。固原市回民中学,具有比较完善的办学系统,完备的网络和实验设施,馆藏资料丰富。学校教师人手一台电脑,可以随时网上查询资料。

研究过程采用文字、照片、录像等多种形式收集过程性资料。

5.时间保障。按既定的目标,目前进行了半年分阶段推进。

七、研究结论

(一)新授课:以"氧化还原反应"为例

对于学生所要学习的内容选择以什么样的课型来进行,一定是基于教师对于课标的熟悉和对学情的掌控。在课型中,最常见的就是新授课。"氧化还原反应"是化学必修1第二章第三节的内容,本节课的知识是高中化学的一个新知识,学生并没有相关知识的学习和积累,是一个崭新的知识。

本节课学习目标:

1.知识与技能。①能从化合价的变化,认识并建立氧化还原反应的概念;②通过典型化学反应的分析,理解氧化还原反应和四大基本反应的关系。

2.过程与方法。①通过对氧化还原反应的学习,学会怎么从特殊到一般规律,再从一般规律到特殊的认识问题的科学方法;②通过已有知识迁移、类比理解氧化还原反应;③当堂达标检测能学以致用。

3.情感、态度与价值观。①进一步体会氧化反应和还原反应的对立统一关系;②培养分析推理、概括总结的能力,形成良好的学习习惯。

学习重点:用化合价升降理解氧化还原反应;氧化还原反应和四大基本反应类型的关系。

学习难点:氧化还原反应和四大基本反应类型的关系。

导:本节课首先请学科小先生对学习目标、学习重点、难点等进行了解读,接下来通过两个问题的知识梳理导入本节课的内容:

一、初中学过哪些基本反应类型?请举例说明。

二、思考 $Fe_2O_3+3CO=2Fe+3CO_2$ 属于四大基本反应类型中的哪一种?

当然,在新授课中,教师可以采取多种形式的导入方式:情境式导入、复习导入等。

学：伴随导学案的课前完成，进行独学和对学，导学案在课前收交，学科小先生进行批阅，并在问题导入后进行反馈。根据本节课的设计，有三个课题，分三个阶段进行群学。本节课课堂上更多强化的是 10 个小组站立式群学。当然，在新授课中，学的方式也可以侧重于对学，甚至可以只采用对学，而群学的方式也可以采用坐式群学。

展：本节课采用的是课前展示，即上课前学科小先生与各组化学小组长已经进行了沟通，确定了每个小组展示的是群学中合作探究的哪些内容，各小组化学小组长确定本小组进行展示的同学，并安排其在课前进行展示。当然，在新授课中，也可以采用课中展示的方式，课前展示更多的是展示独学和对学的成果，课中展示则可以展示独学、对学、群学的结果。

点：本节课的点评主要体现在两个方面，一是学生的相互点评，二是教师的点评。随机抽取不同小组的学生对课前展示的内容进行讲解展示和点评展示，侧重于边讲解知识边批改展示的内容。当然，在确保不重复的前提下，如何确定展示的学生可以采取由学科小先生和各化学小组长沟通确定。教师的点评应侧重于本节课设置的三个课题之间的内容点评，对学生展示及学生点评的评价要简明扼要、及时到位、一针见血。

测：本节课的测试主要体现在三个方面。一是导学案中安排的知识迁移内容，通过展和点的环节进行了检测。二是当堂检测，选择一至两道题进行当堂检测，当堂检测的题目要具有基础性和及时性，尽可能选择对本节课知识有最佳检测效果的题型。三是本节课的小结，一般情况下，往往是选择学生对本节课的知识和学生的表现进行小结，教师最后进行小结，教师在小结过程中可以小结本节课的知识脉络，也可以升华本节课的知识，与生活相结合。本节课教师在小结的过程中，就是将所学的知识与日常生活事例相结合。

新授课中,"导学展点测"的环节必定是基于学的过程,通过"导"和"测"的方式,侧重于"展"和"点"从而达到对本节课重难点的突破,完成本节课的学习目标。时间的分配,如何及时在一个环节后引入另一个环节,必定是教师根据本节课的学情合理的发挥主导作用。

(二)探究课:以"强弱电解质"及"物质的量在化学计算中的应用"为例

在使用新授课的课型模式进行讲课过程中,教师往往会基于学情,在通读教材的基础上,创造性地开创一类新的课型——探究课。

"强弱电解质"是化学必修1第二章"化学物质及其变化"第二节后由老师加入的内容,本节课的知识是必修1中并不涉及的一个新知识但高考中必需掌握,学生可以在选修4中进行学习,在本节课之前学生已经有了关于电解质的相关知识的学习和积累,是一个发散的拓展性的知识。

本节课学习目标:

1.知识与技能。①能说出电解质和非电解质的概念;②能说出强弱电解质的概念和类别;③能进行强弱电解质的简单判断和电离方程式书写。

2.过程与方法。①通过实验联系理解强弱电解质;②通过已有知识的迁移理解强弱电解质;③当堂达标检测能学以致用。

3.情感、态度与价值观。①进一步体会电解质的分类;②培养分析推理能力,形成良好的学习习惯。

学习重点:强弱电解质的类别;强弱电解质的电离方程式的书写。

学习难点:强弱电解质概念的理解。

导:本节课首先请学科小先生对学习目标、学习重点、难点等进行了解读,接下来通过复习导入和问题思考导入本节课的内容,提出问题:

一、请说出电解质和非电解质的定义及类别。

二、下列物质中属于电解质的是哪些？属于非电解质的是哪些？

A.Fe　B.NaOH　C.$C_{12}H_{22}O_{11}$（蔗糖）　D.H_2SO_4溶液　E.CH_3COOH（醋酸）F.SO_2　G.CH_3CH_2OH（酒精）　H.NaCl　I.$NH_3 \cdot H_2O$

三、为什么 NaCl 晶体不导电,NaCl 溶液具有导电性?

在探究课中，教师可以采取多种形式的导入方式：情境式导入、复习导入等,但无论是哪种形式的导入都要尽可能多联系所学过的知识,为本节课的学习做好铺垫。

学:因为本节课知识的特殊性,学生并没有相关的辅导书进行提前学习,所以更侧重于当堂的学习,独学对学群学为统一的整体性学习。根据本节课的设计,有两个课题,分两个阶段进行群学。在探究课中,学的方式更侧重于群学,但群学的关键一定体现在导学案中有相关知识的迁移讲解。

展:本节课采用的是课中展示,即上课后学生进行了对群学后,由教师当堂指定某个小组进行展示,而为了节约时间,大多可以采用导学案投影的方式进行展示。当然,也可以当堂在黑板上展示。在探究课中,多采用课中展示,展示当堂独学、对学、群学的结果。

点:本节课的点评主要体现在两个方面。一是学生的点评,本节课学生的展示和点评具有一定的统一性, 因为探究课展示的是小组群学的学习结果,学生的"展"和"点"均由一个小组共同完成。二是教师的点评,教师的点评首先在于本节课设置的两个课题之间知识迁移内容的讲解点评以及对学生点评的评价和改正,在这个过程中,教师的点评要侧重于知识的联系和迁移,简明扼要,让学生的探究得到确定性的生成,做到及时到位、一针见血。

测:本节课的测试主要体现在三个方面。一是导学案中安排的知识迁移内容,通过展和点的环节进行了检测。二是当堂检测,选择一至两道题进行当堂检测,当堂检测的题目要具有基础性和及时性,尽可能选择对本节课知识有最佳检测效果的题型。三是本节课的小结,一般情况下,往往是选择学生对本节课的知识和学生的表现进行小结,教师最后进行小结,教师在小结过程中可以小结本节课的知识脉络,一定要与之前所学知识进行深入的联系。本节课教师在小结的过程中,就是将所探究的强弱电解质与电解质的知识紧密相连。

探究课中,"导学展点测"的环节必定是基于已有的知识,通过"学展测"的紧密结合,从而达到对本节课重难点的突破,完成本节课的学习目标。探究课无论是从知识的学习和各个环节的控制,都具有现场的生成性,而教师面对这种不可复制的、独一无二的现场生成性,所表现出来的最佳主导作用将是一位教师教学基本功的最佳体现。

(三)习题课:以每一章节的章节复习题为例

任何知识的学习过程中,都必须运用一个重要的学习方法,就是题型检验,甚至我们所说的"导学展点测"这五个字中,最后一个关键字就是"测",这就必然诞生一门重要的课型——习题课。

习题课首先是没有导学案的,它必定是以课本中的复习题、练习册、报纸为基础的,甚至会出现由老师当堂出题的情况。习题课的学习目标自然是通过各种题型的学习,掌握知识,学会应用知识解决问题。

导:习题课的导入往往以老师进行知识的串联为主,也可以由学生进行知识的串联,当然可以省略导入,直接进入学习环节。

学:根据本节课的设计,课前以独学、对学和群学的方式将已有习题提前完成。当然,在习题课中,如果教师采用当堂检测的方式,独学、对学、群学都必须当堂进行,何时采用何种方式进行学习,完全由教师根据学情进行主导和安排。

167

展：本节课采用的是课前展示，即上课前学科小先生与各组化学小组长已经进行了沟通，确定了每个小组展示的是群学中合作探究的哪些内容，各小组化学小组长确定本小组进行展示的同学，并安排其在课前进行展示。当然，在习题课中，也可以采用课中展示的方式，课前展示更多的是展示独学和对学的成果，课中展示则可以展示独学、对学、群学的结果。

点：本节课的点评主要体现在两个方面。一是学生的点评，随机抽取不同小组的学生对课前展示的内容进行讲解展示和点评展示，侧重于边讲解知识边批改展示的内容。当然，这种展示的学生的确定也可以采取由学科小先生和各小组化学小组长沟通确定，在确保不重复的前提下。二是教师的点评，教师的点评首先在于对学生点评的评价和改正以及对难理解知识和题型的讲解点评，在这个过程中，教师的点评要侧重于知识，简明扼要、及时到位、一针见血。

测：本节课的测试主要体现在三个方面。一是各种习题，通过"展"和"点"的环节进行了检测。二是当堂检测，习题课的当堂检测具有生成性，它应当是教师在现有题目和考察知识的基础上，发散思维，当堂生成的，这种检测具有一定的深度。三是本节课的小结，一般情况下，往往是教师在题型讲解中进行小结，或者教师在所有习题讲解完来小结本章节的知识脉络。

习题课中，"导学展点测"的环节必定是以"学"为主，以"学"为重，无论是独学、对学、群学，这种学的过程一定是不断深入的，并不呈现一定的阶段性，而应该呈现一定的重复性和选择性。

（四）复习课：以高三复习为例

高一、高二的学习中，我们更多的是应用以上的三种课型。进入高三，因为知识体系和学情的变化，就衍生了在高三应用的更广泛的课型——复习课。

复习课首先也是没有导学案的，它必定是以高三的复习资料为基础的，甚至会出现多套复习资料。复习课的学习目标自然是通过系统的复习，掌握知识，应对高考。

导：高三复习课的导入往往以老师对于知识的复习为主，也可以由学生进行知识的复习，当然甚至可以与学的环节紧密结合，知识串联时可以师生共同进行。

学：根据复习课的设计，课前以独学、对学和群学的方式将能够完成的习题提前完成。当然，在复习课中，高频考点知识必定会采取教师首先进行点评讲解，然后给予学生时间进行独学、对学、群学，何时采用何种方式进行学习，完全由教师根据学情进行主导和安排。

展：在复习课中，多采用教师课中展示的方式，当然也可进行课前展示，学生的展示往往侧重在练习册中，并与教师的展示进行比照。这种对比性、对照性展示更符合高三的要求和安排。

点：本节课的点评主要体现在两个方面。一是教师的点评，教师的点评更重要的是对知识的点评，以及学生常见错误的分析点评，这是对于教师基本功的检验。教师的点评一定要与高考接轨，知识体系必须精准。二是学生的点评，学生的点评更重要的是与教师的知识和思想的碰撞，具有当堂生成性。

测：本节课的测试主要体现在三个方面。一是各种习题，通过展和点的环节进行了检测。二是当堂检测，复习课的当堂检测具有生成性，它应当是教师在现有题目和考察知识的基础上，发散思维，当堂生成的，这种检测具有一定的深度。三是本节课的小结，一般情况下，往往是教师在题型讲解中进行小结，或者教师在所有习题讲解完来小结本章节的知识脉络。

复习课中,"导学展点测"的环节必定是以"点"为主,以"学"为重,无论是独学对学群学,教师的点拨与学的过程一定是不断前进、相辅相成、不断深入的,有阶段性、重复性和选择性。

基于相应的知识体系,选择恰当的课型将更有利于学生对本节课知识的学习。

八、研究的成果

在此过程中,形成一篇论文《小组建设有效性的实践和反思》。

九、研究中存在的问题

研究时间太短,并没有按照学科和教材形成系统性。

十、今后研究设想

1.继续探究"导学展点测"教学模式在各种课型中的应用。

2.形成不同课型在各个教材的系统性。

3.继续研读国内外相关研究成果,为课题研究提供坚实的理论依据。

黄瑜课改名师工作室自评报告

岁月流转,时光飞逝,在固原市教体局和我校领导的关心支持下,固原回中黄瑜课改名师工作室坚持"在行动中反思,在反思中实践""预测未来不如创造未来"的工作理念,旨在培养学习型、实践型、反思型、创新型的课改名师,将提升理论水平和提高专业技能融为一体。以课题研究为载体,聚焦课改热点和难点,以示范引领为特征,促进学员发展,在发展过程中发挥辐射作用,以任务驱动为手段,引导学员创新性地解决问题,并在这个过程中实现自我突破。现将工作室自评情况报告如下。

一、基础设施情况

1.硬件软件配备。由主持人所在学校固原回中配置基本的办公设施。70平方米左右的办公室 1 间、办公桌椅 1 至 2 套、文件柜 2 组、台式电脑 1 台(接网络)、书架 2 个,塑封机 1 台,图书若干。

2.制度建设。由主持人根据固原市课改名师工作室管理办法精神,初步拟定工作室《成员培养方案》《考核细则》等试行制度,报请上级主管部门审批。

3.成员组成。依据课改名师工作室管理办法规定,由固原市教育体育局统一安排,本人自愿报名和学校推荐相结合,选聘成员(具备学科教学骨干教师条件、具备承担学校学科教学带头人的条件、具备课改名师培养对象条件,符合本市教师年龄结构特点)。

二、工作开展情况

1.抓理论,提升教育思想。思想有多远,我们就能走多远。工作室注重成员读书学习,利用划拨经费购买了大量课改书籍提供给各位老师,同时连续举办多届"书香伴我行"读书沙龙活动,分享读书心得,撰写读书笔记,提升教师理论水平,促进教师专业发展。

2.抓培训,构建课改教育共同体。一个人可以走得很快,一群人才能走得更远。工作室自成立以来,主持人黄瑜连续承担了固原回中 2017、2018、2019年的理科新课堂培训,成员张桂香老师、杨世芳老师、张淑贞老师在工作室的培养下,在 2019 年也承担了我校新课堂培训。成员张桂香等老师多次在我校教师论坛上分享教学改革的故事,展示青年教师的力量。

3.抓课堂,提升课改教学能力。课堂是课改实践的主阵地,工作室借助同课异构、课例研修、公开课、听评课等各种方式,深入探究我校新课堂实施的有效性,带动引领学校其他教师充分实践新课堂。

4.抓活动,提升课改教育能力。活动是课改教育的主渠道,工作室自成立以来,组织开展了工作室全员 20 节新课堂访谈性研究活动、新课堂理科课例研修活动、开学第一课活动、三届模拟联合国大会活动、两届模拟法庭活动、两届时政大讲堂活动、学生假期实践活动、主持人大赛等各项活动,内容丰富多彩、形式多种多样,激发学生的学习动力,推动学生不断地探求知识,刻苦地学习,并且能够培养和发展学生的创造才能以及手脑并用的能力,能更有效地培养学生核心素养。

三、成果展示

新课程改革后,固原回中课堂教学发生了一系列可喜变化。在学习方式上,学生能够主动参与、乐于探究,在课堂上合作交流多了,参与活动多了;在教学方式上,教师注重培养学生学习的独立性和自主性,引导学生质疑、探究。工作室成员无论是教学技能还是教学手段,都有创新,有亮点,成员及辅导的学生在各项比赛中,收获颇丰。主持人黄瑜在三个方面收获颇丰,一是奥赛辅导方面,近年来指导的学生李萍同学获得第 29 届中国化学奥林匹克竞赛二等奖,曹聪同学获得第 29 届中国化学奥林匹克竞赛三等奖,刘张垚同学获得第 32 届中国化学奥林匹克竞赛二等奖,李涛、黑生梅、宋博同学获得第 32 届中国化学奥林匹克竞赛二等奖。二是个人教学方面,2017 年参加固原市第二届教师技能大赛获得一等奖,2018 年参加全区微团课大赛获得一等奖,2018 年获得全区高中优质课二等奖,三是科研方面,2018 年完成的《固原回中新课堂高中化学不同课型的研究》课题获得固原市一等奖;黄瑜课改名师工作室被评为"固原市优秀课改名师工作室";2018 年撰写的"开展社团活动课程,助力学生创新素养和个性特长发展"获得全区创新素养案例一等奖。同时,成员张桂香老师获得市级优质课大赛一等奖,张淑贞老师和李至正老师分别承担了区级和市级课题的研究。多位成员还在固原市五个百大赛中分别荣获一、二等奖。

四、经费使用

按照《关于印发〈固原市课改名师工作室管理办法(试行)的通知》》第二条经费保障,工作室经费用于购买书籍、成员新课堂课程录制、活动性课程录制、调研资料打印等方面,资金使用情况一如既往贯彻履行上级要求,照章办事,按照财务制度规范进行费用报销,切实把制度执行好,经费使用落实好。

五、当前形势下开展工作的主要不足

课程体系等研究还需要进一步的深入,亟须接受培训,个人学习有待加强。

"固原市回民中学学生自主管理现状分析及改进策略研究"课题结题报告

一、课题设计论证

(一)选题的目的、意义

从古至今,我们教育学生的方式总是随着时代的变化而变化,但教育学生的目的从未发生过改变,那就是培养出德智体美劳全面发展并对社会有用的人,我们今天的时代处处渗透着信息化、数字化,我们的学生也不像过去那样"听话"。他们被各种渠道的各种信息所包围,他们特立独行,他们心怀见解,所以对学生的管理也要跟上时代的步伐,顺应时代的变化。

我们所任教的固原市回民中学尤其典型,它是一所市级完全中学并且是一所民族中学,学生普遍来自农村,基础薄弱、学习能力参差不齐,对比同级其他学校,学生的学习能力更为薄弱一些,如何把我们的学生培养成自信、自立、自强、自律的合格高中生,对我们既是挑战又是机遇。为此,从 2014 年开始,学校正式全面进行学生自主管理尝试,设立了学生自主管理发展中心,建立了从学校到年级再到班级的学生自主管理体系,让学生参与学校和班级的管理,通过培养学生的主体意识,实现学生学习能力的提高,并且学生的创新精神和实践能力也得到了拓展,从而促进了学生主动学习的终生成长价值观。这些年以来,我们看到了学生的负责,发现了学生的改变,见证了学生的成长。在欣慰的同时我们也做出了深刻的反思,如何让我们学生的自主管理体系化、课程化,更具有科学性和可操作性,这就是我们这个课题的目的和意义。

本课题聚焦的内容有:一是固原市回民中学学生自主管理现状分析,二是学生在自主管理条件下的心理状况分析,三是自主管理的改进措施研究。

（二）同一研究领域的现状与趋势分析

随着时代的变化,教育改革已经势在必行且与每个人都息息相关,我们越来越倾向于"以学生发展为本"以及"教育民主化",全球教育系统也在逐渐变革。关于施行学生自主管理的研究也在不断进行,各类教育杂志和各类教育媒体也多有刊载和报道,其中关于学生的自主管理,研究者一般都先进行理论研究,然后在具体的班级中实践自己的理论,发现高中生通过自主管理,他们的主体意识会得到大幅度的提高,还有自我管理能力也会增强,学生个性也会得以绽放,学生的行为规范会更加自觉,而且班主任的工作也会更加轻松且有效。因为班主任实施了学生自主管理后,学生的自主性便会得到充分的发挥,班级管理的效益也会更高。研究者认为,学生自主管理最重要的部分就是自我教育,学生自我教育意识觉醒,家庭教育、学校教育,社会教育都有了扎实有力的落脚点。

西方教育史早在 19 世纪末就出现了"新教育运动",新教育家们倡导实施学生自主管理,呼吁教育民主化,给学生充分的发展空间,让学生主动参与学校的管理,从而实现学生自主管理。尤其是芬兰,从小学开始就着重对学生的自主管理意识进行培养,堪称外国教育的典范。大教育家杜威就倡导为儿童提供全面有效的活动,使学生在自主管理的同时积极主动的学习。

20 世纪西方学校管理的格局还受到了欧美新教育运动近乎革命性的影响,当时欧美极力推崇民主管理、主动参与、尊重个性、培养能力,而这些已经成为今天我们教育的基本理念。

通过自主管理,学生的主人翁意识拓展了,学生的个性和才能发挥出来了,学生的表现力和创造力激活了,学生的综合素养提升了,学生的社会责任感增强了。可见,高中生自主管理真的能给学校管理赋予新的内涵,带来新的生机和活力。在当前的教育改革背景下,进行高中生自主管理的实践研究已凸显其重要性。

所以,我们通过固原市回民中学 18 班高中三年自主管理的追踪研究,深入探讨固原市回民中学富有特色的学生自主管理的实践活动。希望通过学生自主管理实践活动的研究，为当前高中生管理的进一步改革和探索提供新鲜的经验和佐证，为其他兄弟学校实行学生自主管理提供借鉴，也为当前人们对高中生自主管理的困惑指明方向。

本课题首先总结了我校学生自主管理的方式和方法，分析了存在的问题，并提出通过将自主管理"课程化"，改进自主管理，使其更具有"体系化"，更规范，让学校各个部门的自主管理更有教育意义，真正做到"人人有事做，事事有人管""从实入手，见到实效"，这也是本课题的亮点。

（三）本课题的研究价值及创新之处

1.课题研究价值。本课题研究的是固原市回民中学学生自主管理的现状分析及改进策略，其价值在于我们已经实践了六年的学生自主管理，早已将理论转化为实际，并且从中发现了哪些方法符合我校的实际，符合学生的成长规律，哪些方法可以进一步进行推广，而哪些方法需要进一步改进。我们在发展的同时，理论联系实际，通过本课题，进一步将学生管理课程化，体系化，使我们更具科学性和操作性的自主管理可以被更多的学校使用。

2.创新之处。本课题的研究，我们主要使用的是跟踪研究，时间战线很长，从学生高一进校就开始实施学生自主管理，过程中采用多次访谈，对学生面临的问题，不断进行知识指导，有班级追踪研究，还有年级及校自主管理委员会的追踪研究，实战经验丰富，理论依据充足，并且还有及时调整和理论跟进。在整个研究过程中，不仅对自主管理的意识能力着重培养，还指向学生的情感体验以及在整个实践过程中激发了学生的生命力和创造力。在整个自主管理过程中，我们没有运用目标评价，而运用了过程性的评价方式。这样，自主管理课程化的评价就具有了过程性的特点。

（四）研究思路

1.固原市回民中学高三(18)班自主管理基本情况调查研究。

2.固原市回民中学 2017 级三年自主管理基本情况调查研究。

3.固原市回民中学学生自主管理委员会基本情况调查研究。

4.固原市回民中学学生生活自主管理基本情况调查研究。

5.在实践的基础上,研究如何将课程化思想融入自主管理。

6.力求通过本课题的研究,切实改进我校学生自主管理的方法,并寻找培养其他良好习惯的途径。

7.培养固原市回民中学学生在班级管理和学习管理中的自主参与意识、组织管理能力,从而不断完善和发展其自身的素质。

8.鼓励更多的学生参与到自主管理当中、发挥自己的爱好和特长,让每一个学生都有用武之地。

在本课题的研究过程中,我们对过去学生的自主管理进行分析研究,从而对学生自主管理的理念有了更为清晰的认识,然后反思出哪些继续保留,哪些可以大范围的推广,哪些值得商榷,从而找出更加适合固原市回民中学学生自主管理的有效办法。

(五)研究方法

本课题主要使用了问卷法、访谈法和文献法。

1.问卷法以本校初中部和高中部全体学生为抽样对象,研究各个不同年级学生对自主管理的适应性。

2.访谈法选择具有典型性的学生个体和教师作为访谈对象,通过他们在自主管理过程中的经历、感受分析其对学生成长的影响。

3.文献法通过对自主管理的相关文献分析,对比其他研究者的成熟做法,明确我校自主管理的创新之处和独到经验。

(六)研究过程与方法设计

1.启动阶段。2020年9月—2020年11月。组建课题小组,进行职责分工和研究预设,在课题立项之后寻求理论的指导与帮助。学习教育理论、召开开题论证会议、拟订课题报告、调查访问、摸清情况、建立实验档案。收集资料,制定研究步骤、设计并完善课题方案。

2.实施阶段。2020年12月—2021年3月。继续学习理论知识,在理论的基础上进行实践。针对班级的实际情况,定期进行总结和评估,积累研究素材,整理有关总结,及时提升成果。对有关数据进行分析、评议、评价,进行阶段总结。

3.总结、推广阶段。2021年4月—2021年7月。运用经验总结等方法,对研究材料进行收集整理,撰写课题研究论文,完成结题工作,展示课题成果。重点进行研究资料的最后整理和结题报告的撰写,阶段成果为总结论文,申报科研成果评选并申请课题鉴定。

二、研究结论

什么是教育？教育不是教师用填鸭的方式给学生知识,而是教师用自己的智慧点燃学生的内心,让学生对知识充满热情,对成长充满信心,对生命充满敬畏,对美好生活充满向往。

苏霍姆林斯基说过,"真正的教育是自我教育"。那么,什么是自我教育?自我教育的开始就是自主管理。学生的自主管理就是在教师的引导下自己发现自己的价值,自己看到自己的潜力,知道自己的目标,能积极适应周围的环境, 能形成自己独特的管理模式。2014年我校开展了自主管理的教学模式,它是在新课堂的背景下,教师主动把学生放在学校教育的主体位置,学生在教师的尊重、信任、引导和激励的作用下,认识自己,发现自己,成就自己,学生的学习和能力都获得了较好的发展。

(一)积累的经验,掌握的方法

首先,将自主管理的想法借助责任田制度进行实现,所谓责任田制度,是指开学初,各部门、各年级、各班级依次将自己的工作划分成责任田,逐步让每一位学生都有参与班级、学校管理的职务,担任能发挥作用和自我满意的角色,学生在自主管理中相互合作、协商和民主评议,学生在解决集体生活的各种矛盾中得到成长。总而言之,班级有多少个人,就把班级工作分成多少份责任田。

其次,在自主管理中实现了合理化本土化的放权管理,学校自主管理形成了一套完整、细致、个性化的校规班规。我们指导学生依托《中学生守则》中学生日常行为规范,制定了一整套科学系统、全面可行的班级制度,包括文明、安全、作业、纪律、卫生等各方面,使班级管理目标、活动、评价、反馈等方面有章可循,避免了班级自主管理中的盲目性和随意性,实现了班级事务组织、管理、教育的规范化、自主化。同时我们给予学生一定程度的授权,更进一步增强学生自主管理的积极性和主动性。

例如,固原回中自 2014 年结合新课堂理念成立学生自主管理委员会,通过网络化建构形成学校学生自主管理委员会和各年级自主管理委员会的二级结构,以服务和协查为宗旨,管理从"3+1"模式到"3+3",最终确立为"1+3"和"1+1"服务模式,并沿用至今。在对应的管理中将安排和检查的权利交于学生,并安排每周一的升旗仪式,由各级学生会成员反馈各个班级的加减分情况以及表现好与不好的情况,并接收各项检查的询问和答疑,整个过程中,公开透明,事事有依据,分分有来源,学生独立自主地面对问题、分析问题、解决问题,学会为人处世的原则、明辨是非及处理问题的道理,同时能把握时代脉搏,与时俱进,培养现代意识(竞争意识、法律意识等),使班级、学校正气上升。学生不仅要认识管理别人,还要认识自己,从而成功地将自己建构成认知主体,并逐步形成科学的方法。

(二)自主管理过程中存在的不足和问题

1.学生的能力参差不齐,责任田工作中表现出个人能力不足。以学生自主管理委员会(以下简称"学生会")工作为例,学生会一直承担学校各个班级的教室及环境卫生情况的检查、大课间对学校跑操情况的检查、晚自习后的宿舍检查、放学期间对餐厅的检查,以及组织协调学校团委的各项大型活动,在这个过程中,需要学生具备管理协调能力、学习能力、抗压能力等,但在工作过程中,部分学生明显出现无法长期坚持服务、与其他同学无法配合等问题,工作效率和能力的不足导致部分工作无法开展。

2.教师的作用发挥不理想。部分教师在班级管理中,没有让学生很好地发挥学生的主体作用,教师的权威过于集中,给学生讲道理、提要求、定方向均为命令式、绝对服从制,从而使学生依赖性强,独立性差,缺乏主动性、创造性, 班级管理效果差。当然也有个别教师在班级管理中走向另一个极端,过分信任学生,班级大事小事由学生做主,教师撒手不管,学生的管理缺乏教师的指导,班级管理混乱。造成这两种现状的根源在于教师的教育思想、教育观念、教育方法过于落后,不懂与时俱进。

3.缺乏科学的方法指导。在自主管理的过程中,学生和老师单凭热情一味苦干,总是想到哪做到哪,不懂总结,不够理性,缺乏统筹计划和明确的管理思路,头痛医头,脚痛医脚,管理忙又乱,疲惫不堪而收效甚微。

(三)解决自主管理现状的方法

1.通过课程培养学生自主管理的意识和能力。从 2014 年开始,通过 6 年多的实践,我们发现优化学生自主管理意识和能力的有效方法是通过一些主题性课程唤醒学生的自主管理意识,强化学生的做事能力。我校会开展一些有趣的学生自主管理唤醒课、行动课、执行课、反思课,从而及时科学的强化学生的自主管理意识。例如,我校高一(18)班的做法是拟好责任田后,让同学们竞选,竞选时先由竞选者在讲台演讲,演讲内容为自己所竞选的岗位,自己从事该岗位所具备的条件,如果自己竞选上了,怎样开展工作,怎样为同学服务。最后由全班同学投票通过。有的责任田竞选人数较多,竞争比较激烈,这时班主任和同学们会根据竞选者的境况民主选举,有的责任田竞选人数较少,直接通过即可。这样便做到了人人有事做、事事有人管。"这世界上最强大的寄生虫是什么?"是细菌?是病毒?不,是一个想法,一旦由自己产生并被理解,它会一直深深根植于大脑的某个地方。思想,决定着学生所有的行为。所以,首先采用责任田竞选制让学生自己内心产生一个想要自主管理的种子就万分重要。同时,学校开展的自主管理唤醒课是学校、班级、科任教师分别在开学初从不同维度、不同角度开展别开生面的开学第一课,强化学生的自主管理意识;自主管理行动课是让学生通过参与学校各项检查、规章制度的制定、活动的安排和进行,真实感受自主管理。

2.发挥教师在自主管理过程中的重要作用。

(1)引导力。我们强调教师在学生自主管理过程中的指导要做到适时适度、及时准确。教师要授权给学生,要相信学生,做到疑人不用,用人不疑,教师的指导应在学生需要的时候以及他解决不了某类问题的时候，这时候教师于学生的指导才会有意义，才会有效果。指导要理论与实际相结合，要具体问题具体分析，而且教师给予学生的指导必须有高度、有水平，这样才会帮助学生更好更快的成长。指导也要讲究因材施教。要做到因材施教要求教师对学生有全面的观察与理解。例如，我校高三（18）班的做法是，当出现问题时，班主任会带着学生一起做一个反思，要和学生不断复盘出现问题的事。他们会类比空姐下飞机时，会照着清单一条一条对照核实，一条过关了，再对照下一条。在教育学生做事时，也会如此，列举清单，这样有利于消除惯性，每对照一条，暂停，说出行动，没错，再行动。真正的实战其实就是清单革命。

（2）启发力。行为科学研究表明，人的积极性表现为一种态度、一种行为。而人的行为是由动机支配的，动机是推动人们进行活动的内部原动力。因此，要调动学生的自主管理积极性，重要的是启发和激励学生形成自主管理动力。例如，我校高二（18）班的做法是，用提问的方式问学生，你要干好这件事，你需要具备什么能力？然后和学生讨论第一步要干什么？然后讨论第二步、第三步……

（3）服务力。创造条件，为学生自主管理提供平台。在自主管理过程中，教师应采用各种手段和措施来提供学生在自主管理过程中所需要的条件，促使其对自主管理产生源源不断的兴趣和需要，从而产生主动、积极、兴奋的自主管理倾向。例如，学校举办运动会，教师为学生搭建了服务和管理他人的平台，我校学生会志愿者社团，会在运动会期间主动搀扶每一个运动员，捡拾操场上的垃圾纸片，主动维持赛场纪律，合情合理、公平公正公开的考核每个班级的量化分，运动会的顺利进行和来自师生的高度评价，让参与自主管理的学生在服务别人的价值感中获得自主管理的动力和热情。

（4）纽带力。对于纽带力的思考，我们认为就是教师不应该完全放手，应该和学生共生共存共荣。在实施自主管理的六年中，每一个责任田都走出了很多优秀的学生，他们在自主管理过程中有经验、有情怀、有想法，教师要做好"纽带"，将学生与学生之间进行连接，将方法与情感进行连接。例如，我校学生会开设了一门特别的课程——"让我告诉你",是由上届或者已经毕业的学生会干部为现在的学生会成员精心录制视频,讲述学生会工作的技巧和心得,实现了情感和方法的传递,而也正是在老师的"纽带"作用下,才让这样的传递变成可能。

(5)赏识力。每一个人的成长过程中都离不开对被肯定的渴望,来自所服务和所面对的对象的赏识是自主管理巨大的推动力,我们看到,及时给予参与自主管理的学生适当的肯定,能够让学生重新认识自我,心中产生一种被需要的信念,帮助自主管理得到意想不到的成功。例如我们构建的"1+1"校级年级学生自主管理委员会网络体系中就专门设立了每两周进行一次表彰,收获了很好的效果。

(6)创新力。只有不断用创新的态度去对待工作和生活,才能从完整意义上理解和感知工作的意义、生活的欢乐。例如,我校学生会因为老师的一句"你骑过智享单车吗?"立刻点燃了思维,举办了"晨心红·智享绿"的活动,一起穿上志愿者红马甲,利用周末去擦拭和修理智享单车,在此次活动中,收获了自己的创新力为城市带来的价值,从而对自主管理有了新的认识,而这种独一份的活动所带来的欣喜和乐趣是其他活动所不能比拟的。

3.加强专业化指导培训,提高教师与学生对自主管理的理解和认识。专业化发展是自主管理规范化的基础和源泉。教师和学生分别通过接受专业训练和自身主动学习,不断提升自己自主管理水平和持续发展能力,在专业化的培训学习中,其内在专业结构不断丰富和完善。例如:我校曾邀请过著名教育家魏书生对教师进行班级管理培训、吉林省宽城区实验学校校长贾雪霜对教师进行个人成长培训、宁夏回族自治区心理专家丁玲对我校学生进行心理健康知识讲座。我们一直坚持"请进来,走出去",对教师和学生进行各种专业化指导。

4.自主管理的成效体现在细微处。"以生为本,立德树人"是新时期高等教育的核心理念,教育、管理、服务是当前学生工作的三大主题,学生自主管理要以学生需求为导向,在落细、落小、落实上下功夫。

（1）落细。细即细致、细节。从细节抓起,重在环节管理。学生教育管理涉及学生生活、学习的方方面面,工作落实不能只看结果,学生工作要做细、入微,保障每一位同学的切身利益。

（2）落小。小即小事、小情。"不虑于微,始成大患;不防于小,终亏大德。"学生教育管理如果不拘小节、"积于忽微",久而久之,必将导致工作漏洞百出。因此,必须从小处抓起,从细枝末节抓起,紧抓不放。

（3）落实。实即实现、实施。学生教育管理工作不仅要落细、落小,更要落实,实现教育管理时时有跟踪、事事见服务、件件有落实。

5.学生在自主管理中的成长主要体现在活动中。教育是人类传承文化、创造知识、培养人才的活动。教育是在师生相互活动中进行的。例如,按照固原市教体局的安排,我校承担了红色研学活动,在这样极具实际意义的研学活动中,学生收获了将课本知识和现实生活相结合的学习方法,在整个过程中,学生通过自主管理获得了成长,教师也帮助学生成就了更好的自己。例如,我校还举办了模拟联合国大会活动,学生在活动中具有了国际视野,更加客观地审视这个世界,学生通过自主管理获得了成长的喜悦,教师也在教学相长的过程中发现了学生的闪光点,为帮助学生更好地成长奠定了基础。

通过本次课题的研究,我们坚信,自主管理是我们培养学生成为一个独立自主、学会思考、具有行动力和执行力的人的一种重要的手段,与学情校情相联系的自主管理才是有生命和有意义的自主管理,而教师和学生的成长也是自主管理能够持续进行的重要驱动力。

"课堂教学评价艺术探析"成果报告

一、问题的提出

在课堂教学实践中,如何评价学生的课堂学习状态,是一线教师面临的教学难题。在课堂教学评价中存在如下问题。

1.课堂教学评价偏重于知识的掌握和理解,而忽略评价学生能力的提升、情感的满足。例如,在教学实践中,有些学生的偏科现象非常严重,同时在同一科目的学习中,学生的学习状态也会呈现差异性,例如在学习化学实验时兴趣昂扬,而在学习化学计算题时却兴趣缺乏,这既与不同教学内容本身与学生之间所激发的化学反应有关,又与教师的教学评价只注重知识的掌握程度,而忽略学生的兴趣、思维过程,无法激发学生对学习和应用的内在兴趣有密切关系。

2.课堂教学评价语言的空泛化、随意化和片面化的问题。新课堂的推行强调了学生的主体地位,调动学生的主动性、积极性成为课堂重要的追求。通过激励性的课堂教学评价激发学生学习的主动性成为众多教师的选择,于是"你真棒""你说得真好"这一类评价用语在课堂上蔚为流行,但是很快教师们就发现这样的激励评价并没有起到预想的作用,究其原因就是评价用语过于空泛化、随意化和缺乏针对性。

3.课堂教学评价标准单一化,追求标准答案。在传统教学中,测验对课堂教学评价影响非常大,在很多情况下,考试成绩成为评价学生的唯一标准,而考试过分强调知识的掌握,忽视了思考力、创造力、实践力、情感力等的评价,标准答案成为衡量学生的重要工具,课堂甚至间接由各种教辅资料、标准答案来把控,部分教师实际上丧失了课堂教学评价的主动权,单一的考试标准非常容易导致高分低能的现象,也带来了学生综合素养的下降。

4.课堂教学中未真正构建起教师与学生、学生与学生之间相互倾听关系,没有激发学生的主人翁意识。在课堂教学中,教师把更多的注意力集中在自我的表达、知识的传授、目标的达成上,而忽略学生的学习状态,教师无法真正倾听学生,而在这样的引导之下,学生与学生之间的相互倾听也非常少,这导致了课堂教学中没有真正的生成师生、学生之间相互倾听的关系,学生的主体性实际上没有得到体现。

二、解决问题的过程与方法

课堂教学评价虽然发生在课堂上,但是推进课堂教学评价方式转变,却不能仅靠教师个体在课堂上的单打独斗,而需要多方面的配合。笔者的课堂教学评价艺术探析,正是在整个学校课堂教学改革的大背景下进行的,在系统化的教学改革过程中得到推进的。

首先,学校自2014年以来,一直在推进课堂教学改革,提出了构建"新课堂"。新课堂"新"在五个方面,即理念新,人本层面,以人为本;技术层面,自主、合作、探究。关注点新,更加关注学生学习习惯和能力的培养。角色新,教师真正成为学生学习的引导者、促进者、合作者。方式新,从教中心走向学中心,从师中心走向生中心,从教案走向学案,从先教后学走向先学后教。形式新,排排坐变为团团坐,被动听变为主动学。新课堂的不断推进,使得教师的教学理念不断转变,改变课堂教学评价方式成为教师的自觉追求和真实实践。

其次,以课例研修为抓手,以校本教研为载体,推进课堂教学评价方式转变。

课例研修的步骤即确定研修主题—选择典型课例—共同体备课—授课、观课、议课、改进。例如,在思想政治课的课例研修中,我们课前确定研修主题为"如何优化思政课的课堂教学评价",在课堂上,观课教师特别关注教师的教学评价是从哪些角度进行的,即教师是否关注学生的整体性发展(包括知识、理解、技能、思考力、判断力、表现力、兴趣、爱好、态度),通过课例研修,对教师的课堂教学评价不断反思—实践—再反思—再实践，教师们逐渐形成了如何进行课堂教学评价的共识和不断改进教学评价的共同行动。在数学课的课例研修中，课前确定研修主题是"椭圆的定义及其标准方程"，在课堂上教师先从作图能力上给予学生肯定评价，再从合作探究角度表扬学生的协作能力。之后，再从生生互评的过程中引导学生欣赏他人、倾听他人等优秀品格的形成。

最后，以课改名师工作室为依托，形成推进课堂教学评价艺术探析的研究共同体。在市教体局和学校的大力支持下，笔者和参与者共同组建课改名师工作室，形成课堂教学评价研修共同体，把从思政课开始的教学评价范式拓展到数学、化学、生物等多个学科的课堂教学中去，形成了多学科的教学评价范式。

三、成果的主要内容

1.形成了课堂教学评价的基本范式。本文所论述的课堂教学评价是指以教师为主体，以学生为对象，以学生在课堂学习过程中所呈现的状态为依据，对学生学习行为进行评价。在课堂教学实践中，我们形成了基于四个方面的教学评价范式。

（1）基于教学中心的课堂教学评价。课堂教学评价要关注学生的学习状态。学生的学习状态包括三个方面：一是学生在合作学习中的表现是否积极、主动、热情、投入；二是独学过程中是否积极思考；三是呈现学习成果的过程中是否理解、内化知识，是否通过质疑、主动建构以及合作来展示学习成果。

（2）课堂教学评价要立足学情。有效的课堂教学评价首先要有明确的教学评价目标，即为何要评价，为解决什么问题而评价，同时评价目标还要具体化，评价标准必须是适合校情和学情的。要做到这一点，教师必须对学情有清楚的把握，要根据课堂教学事实来进行评价。课堂教学的事实究竟是什么，教师容易看到的是表现出来的，例如表达的顺畅、答案的正确与否、讨论时是否积极热情等，这些往往是课堂教学中的显性事实。但是课堂中同时还弥漫着隐性事实即学生的思维路径、知识构建的过程等,而这些隐性事实恰恰是学生学习过程的体现,学习能力的重要形成过程。课堂教学评价如果只能看到显性事实,看不到隐性事实,只看局部,不看整体,就非常容易出现上述所说的各种问题,从而沦为低效评价。

在"新课堂"教学情境下教师要更准确地把握学情,需要做到两点:一是重视"学案反馈",二是善于利用学生进行互评。

(3)课堂教学评价标准要多元化。教学评价标准必须多元化。多元化还意味着肯定个性、允许不同、欢迎质疑,教师不再是知识的绝对权威,他们是学生学习的引导者、学习动力的激发者,教师和学生在课堂上能够平等的相处、和谐的交流。在这样的课堂上,如何去对待那些敢于和教师论长短的学生、那些有时使点小伎俩准备让教师难堪的学生、那些用全新视角看问题甚至略显偏颇的学生,考验着教师是否真正秉持多元化的评价标准。不再用纪律和标准答案把他们一棒子打死,而是寻找他们身上的闪光点,引导他们向正确的方向前进,有时还要敢于承认我们自身的不足,肯定学生的真实价值,这对于教师来说是不小的挑战。从传统课堂上说一不二的权威到新课堂上与学生平等的进行探讨,考验着教师的智慧。

(4)教师要扮演好"串联者"的角色。课堂教学评价的目的在于引起同学们对其他同学发言的注意,让他们把自己和其他同学、自己和教科书的观点进行比较,给他们提供发现的机会。教师的课堂教学评价既是与学生平等探讨教学内容的过程,也是把学生之间的发言"串联"起来的过程,这样的"串联"恰恰有助于形成一种相互倾听的关系,去激发学生的主动性,让他们做课堂的主人,对教科书作出多样化的理解。这样的教学评价可以于无声处起到导向、激励、改进的作用。

2.成果获得的相关奖励。主持人的论文《课堂教学评价艺术探析》在核心期刊《中学政治教学参考》发表,并获得自治区教育科研成果一等奖;2017年,优质课"新时代的劳动者"在全市高效课堂优质课大赛中获得一等奖;2018年,优质课"传统文化的继承"入选自治区"中小学优秀示范课堂";2019

年,优质课"影响价格的因素"获得自治区优质课大赛二等奖。

参与者黄瑜 2016 年获固原市优质课大赛一等奖,2017 年获固原市教师技能大赛一等奖,2018 年获全区高中化学优质课二等奖,2018 年获全区中小学创新素养教育教学优秀成果案例一等奖,2019 年获全市杏坛杯教育文学一等奖,2020 年获全市教育系统演讲比赛一等奖,2020 年获固原市"四评一赛"案例一等奖;2017 年被固原市教育体育局确定成立了"黄瑜课改名师工作室",被评为"固原市首批优秀课改名师工作室"。

参与者张桂香老师 2017 年优质课"空间几何体的三视图"在全市高效课堂优质课大赛中获得一等奖,2018 年优质课"掌控压力"在全市"五个百"比赛中获得一等奖。

四、效果与反思

1.此项研究成果在本单位的实践取得如下成果。

(1)课堂教学评价的转变推进了学科核心素养的深入贯彻。例如,高中思想政治课的学科核心素养是政治认同、科学精神、法治意识、公共参与,课堂教学不仅要让学生学到理论知识,更要对其中所蕴含的价值观念、意识形态等内容形成深层次的认同,内化为真实的政治觉悟,外化为自觉的行动。教学评价的探究与变革,推进了教师教学方式和学生学习方式的变革,学生自主建构知识的过程得到教师的关注,学生学习中的显性事实和隐性事实都成为教学评价的依据,学生的学习能力、思维的活跃度、表现出的真实价值观、意识形态等得以在课堂教学中展现,由此推动了学科核心素养在学科教学中的深入贯彻。

(2)有利于纠正以成绩作为评价学生学业成就唯一标准的倾向。标准化测验是评价学生的重要标准,但是高频次的使用成绩和以成绩为评价学生的唯一标准已经被证明对学生全面发展有害。虽然课堂教学不可避免地要受到测验的影响,但是通过评价的变革,形成多元化的教学评价标准,可以改变"唯成绩论"的现象。

在我们的实践中,由于课堂教学评价标准的变化,发挥了学生的主体性、激发了学生的主动性、创造性,激励学生不断追求卓越,使得很多成绩稍差的学生也获得了学习的信心,意识到了自己生命的价值。例如高二(6)班李斐同学,在一次化学实验课堂上,主动协助老师进行实验准备,实验课后更是积极参与实验室清洁工作, 从他的身上, 充分体现了热心服务他人的优秀品质。在化学老师的欣赏性评价下,他对志愿服务工作产生了浓厚的兴趣,积极参加学校志愿者社团,从社员到社长,在他的带领下,我校"小红帽"志愿服务项目不断发展,"小红帽"志愿服务项目获得固原市优秀志愿服务项目。

（3）有利于学生形成建构式学习观,树立终身学习的理念。我们的教学评价范式承认学习是学生自主建构知识的过程,教学不仅是知识的传递,还是知识的处理与转换,课堂教学的目的不仅仅局限于让学生获得知识,还强调学生获得能力的提升、情感的满足、主体的发展。在评价中,重视学生已有经验,重视知识的交互式理解,重视通过小组合作建构知识和寻求适合的建构知识契机,引起学生的内在兴趣,塑造了学生终身学习的理念。

2.教学评价实践中的反思。本项研究主要着眼于"课堂教学评价艺术探析",想为课堂教学评价在我校的发展作一点贡献。因为我们相信,正是教学评价为我校新课堂教育世界打开了一扇门,为孩子们的未来开辟了空间。

教学评价研究在国内已经备受瞩目,而在本校的教学实践中,教学评价的理念和做法都有极大的改进空间,我们的研究立足于学生的终身发展,希望借助评价这一工具激发学生内在的生命价值, 也缩短我们与发达地区在教学评价方面的差距,推动教育教学的可持续发展,今后还要扩大吸收更多学校在教学评价方面好的做法,特别是要不断加深方法论的思考,只有这样教学评价才能有新的发展。

最后,相对于本项研究的意义,我们研修共同体的能力显然还需提高,加之学校繁忙的工作,分散了用于研究的精力,这使得我们的研究成果还有许多需要修正的地方,在今后的教育教学实践中,我们将持续推进教学评价研究,争取有更多成果可以服务于学校的教育教学和学生的发展。

第四部分 前行的印记

　　如果教育是一场化学反应，那我认为它一定是可逆反应，在这个可逆号的两端站的是我和我的学生，学生是生成物，更是反应物，是寄托与希望，更是理想和未来。

　　爱出者爱返，福往者福来。最好的爱是什么？是责任重大，使命光荣；是让属于中国的星火永远灿烂；是聚是一团火，散作满天星。教育工作承载着我和我们的青春，我和我们的情怀，它热血沸腾，豪情满满……

在平凡中坚守、在多元中突出，力争有所作为

团课是团组织对团员进行思想政治教育和团的基本知识教育的主要形式。为了更进一步提高我校 2020 年新团员思想理论水平和政治素质，引导学生怀爱国之情、树报国之志、践爱国之行，争做优秀共青团员，结合共青团固原市委"关于各级团组织要有效开展好团课的通知"精神，结合 2020 年全国上下抗击疫情的实际情况，2020 年 4 月 27 日，我校第 13 期少年团校正式开班，开展了以"传承五四，有你有我，微微之光，永不停歇"为主题的 10 节别开生面的团课教育活动。

1.历史教育：4 月 27 日，居家观看《团的光辉历史》视频，书写观后感。

2.思维培养：4 月 28 日，网上学习团章，思维导图记录知识体系。

3.科学实践培养：5 月 1 日—3 日，以个人观察、调查问卷、网上查阅资料等方式完成关于"我身边的疫情防控"的调查研究，并以美篇的形式进行汇总记录。

4.仪式感教育：5 月 4 日，观看共青团中央五四公开课，父母佩戴团徽。

5.感恩教育、劳动教育：5 月 6 日，感恩父母，劳动教育。

6.理论学习：5 月 11 日—12 日，"学习寄语精神，展现青春担当"研讨会。

7.纪律教育：5 月 17 日—18 日，"学习团章纪律，展现青春担当"学习座谈会。

8.权利与义务：5 月 19 日，"我与团委老师面对面"活动。

9.劳动教育、美育教育：5 月 26 日，学校劳动教育、青年大学习网上学习。

10.6 月 1 日，结业考试。

中国共产党交给共青团的第一位任务就是培育社会主义合格的建设者

和接班人。青年怎样,未来便怎样。面对当今世界多元、多样、多变的社会思潮,团课需要以科学的理论指引航向,以共同的理想凝聚力量,以崇高的思想鼓舞斗志,以优秀的道德培育风尚,要转变方法,转变思维,在多元中突出。1953 年共青团第二次代表大会中就提出"共青团的一切工作中必须贯彻教育观点",通过开展有教育思考的学校主题团课,让每一位学生了解团的历史、国家的要求、人民的期盼,提高了爱国主义教育、意识形态教育的感染力,激发了团员去做合格共青团员的动力,增强了他们争做优秀共青团员的热情。我校团委也将继续贯彻"团课教育贯彻教育观点、教育思考"的理念,将团课教育扎实有效地推进下去。

互动课堂分享教研成果
智慧教学共谋学校发展

为贯彻落实"担当新使命,展现新作为"主题教育活动,把"互联网+教育"工作做实做细,加强校际合作交流,实现教育资源互补,为教师搭建一个在线互动交流平台,根据固原市教育体育局《关于在线互动课堂使用调试通知》的文件要求,2020年7月9日至10日,我校与固原市第五中学开展了"在线互动课堂"交流研讨活动。

经两校协商,决定我校作为"在线互动课堂"交流研讨活动主课堂,固原市第五中学作为"在线互动课堂"交流研讨活动辅课堂。我校高二年级化学老师黄瑜、初一年级政治老师高燕作为本次"在线互动课堂"交流研讨活动的主讲教师。固原市教育体育局信息化办公室领导,两校相关领导和教师在线全程观看了两校"在线互动课堂"交流研讨活动。

7月9日下午我校"道德与法治"学科任课教师高燕,为我校初一(5)班和五中初一(5)班同学同时授课"法律为我们护航"。高燕老师通过日常生活中的视频引入本节课的授课内容,激发学生学习法律知识的兴趣。课中列举了大量日常生活中的实例,让同学们了解未成年人需要保护的原因以及法律在家庭、学校、社会和司法等方面给予了未成年人特殊的保护,让学生知道我们国家对于未成年人的关心和爱护,并让学生学会尊重法律、遵守法律,初步树立法治意识和法律观念。

7月10日下午我校高二化学教师黄瑜,为我校高二(12)班和五中高二(3)班同学同时讲授化学"蛋白质和核酸"。黄瑜老师通过"旺仔"牛仔营养成分分析引入本节课的授课内容,激发学生学习兴趣,在学生们了解蛋白质的组成、结构、性质的基础上,认识蛋白质和核酸等物质与人体健康的关系,并结合防控新冠疫情的事例,唤起学生的民族自豪感,激发学生对科学研究和探索的强烈兴趣。同时提醒同学们在抗疫时期,要注重身体健康,合理搭配膳食营养,另外还要做好个人防护、适当运动、充足睡眠。

本次交流研讨活动,致力于实现互动课堂教学与传统课堂教学深度融合,充分展示与分享两校智慧课堂建设的最新成果,为教师搭建了一个在线展示教学教研成果的平台。充分利用"互联网+教育"带来的便利,使教学交流研讨活动更加形式多样、内容丰富。

新学期　新起点　新征程

四时俱可喜,最好新春时。伴随着春天的脚步,我们又迎来了新的学年,2023 年 2 月 27 日,宁夏师范学院附属中学全体师生隆重集会,举行"新学期·新起点·新征程"团结奋进不甘落后——宁夏师范学院附属中学 2022—2023 学年第一学期开学主题晨会,一起迎接新学年的到来。

高二年级学生杨彤说:"时隔多日,重回静美校园。老师的目光依然那样温暖,同学的身影依然那样亲切,此时此刻,我想起了假期中读过的中国著名作家刘慈欣的作品,故事的背景是太阳即将毁灭,人类在地球表面建造出巨大的推进器,寻找新的家园,然而宇宙之路危机四伏,为了拯救地球,年轻人再次挺身而出,展开了争分夺秒的生死之战。"

"希望是什么?"杨彤同学提出了这个问题,引起了师生们的思考和共鸣,她说:"是故事的主人公刘培茄,在面对全球人类厄运时,所做出的坚强的选择。希望是通往成功的一条坎坷的路,也是一条必经之路。"杨彤同学回顾了疫情期间以及返校两周以来的各种温暖瞬间,她发自肺腑的感谢道:"老师们对于我们的关爱就是希望,我们每个人面对困难的勇气就是希望。我们要以全新的精神面貌投入到学习生活中,在心中播下团结奋进、不甘落后的希望的种子,做一个合格的学生。虽千万人,吾往矣!让我们一起努力在春天播种,在辛勤中耕耘,在奋斗中展开双臂拥抱成功的希望。"

接着张校长代表学校领导班子向全体师生问好,他说:"在刚刚过去的一个学期里,我们经受住了突如其来的疫情和前所未有的长时间线上教学双重考验。忘不了那些艰难的日子里同学们的自律和互助、老师们的信心和坚持,正因为我们守望相助才能够共克时艰!那些过往必将成为附中人的共同记忆和人生财富。在疫情后的当下,我们更要怀揣理想和勇气,懂得珍惜和敬畏,惜时如金,勇敢向前。"

新学期开始,他提出四点要求和希望。一要收心,尽快从节日的氛围中走出来,把"过年模式"切换到"战斗模式",积极乐观地迎接新学期。二要唤醒,新学期新起点,认定目标,珍惜时间,树立"今天再晚也是早,明天再早也是晚"的拼搏意识。三要追梦,习近平总书记说:"我们都在努力奔跑,我们都是追梦人。"我们应当日夜兼程,砥砺前行。四要健康,春季是各种传染病的高发期,希望同学们按照学校要求,注意个人卫生防护,积极预防各种传染病的发生。

党的二十大报告中,习近平总书记强调"青年强,则国家强"。作为教育工作者,要全面贯彻党的教育方针,践行立德树人的初心,牢记为党育人、为国育才的使命,严于律己,以身作则,为当代新青年当好引路人,培养一批批坚定不移听党话、跟党走,怀抱梦想又脚踏实地,敢想敢为又善作善成,有理想、敢担当、能吃苦、肯奋斗的新时代好青年,在新的奋斗征程上为党和人民作出更大贡献。本学期宁夏师范学院附属中学将继续按照"1236"工作思路,在学校党委的坚强领导下,严守纪律规矩,筑牢底线意识,持续做好校园安全工作,遵守"两个严禁两个做到"的要求,严禁将手机带入校园,严禁勾结校内外人员欺凌本校学生,做到不将食品带出餐厅,做到在校必须着装校服,维护"安静干净"的宿舍文化,持续打赢"校风改变仗、中高考翻身仗、校园环境治理仗"三场硬仗。把更多的精力投入到教育教学中,饮水思源,尊师爱校,团结奋进,不甘落后。

"八五"普法，人人有责

　　2021年开始实施的全国"八五"普法教育，是在我国改革开放不断深化的历史条件下开展的新一轮全民法治宣传教育。2023年3月20日，宁夏师范学院附属中学全体师生隆重集会，举行"'八五'普法 人人有责"主题晨会，增强法治意识，提高法治素养。

　　杨小磊同学说："上周的班会课上，我们班召开了'讲规矩，守纪律'的主题班会，班主任带着我们一起学习了学校的'两个严禁、两个做到'的规章制度、《校园欺凌处理办法》以及《中小学生守则》等，他给我们讲了很多发生在我们青少年身上的违纪行为和事件，让我深深感到讲规矩守纪律的重要性。"

　　接着，杨小磊同学和大家分享了在班会课上听到的典型案例。刘某，河北某中学高一学生，沉迷网络游戏，因为家里条件不好，为了上网打游戏他便想到向同学下手要钱，他威胁同学方某并对其实施伤害，方某被逼无奈将身上仅有的5元钱给了刘某，方某回到家后告知其父亲，其父亲及时到公安机关报案，最终刘某被抓捕归案，5元钱构成抢劫罪，判处有期徒刑三年零六个月，并处罚金4000元，因为在缓刑期内，他也为此失去了宝贵的参加高考的机会；江苏某中学的陈某、罗某，因所谓的哥们义气，参与打架斗殴，最终被判处3至10年有期徒刑；励德实验中学一位未满14周岁的少年，仅仅因为与同学发生口角纠纷，犯下大错，虽未成年，但仍一审判处18年有期徒刑。

　　杨小磊同学说："同学们，这些案例给我们的教训是深刻的，青少年违法犯罪不仅对国家、社会、被害人及其家人造成危害，还对自己和家人造成危害。古人云，没有规矩，不成方圆。若不置身于有规矩的方圆中，往往容易酿下大祸。就像河流离开了河床就会洪水泛滥,学生离开了校规校纪就会我行我素,如果没有规章制度,社会就不会和谐。如果没有教育和引导,就会失去做人最珍贵的品质。

从2020年9月13日开始,我校开展"两个严禁两个做到",打赢"校风转变仗"活动,晨会上校长提要求,班会上老师做安排,年级、宿舍、餐厅老师们严管理勤检查,校园里各级学生会共同严协查,每一位同学自我约束、自我要求,严格按照学校的要求去做,我们看到了校园里清一色的校服,看到了学生将食物带出餐厅现象明显减少,看到了校园白色垃圾袋明显减少,还看到了学校食堂浪费现象明显减少,校园欺凌为零。我们感受到了"心中有戒尺"的力量,"两个严禁两个做到"落实得好,是由内而外的,发自肺腑的,共同参与,共同见证,建立规矩,扭转校风,助力学习,助力成长。

张居正曾言:"天下之事,不难于立法,而难于法之必行。"诸葛亮为维护军规挥泪斩马谡;曹操为维护国家秩序,始终不肯灭王族取而代之;朱自清为维护义节不肯食用美国救济粮……古人如此,作为新一代的青年,我们更应该如此。面对欺诈,我们要有辨识力。面对欺凌,要勇敢站出来对恶势力说"不",面对违法行为,我们要学会拒绝和远离。

校学生会朱佳同学做本周值周小结,他总结道:根据高一年级三个专项整治和高二年级"双J"宿舍的检查要求,结合"两个严禁两个做到"的要求,校学生会重点检查宿舍安静,干净。通过上周的检查,我们发现高一、高二、高三年级在中午进教室上自习时能够很好地做到入室即静,入座即学,在听英语听力时能做到专注认真。在中午吃完饭进入宿舍后能快速进入午间休息,不大声喧哗。但是仍存在一些问题,宿舍串宿现象较为严重,后期学生会将加强对串宿舍现象的检查,请同学们保持良好的宿舍卫生,进入宿舍后不大声喧哗,熄灯后不串宿,不吵闹,按时休息,精神饱满地迎接每天的学习生活。

接着他公布了上一周各级学生会的检查情况,并强调学生会将继续按照学校的要求,认真检查,认真工作,并将每天的检查结果及时上报各年级组,并在电子屏通报,请大家留意。最后朱佳同学再次提醒大家重视预防流感、甲流、诺如病毒,进出校园佩戴好口罩,骑行电动车佩戴好头盔,遵守校规校纪。

党的二十大报告提出"我们要坚持走中国特色社会主义法治道路,建设中国特色社会主义法治体系、建设社会主义法治国家,围绕保障和促进社会公平正义,坚持依法治国、依法执政、依法行政共同推进,坚持法治国家、法治政府、法治社会一体建设,全面推进科学立法、严格执法、公正司法、全民守法,全面推进国家各方面工作法治化"。引领"中国号"法治巨轮沿着正确方向破浪前行。

宁夏师范学院附属中学的教育工作者会全面贯彻党的教育方针,践行立德树人的初心,牢记为党育人、为国育才的使命,让学生了解法律知识,学法懂法,将学校法治教育工作落到实处,严于律己,以身作则,为当代新青年当好引路人,培养一批批坚定不移听党话、跟党走,怀抱梦想又脚踏实地,敢想敢为又善作善成,有理想、敢担当、能吃苦、肯奋斗的新时代好青年,在新的奋斗征程上为党和人民作出更大贡献。

践行文明礼仪　共建文明城市

　　春季,是多种传染病的高发季节,为了更好地帮助同学们树立健康的学习生活习惯,2023 年 3 月 13 日,宁夏师范学院附属中学举行"践行文明礼仪　共建文明城市"主题晨会。

　　生活中,人与人之间往往都是相互关心、相互帮助的。互相关爱让我们的生活变得温馨、幸福。学生代表明小花同学在本次晨会上做了主题演讲,她说:"近期甲流的来袭,打破了我们往常的学习生活。不少同学都出现了发热,头痛,以及不间断的咳嗽。在这样的情形下,我们的老师时时刻刻叮嘱我们戴好口罩,防止被传染。很多老师不顾自己的身体状况,带病坚持上课,为的是不耽误班级的课程进度。我们的班主任多次去宿舍关心同学们的宿舍生活,了解同学们的身体状况。更是给生病的同学买来了感冒药等药品。老师们的举动我们都看在眼里,他们尽职尽责,关爱学生。我的地理老师,带着新冠后遗症发炎的嗓音讲着知识点,不时传来的咳嗽声,让我们清晰地感受到了他身体的不适。在一个个学生都生病请假的时候,老师们恪尽职守,无怨无悔,坚守在他们的岗位上。他们的关爱让我们增强了勇气,克服了身体的不适。"

　　明小花同学认为,有了这段时间的感冒经历,她对老师们经常说的话感同身受,面对流感,一定要树立预防传染病的防范意识,提高自我保护意识和能力,发现身体异常,及时到医院就诊。要努力切断传染途径,不食用不清洁的食物,坚决杜绝购买路边小吃、流动摊贩的食品,不吃生食,不喝生水。

　　注意个人卫生和防护,养成良好的卫生习惯,也是预防春季传染病的关键。饭前便后以及外出归来一定要第一时间先洗手,减少春季传染病的流行。

不随地吐痰,打喷嚏、咳嗽等应及时遮住口鼻,戴好口罩。

平时做好教室清洁卫生工作。地面干净无杂物,经常开窗通风换气,使室内空气流通,同时也提醒同学们,注重厕所文明。

春天人体的各个器官、组织、细胞的新陈代谢开始旺盛起来,正是运动锻炼的好时机,我们应积极参加体育锻炼,多呼吸新鲜空气,使身体气血畅通,筋骨舒展,增强体质。

兰勇辉同学代表学生会做本周值周小结,他说:"根据'两个严禁两个做到'的要求,结合'双J'宿舍创建要求,校学生会重点检查早上就餐情况,宿舍卫生和宿舍就寝情况,通过这四周的检查,我们发现,早餐时,部分同学不能及时归还餐具,不能将垃圾放入垃圾箱中,还存在浪费现象。珍惜粮食从我做起。光盘不只是一句口号,更是一次次身体力行的体现;文明就餐是中华民族的传统美德,更是我们对学校餐厅工作人员的感恩和尊敬。

宿舍卫生方面,高二年级存在部分宿舍卫生打扫不彻底,物品摆放不符合要求,床铺不整齐现象,高三年级表现优异继续保持。宿舍就寝方面,在这6天的检查中,高一至高三年级无吵闹现象,提出表扬,希望大家再接再厉。但是我们也发现,午间休息时间吵闹现象有所反弹,后期学生会将加强午间就寝检查,请同学们保持好宿舍卫生,进入宿舍后不大声喧哗,熄灯后不串宿,不吵闹,按时休息,精神饱满迎接每天的学习生活。

自3月6日开始,高一年级开展为期一个月的专项整治活动,入室即静、入座即学。杜绝在教室吵闹、追逐打闹、吃东西、睡觉、随意走动等现象的出现。学生进入宿舍,不串宿,按宿舍规定的时间按时休息。上课预备铃响后班长组织所有学生必须安静下来,准备好上课所需物品,上课过程中不做与课堂无关的事,不睡觉,不交头接耳,不顶撞老师。学生会也将继续按照学校的要求,认真检查,认真工作,并将每天的检查结果及时上报各年级组,并在电子屏上通报,请大家留意。"

最后,他再次提醒大家,进出校园佩戴好口罩,骑行电动车佩戴好头盔,遵守校纪校规。

习近平总书记强调,健康是促进人的全面发展的必然要求,是经济社会发展的基础条件,是民族昌盛和国家富强的重要标志,也是广大人民群众的共同追求。我们党从成立起就把保障人民健康同争取民族独立、人民解放的事业紧紧联系在一起。

在中国式现代化的道路上,病有所医、病有良医、人均预期寿命稳步提高,为人民生活的幸福感提供了坚实的保障。党的十八大以来,以习近平同志为核心的党中央坚持以人民为中心的发展思想,把维护人民健康摆上更加突出的位置,健康中国建设驶上了快车道。

宁夏师范学院附属中学的教育工作者,会全面贯彻党的教育方针,践行立德树人的初心,牢记为党育人、为国育才的使命,让学生了解健康知识,养成健康的生活方式,将学校健康工作落到实处,将共筑文明城市的使命落到实处,严于律己,以身作则,为当代新青年当好引路人,培养一批批坚定不移听党话、跟党走,怀抱梦想又脚踏实地,敢想敢为又善作善成,有理想、敢担当、能吃苦、肯奋斗的新时代好青年,在新的奋斗征程上为党和人民作出更大贡献。

弘扬雷锋精神　展现青春风采

2023 年是毛泽东等老一辈革命家为雷锋同志题词 60 周年。雷锋的名字响彻神州大地,"学习雷锋好榜样"成为一代代中国人心中温暖的成长记忆,成为鼓舞和激励亿万青少年成长进步的强大动力。党的十八大以来,习近平总书记高度重视传承弘扬雷锋精神,对青少年学习践行雷锋精神提出一系列重要要求,指出"要从娃娃抓起,让雷锋精神在全社会蔚然成风,世世代代弘扬下去"。近日,习近平总书记又对深入开展学雷锋活动作出重要指示,强调要深刻把握雷锋精神的时代内涵,让学雷锋在人民群众特别是青少年中蔚然成风,让雷锋精神在新时代绽放更加璀璨的光芒。为深入学习宣传贯彻党的二十大精神,大力弘扬雷锋精神和"奉献、友爱、互助、进步"的志愿精神,进一步培育和践行社会主义核心价值观,在第 60 个"学雷锋纪念日"来临之际,宁夏师范学院附属中学开展了一系列的学雷锋主题活动。

一切的现在都孕育着未来,未来的一切都生长于它的昨天。60 年前的雷锋刚刚从旧社会的苦难中走来,面对新社会给予的尊重和关爱,他抱着巨大的感恩之心,一心向党,把对党的爱化为对身边人、身边事的善良与关爱,新中国正是因为有很多像雷锋一样的人,才那般让人感动与温暖。

学习雷锋就要学习他乐于助人、公而忘私的奉献精神。"我要把有限的生命,投入到无限的为人民服务之中去。"雷锋用一生践行全心全意为人民服务的诺言,体现了崇高的人生追求和高尚的道德品质。雷锋精神所传递的大爱和公德是涵育青少年道德修养、匡正青少年行为规范的有力思想武器。

学习雷锋还要学他躬身实践、岗位建功的实干担当精神。雷锋精神是火热的社会主义现代化建设中的一个精神符号,做一颗永不生锈的螺丝钉,是激励一代代青年投身伟大事业的强大精神动力。弘扬雷锋精神,就要始终牢记"空谈误国、实干兴邦",从当下干起,从小事做起,用一点一滴实打实的行动为中国式现代化添砖加瓦。今天,我们宁夏师范学院附属中学的老师、学生们为打赢"中高考翻身仗、校风转变仗、校园环境治理仗"不断努力奋斗的过程正是这种实干精神的生动诠释。

学习雷锋更要学习他忠于党、忠于人民的坚定立场。雷锋以对党的无限忠诚、对祖国的无比热爱、对人民的无尽深情,竖起一座令人景仰的精神丰碑,为我们留下了弥足珍贵、历久弥新的精神财富。永远忠于党、忠于人民是雷锋一生的政治信条,是雷锋精神的鲜明底色。我们党百年奋斗的壮阔历程特别是新时代十年的伟大实践有力证明,无论过去、现在、将来,坚持党的全面领导始终是实现中华民族伟大复兴的根本保证,是战胜前进路上各种风险挑战的最大底气。

宁夏师范学院附属中学的学子们必会不负总书记的嘱托,让雷锋精神在新时代绽放更加璀璨的光芒。

崇尚英雄模范,凝聚奋进力量

清明时节,日暖风熏,翠柏凝春,更显得郁郁葱葱。77 年前,为了祖国的解放和人民的幸福,有多少革命先烈,不惜抛头颅,洒热血,赴汤蹈火,舍生取义,矢志不渝,用他们宝贵的青春和热血,谱写了可歌可泣的壮丽诗篇,为我们创造了美好的生活和发展环境。历史不会忘记他们,祖国不会忘记他们,我们更不会忘记他们。2023 年 4 月 5 日,宁夏师范学院附属中学高一、初一年级 1500 余名师生徒步前往固原市长城梁革命烈士陵园,参加了以"崇尚英雄模范,凝聚奋进力量"为主题的爱国主义教育活动。

一、前期准备

学校组织"清明祭英烈"主题班团会,了解清明节传统文化、回顾英雄事迹,了解固原市长城梁革命烈士陵园;组织国旗下的演讲、协调会,确保本次活动的顺利进行。

二、启动仪式

学校举行宁夏师范学院附属中学 2023 年赴长城梁烈士陵园扫墓活动启动仪式,学生成长中心主任对本次活动做了细致的安排,强调了纪律要求。早上七点半,1500 名师生正式出发。

三、正式活动

松柏苍翠映春日,丰碑矗立忆英魂。在鲜艳的五星红旗下,英雄们的灵魂连同精神正熠熠生辉,全体师生向革命烈士致默哀礼,深切缅怀革命先烈们的丰功伟绩,表达我们的思念之情,告慰他们的在天之灵。

学生代表顾慧敏带着大家一起回顾了南京大屠杀的悲惨历史,回顾了赵一曼烈士的英勇事迹,她说:"旧中国饱受战争的创伤和帝国主义的欺凌,人民受尽磨难和屈辱。为了祖国的解放,先烈们抛头颅洒热血,战火中出生入死,监牢里坚贞不屈,刑场上大义凛然,他们用生命、热血换来了华夏民族的新生。面对他们,我们怎么能不肃然起敬。他们的辉煌事迹,将彪炳史册、万古流芳! 他们的英名将与日月同辉,与江河共存! "

崇尚英雄才会产生英雄,争做英雄才能英雄辈出。她深情满怀地讲述了"海空卫士"王伟、未满 19 周岁写下"清澈的爱,只为中国"的戍边英雄陈祥榕,2019 年凉山火灾,来自五湖四海的 27 名森林消防队员和 3 名地方扑火人员以及首位安葬于长城梁烈士陵园的烈士——宁夏固原的英雄儿女管孝武烈士的英雄故事。

顾慧敏同学表示,时值清明,我们不仅要缅怀先人,还要沿着他们的足迹,砥砺前行。新时代给爱国主义注入了新的内涵。今天我们在这里讲传承革命先烈遗志,赓续红色基因,首先应该落脚在我们的学习、爱校上,不断提高自己的知识和能力,为此,我们一定要做到保护自己,茁壮成长。积极参加体育锻炼,保护好自己的身体才有建设国家的基础;认真学习知识,懂得善恶的道理,保护好自己的思想才有建设国家的动力;努力学习,全面提高自己的能力,保证自己茁壮成长才有建设国家的能力。要牢记我们怎么样,我们的国家就会怎么样!

学校党委书记何桂琴带领师生一起回顾了我们党的波澜壮阔、气势恢宏的历史,她说:"今天,我们伟大的祖国,经济发展,政治稳定,社会进步,民族团结,各项事业兴旺发达,蒸蒸日上。在 960 多万平方公里的大地上,一片姹紫嫣红,气象万千,全国人民朝气蓬勃,精神振奋,到处充满着青春活力,洋溢着胜利的豪情。全国人民正以昂扬的斗志和辛勤的劳动,阔步前进在建设中国特色社会主义的道路上。这一切,都是无数革命先驱用大无畏的斗争精神和牺牲精神换来的,是无数革命志士和先烈用鲜血书写的。今天,我们在这里缅怀革命先烈,就是要学习他们不怕牺牲、前仆后继的英雄气概,学习他们为了理想信念英勇顽强、百折不挠的革命精神,让革命先烈开创的事业生生不息,让共产党人的精神血脉薪火相传。"

她提出了三点要求和希望。一要缅怀先烈,传承伟大精神。人无精神不立,国无精神不强。伟大的中国共产党成立以来,我党涌现出红船精神、井冈山精神、长征精神、延安精神、抗战精神、西柏坡精神、抗美援朝精神、铁人精神、大庆精神、焦裕禄精神、雷锋精神、王杰精神、"两弹一星"精神、特区精神、载人航天精神、抗震救灾精神等众多精神。这些精神,已经深深融入中华民族的血脉和灵魂,鼓舞和激励中国人民不断攻坚克难、从胜利走向胜利。深学红色历史,感悟红色精神,赓续红色基因,传承红色文化,筑梦而行,真正把爱党爱国爱社会主义自觉融入实现伟大梦想的奋斗之中。

二要缅怀先烈,增强责任担当。一个人,自身的修养与学习、工作态度、敬业精神是密切相关的。古人讲"修身齐家治国平天下",当代讲"三严三实""责任担当"。当我们在为烈士们敬献花篮、鞠躬行礼的时候,更应该去参悟他们的"修身之道",从他们身上看到崇高的修养,高尚的情怀。因此,"清明祭扫"其实就是一堂全面的"修身大课",只有上好了这堂课,才不负"祭扫"的初衷,扛起责任与担当,在为人民服务的道路上行稳致远。

三要缅怀先烈,收获精神食粮。无论从文化底蕴还是教育意义上讲,清明节都具有其特殊的内涵。"梨花风起正清明,游子寻春半出城",从节令上说,清明时节,天清地爽,春意正浓,也正是游春踏青的绝佳时候。但是清明背负着多重任务,就不仅仅是赏春那么简单。无论是到野外踏青赏景,还是到烈士墓前接受教育,都是一次特殊的红色研学旅行活动,收获的绝不仅仅是风景,而是多元化的精神食粮。增强老师干事创业的荣誉感、使命感和责任感;增强同学们坚定的共产主义信念,永远跟党走,发扬艰苦奋斗、顽强不屈的拼搏精神。追寻英烈们的足迹,感受他们执着的信仰和澎湃的爱国热情,学习他们追求真理、是非分明、立场坚定的优秀品质,以及他们冲锋陷阵、奋勇向前、不畏艰险、敢于牺牲的高尚情操。青山埋忠骨,史册载功勋。革命先烈,浩气长存,永垂不朽。最后,希望老师和莘莘学子不辜负烈士们的遗愿,踏着烈士们的足迹,奋勇向前,实现中华民族伟大复兴的历史使命!行"清明"之事,做"清明"之人,不负韶华,不负重托,不负伟大时代。

全体师生向革命烈士敬献花圈和小白花,瞻仰烈士墓碑,表达哀思。

党的二十大报告指出,要广泛践行社会主义核心价值观,弘扬以伟大建党精神为源头的中国共产党人精神谱系,用好红色资源,深入开展社会主义核心价值观宣传教育,深化爱国主义、集体主义、社会主义教育,着力培养担当民族复兴大任的时代新人。增强中华文明传播力影响力,坚守中华文化立场,讲好中国故事、传播好中国声音,展现可信、可爱、可敬的中国形象。习近平总书记强调青年强,则国家强。宁夏师范学院附属中学的全体教育工作者,将全面贯彻党的教育方针,践行立德树人的初心,牢记为党育人、为国育才的使命,严于律己,以身作则,为当代新青年当好引路人,继续坚持爱国主义教育,创新教育形式,丰富教育载体,培养一批批坚定不移听党话、跟党走,怀抱梦想又脚踏实地,敢想敢为又善作善成,有理想、敢担当、能吃苦、肯奋斗的新时代好青年,在新的奋斗征程上为党和人民作出更大贡献。

最后,大家重温了入队誓词和入团誓词,并共同宣誓:将继承先烈的遗志,为家乡的建设、为祖国的繁荣富强而努力学习,共创美好明天。

学习二十大 永远跟党走 奋进新征程

——宁夏师范学院附属中学 2023 年五四表彰暨新团员入团宣誓仪式

100 多前,中国大地爆发了震惊中外的五四运动,这是中国近现代史上具有划时代意义的一个重大事件。

五四运动,爆发于民族危难之际,是一场以先进青年知识分子为先锋、广大人民群众参加的彻底反帝反封建的伟大爱国革命运动,是一场中国人民为拯救民族危亡、捍卫民族尊严、凝聚民族力量而掀起的伟大社会革命运动,是一场传播新思想新文化新知识的伟大思想启蒙运动和新文化运动。五四运动以磅礴之力鼓动了中国人民和中华民族实现民族复兴的志向和信心。

历史长河大浪淘沙,100 多年后的今天,我们回望那个壮怀激烈的年代,那些站在时代潮头的年轻的身影,是他们用青春和热血,激活了一个时代,激活了一个民族。五四运动是一场彻底的反帝反封建的爱国运动,也是一次追求民主、科学、进步的思想解放运动,它促进了中华民族的觉醒,标志着中国民主革命进入了一个崭新的阶段。

时光如白驹过隙,静听时代的脉搏,爱国、进步、民主、科学的五四精神仍在中国一代代觉醒的青年心中燃烧着、喷薄着,点亮一个又一个春天。2023 年 5 月 12 日,经学校研究决定,在学校风雨操场举行"学习二十大 永远跟党走 奋进新征程"宁夏师范学院附属中学 2023 年五四表彰暨新团员入团宣誓仪式。缅怀五四先驱崇高的爱国情怀和革命精神,弘扬五四精神,共创青春辉煌,让理想更坚定,让前程更伟大。

本次活动议程如下:

第一部分:新团员入团

1.观看五四运动视频《奋斗永无止境》。

2.升国旗奏唱中华人民共和国国歌。

3.请校团委书记宣读新团员名单。

4.请学校领导为新团员颁发团证,佩戴团徽。

5.新团员入团宣誓。

6.请新团员代表(王克俭)发言。

第二部分:优秀学生表彰

1.请学生成长中心主任宣读表彰决定。

2.请学生成长中心副主任、校团委书记分别宣读获奖学生名单。

3.请学校领导为获奖学生代表颁奖。

4.请获奖学生代表发言。

5.请校党委委员、副校长讲话。

6.全体宣誓"青春万岁,强国有我"。

党的二十大报告中,习近平总书记强调青年强,则国家强。共青团员这四个字是厚重的,它代表着在你最青春的青年时期,你应该爱着你的祖国、你的党,团结在党的身边,并彼此团结在一起。

本学期宁夏师范学院附属中学团员青年将在党和团的精神指引下,做到时刻觉醒,追求上进,以吃苦耐劳的精神,成长为青年的先锋模范,成长为父母所期盼的样子、老师所期盼的样子、学校所期盼的样子、国家和民族所期盼的样子。

深化军事主题教育 弘扬传承爱国精神

为全面落实团员和青年的主题教育工作,落实立德树人根本任务,深化基础教育课程改革,通过利用我区军事研学资源、工业文化和历史遗迹,让学生走出校园,拓展学习空间,重温历史,学习国防知识,体验集体生活,打造团队精神,增强实践能力,接受革命传统和爱国主义教育,培育锐意进取、不怕挫折精神,2023 年 10 月 20 日—22 日,我校高二年级 70 名学生开始了为期三天的市直高中军事研学活动。

出发前,校团委对 70 名学生开展国防教育主题培训,学习习近平总书记关于国防和军队建设的重要论述,讲解本次培训各项内容,并进行安全教育。

10 月 20 日早上 7:00,开营仪式在宁夏师范学院附属中学合班教室隆重举行,学校党委书记参加,学生代表马贝娜代表全体同学发言。八点整,在市教体局的组织下,所有学员有序登上了前往银川的大巴。路途中,学生表演了丰富多彩的节目。下午 12:30,全体成员安全抵达银川,开始第一天的研学活动。学生们分组在宁夏共享装备股份有限公司参观了共享装备——智能成形工厂、精密加工工厂、智能铸造产业创新中心、共享装备产业创新中心,并聆听了"传统铸造与智能铸造"专家讲座。

10 月 21 日,在军博园进行了一整天的军事研学活动。参加了军博园庄严的升旗仪式,参观了银川舰、潜艇等设备,学习了军体拳课程,并开展了400 米军事拉练等拓展活动。

10 月 22 日,前往水洞沟,参观水洞沟博物馆,开展半天的人文地质研学活动。

研学旅行,寓教于游。革命精神传承,国防教育的落实必须让历史教育基地"活起来",让国防教育基地在青年的心中留下特殊的精神和文化印记。因此,本次研学旅行侧重于让学生学打军体拳、参观潜艇巡航舰、在军博园参加升旗仪式等活动,让学生们在情景再现中亲历红色岁月、感受国防精神,让他们有强烈的体验感。

习近平总书记在党的二十大报告中,作出了"深化全民国防教育"的重大战略部署,推动新时代全民国防教育加速向更高质量迈进。大力弘扬爱国主义和伟大民族精神,习近平总书记强调:"爱国主义是我们民族精神的核心,是中国人民和中华民族同心同德、自强不息的精神纽带。"

梁启超先生说:"故今日之责任,不在他人,而全在我少年。少年智则国智,少年富则国富,少年强则国强。"宁夏师范学院附属中学的学子们必会响应总书记的号召,坚定不移的讲好国防故事,弘扬民族文化,传承红色基因,不忘根本,继承好中华优秀传统文化,让红色基因融入血液,把党的光辉历史和光荣传统一代代传承下去并发扬光大。

红石榴·手拉手

　　为深入学习宣传贯彻落实党的二十大和中央民族工作会议精神,贯彻落实自治区第十三次党代会精神和市委决策部署,进一步加强各族青少年交往交流交融,教育引导各族青少年继承和发扬民族团结优良传统,不断增强"五个认同",进一步铸牢中华民族共同体意识,按照中共固原市委统战部、共青团固原市委、固原市教育体育局联合共青团玉树州委下发的文件要求,在学校党委的支持下,2023年11月6日—7日,我校团委与中央民族大学附属中学玉树(海东)分校团委联合开展了"红石榴·手拉手"结对交流主题团日活动,宁夏师范学院附属中学高一A4班、高二B2班与中央民族大学附属中学玉树(海东)分校的高二12班、高三8班进行互助交流。

　　本次交流包括以下内容:

　　1.两校学生自我介绍。

　　2.观看两所学校简介视频。

　　3.观看两地简介视频。

　　4.两所学校学生代表进行交流分享。

　　5.两校团委书记进行分享交流。

　　2021年3月7日,习近平总书记参加十三届全国人大四次会议青海代表团审议时指出,要全面贯彻党的民族政策和宗教政策,加强民族团结进步教育,加快民族地区发展,多为各族群众办好事、办实事、解难题,促进各族群众共同富裕,促进各族人民大团结,携手共建美好家园。党的二十大报告指出,要以铸牢中华民族共同体意识为主线,加强和改进党的民族工作,全面推进民族团结进步事业。我们要紧贴各族人民所思所想所盼,为大家办好事、办实事、解难题,促进各族群众手足相亲、守望相助。各民族要在中华民族大家庭中像石榴籽一样紧紧抱在一起,牢固树立休戚与共的中华民族共同体意识,同心协力、踔厉奋发,共建美好家园、共创美好未来。

宁夏师范学院附属中学的学子们必会响应习近平总书记的号召,坚定不移地讲好民族团结的故事,弘扬民族文化,铸牢中华民族共同体意识,并将其一代代传承下去并发扬光大。

两所学校的一对一结对班级的同学们也约定好在闲暇时间加强交流沟通,铸牢中华民族共同体意识,让石榴花开得红艳艳,民族团结精神在两校蔚然成风,期待彼此的下一次分享交流。

附　录　温暖的瞬间

我们必须承认，教育教学绝不是分解反应，教育教学中的火花绝不是独自绽放的，还有来自朋友、亲人、伙伴的支持与帮助，若我们不仅看到自己眼中的自己，还能知道别人眼中的自己，这场反应会更激烈……

致我们的黄妈

黄老师：

　　今天是您的生日，我们非常高兴，像李岩所说，这是一个值得纪念的日子，这是他们给您过的最后一个生日。说到这里，李岩有些哽咽，因为每个人在表达自己最浓烈的感情时，总是难以说出口的。我莫名地感觉自己很幸运，因为我才高二，还有两年的时间和您在一起。

　　黄妈，请允许我这样称呼您，您对我们的感情，足以让我这样称呼您。我不禁想起了我们第一次的相遇，那是去年运动会之前，我站在社团方队中，是那样的不起眼，您来了，匆匆忙忙，大大咧咧，未见其人先闻其声，听到您的声音，队伍中明显传来一声，"黄老师来了，赶快站好！"得，这老师是个狠角色，我这样想着，于是我乖乖站好不再乱动。

　　真的，是那次让我明白，高中时期，不能像小学、初中时那样任性，那样刁蛮，感情用事。

　　每个人的一生总有那么几个重要的人。我想，黄妈您就是那个人，您既有母亲般的细腻温柔，又有老师般的循循善诱，然而这二者的感情都无私奉献给了我们。黄妈您是我们的知己，更是一个高明的举荐者，是您发现了埋没在人流中的我们。您是钟子期，发现了马向妮演讲中的"高山流水"；您是伯乐，观察出张旭这匹"千里马"，为回中拍摄出宣传片。

　　完美是遥不可及的，天下没有十全十美的人物，但是，在我的心中，您是完美的。我只能用粗鄙的文字为您写一首诗：

酬师恩

一年一度一春秋，
忙忙碌碌白了头。
可怜光阴不闲等，
辛苦汗水堪高楼。

您的学生：高旭平
乙未年冬月初四
2015 年 12 月

黄妈，生日快乐

黄妈：

  我们在私底下一直是这么叫您的，能让我们认识，特别感谢那一次的演讲。我每次主持，您都在不远处站着，而每次主持完之后，我都会跑到您跟前，有时只为看您一眼，因为我一直都想得到您的肯定。看到您微笑着点头，给我肯定的眼神。有时候您还会给我竖起大拇指，每当这个时候，我都会非常高兴。我不知道该用什么样的语言来表达。您每天都特别忙，有一大堆的事情要等着您去做，有时候看到您的眼睛里全是红血丝，最多的就是心疼。您是我在回中最喜欢的老师，也是在这个陌生的学校里对我最好的老师，我一直都记着您对我的好。

  其实喜欢您的学生特别多，他们都说黄老师是一个特别能干的女强人，但是在我的眼里，黄老师是一个爱家庭、爱工作、爱自己学生的温柔的小女人，是一个自己的学生被欺负，自己会维护的好老师，是一个工作起来忘记吃饭的好老师。

  那么从今天开始，我也做一下您的老师了。我这位老师说的每一句话，您都要清楚地记在心中。要想做一个好老师，首先要做一个好学生，不许熬夜，不许生病，不许不吃饭，不许被别人欺负。无论是现在还是多年以后，您都是我们的老师，等我们长大了都会保护您的。您一直都是我们的女王。我特别讨厌今天给您过生日的每一个人，包括我自己，因为我们又让您老了一岁。

  黄妈妈，生日快乐！

您的学生：马向妮

2015 年 12 月 15 日

致如此善良的您——黄阿妈

黄妈：

光荣退社了，哈哈哈！很感谢我的黄阿妈对我的栽培，不得不说是您造就了今天这个杨洋，让我以后无论在任何时候都不会胆怯，而是迎上前，面对什么困难都不会阻挡我成功的步伐，我一定要加油！我要对得起我的老师！

我从来没有想到我会在高中遇到您这样一位如此善良的老师，您教会了我如何去心怀善良对待任何事物。您的激励让我一步一步成长，我永远也忘不了您！忘不了您带领我参加比赛，一路陪着我，当我得了奖，您第一时间给别人说，在其他老师面前各种夸奖我，以至于其他老师一见我就说："杨洋啊，你们黄老师一直夸奖你很优秀啊！"听得多了，我都不好意思了。黄妈，在回中心语广播室的点点滴滴我永远都不会忘记，这些日子里哪怕再苦我都坚持下来了，未来还有什么做不到！

黄阿妈，还记得您那时去到我们班代课，您说："因为高二16班，有我的学生，所以我来了。"您说过最怕学生受到伤害，您会尽最大力量去帮助您的学生，无论如何不能亏了自己的学生。我们每次都看您忙得连一口水都顾不上喝，真的很难受，长这么大，我第一次看见这么拼命地老师。

我的老师，我最亲爱的老师，您真的为我们付出太多。

今天我很想当着社团社员的面说说我内心的话，但是我怕我会哽咽，这样您也就控制不住了，但是您对我的好我一辈子记在心里，您教导我的话，我永远也不会忘记，我会做一个善良的人，不怕任何困难，越被别人看不起，我就用我的能力让他们闭嘴。

老师您给我留言:杨洋,我爱你,勇敢一些,青春岁月不负你。就像您说的:我一定要像花一样绽放! 绽放! 黄妈,我爱你。

您的学生:杨洋

2015 年 12 月

爱是弥天盖地,比雾还浓

敬爱的黄妈妈:

此时此刻,我想感谢缘分,感谢缘分可以让我与您相识,得到您的相伴。于是青春旅途的风景,可以与您共赏;生活的酸甜苦辣,可以与您共度。

时光回溯到 2022 年的 2 月,高一结束后学校进行了文理选科,怀着成为一名医生的梦想,我坚定地选择了理科,于是来到了一个全新的班级,结识了一群活泼可爱的同学,相遇了和蔼可亲、尽职尽责、关心学生的老师们。面对一个全新的开端,我做好了充分的准备。

终于,迎来了各科老师进班的时刻,令我记忆犹新的,就是您的自我介绍,您居然没有提到我们班分班后倒数第一的成绩,而是用了一段非常炫酷的快闪视频,带我们了解了您的经历,我们又惊又喜,这样的开场简直太有趣了,全班同学都乐了,我们都肯定您是一个活泼、有趣、有激情的老师,而未来的一切都证实了第一眼的相遇。

但是很遗憾,高一时由于刚步入高中,对于高中的生活还未完全了解,使得我每天都手忙脚乱,找不到一个适合自己的学习节奏,于是成绩波澜起伏,一心想提成绩的我,便一直迷茫于黑夜中,久而久之,便感觉到身心疲惫,只是为了学习而学习,成绩更是毫无起色。但自从高二遇到了您,我的青春翻开了新的篇章,您让我重拾学习的信心,让我看到了新的希望。在化学的学科上,是您燃起了我心中的火苗,您总能把知识讲得简单有条理,一节课跟着您的思路,我们从来不觉得瞌睡。您的课也总是多姿多彩,还记得您提着一袋水果给我们讲乙烯;开历史故事会,带我们学习氯气;带我们去实验室学习酸碱中和滴定……我们无法预测下一节课是什么样子, 对每一节课都满怀期待——您关注每一位同学,只要课堂上有谁走神,您总会第一时间关注到,并用各种有趣的方式提醒他们"孩子啊,咱不是来陪读的昂""某某某,能不能给我点面子啊""那谁啊,你想谁呢超过老师了,老师给你们班主任告状呢"……在您眼里从来没有因为分数而变得不同的我们,您眼里只有我们。怎么会有您这样的老师,爱着每一个学生。

正是遇见了您,才使得成绩渐渐下滑、已经失去了信心和力量的我,在您那铿锵有力的讲解中重拾信心,并且心里激起一股劲,就是要和不会的题、难题较一较劲,就是要把它们打败。都说"亲其师,信其道",第一节课开始,我们就跟随着您的脚步,一步一个脚印地向前走,第一次月考中,我成功地考到化学单科成绩的第十名,感受到了化学带给我的兴奋与喜悦,我们班的化学成绩也由全年级的"倒数第一"升到了全年级的第三。仅用了两个月的时间,您就带着我们获得了此等战绩,在全年级师生惊讶于我们的成绩时,我们都知道这一切不过是您那么多成功履历中的一抹精彩而已,而您也只是微微一笑,告诉我们不要骄傲,要继续前进,您说:"只有发自内心最愿意做的事情,才是我们的天赋所在!学习最重要的是热爱。"

老师,我最亲爱的老师,在您的身上,我看到的是坚定,是自信,是勤奋,是关爱,是从不懈怠,永葆初心,是精神丰富,人格圆满……而这些都深深地打动了我,让我能更勇敢地面对困难,成为最棒的自己。

时间转瞬即逝,高二上半学期快乐而又充满艰辛的学习生活伴随着暑假的到来结束了,当我们再次回归校园,回归教室时,听到了一个犹如晴天霹雳般的消息,那就是我们换化学老师了。听到这个消息,我的心就像刀扎般的疼痛,急忙和同学们一起去找您,问您这是怎么回事,您无奈地告诉我们这是学校的安排,我们都无能为力。

还记得您在其他老师没到位之前,偷偷来到了我们班,和全班同学做了最后的告别,您带着我们串联了很多知识,最后几分钟,您告诉我们,很想带着我们走完高中剩下的路,很想把我们亲手送进大学的校门,很想……听到这些话,我们再也憋不住了,眼里豆大的热泪像泉水般涌出,抬头看到您也流下了不舍的泪水,这是我们第一次见到坚强的您流下了眼泪。在这短短一学期的陪伴中,您不仅仅是我的老师,更像是一位慈祥和蔼的母亲,而我们,就像您的孩子,您关心着我们每一位同学,无论哪位同学有心事或者状态不好,不舒服,都逃不过您敏锐的眼睛,您都会给予他们鼓励,您送给大家的"小红花"、化学素胸针、巧克力、笔记本,给每位同学作业本画的漫画,这些都藏在我们的心中……老师,爱是弥天盖地,比雾还浓,是您让我们被爱包围,您是我们坚强的后盾,无论我遇到什么事,第一反应就是想和您分享,因为您是我最爱的黄妈妈。

老师,我最亲爱的黄妈妈,如今,我备战高考,在高三的生活中,会遇到很多困难,每当我遇到烦心事,压力大的时候,就会去找您,与您诉说,进去办公室的我无精打采,眼中无光,唯有疲劳,但在您的开导和鼓励下,我全身就又像打了鸡血似的,充满动力,每次离开您的办公室时,我又变成了那个充满能量的小宇宙。

谢谢您,我亲爱的老师,我们的黄妈,感谢您在我遭遇"黑暗"时,给予我光明;感谢您在我生病时,给予我关心和温暖;感谢您在我困难时,为我扫清前方的障碍物。我始终记得您赠予我的六个字"坚信,坚强,坚持",我会深刻理解它们,并为之做出改变。

距高考还有 200 多天啦,希望我可以不畏艰难迎接挑战,在 2024 年 6 月的战场,登上山的顶峰,有您的并肩陪伴,我必能勇往直前。

一支粉笔两袖清风,三尺讲台四季晴雨,滴滴汗水诚滋桃李满天下!亲爱的老师,我不是您最出色的学生,但您是我最爱、最崇敬的老师。感谢您伴我度过春夏秋冬。我衷心祝老师身体健康,工作顺利,每天开心!

您的学生:余娜

2023 年 11 月

致亲爱的黄阿妈

亲爱的黄阿妈：

您好！

最近过得好吗？距离我离开学校已有五年了，但是每当遇到开心的事、不顺心的事还是想跟您分享。因为我知道，您是我最好的老师，最信任的老师。

还记得在高中第一次从心语广播室的学长学姐们口中听到"黄阿妈"这个昵称的时候，心里还想为什么要把一位老师称作阿妈呢？这到底又是怎样一位老师呢？从那之后就对您有了印象。记得第一次正式见您，是我第一次要在国旗下发言的准备时期，当时心里既激动又紧张，激动是因为马上就要见到"黄阿妈"本人啦，紧张是因为这是我从小到大第一次参加国旗下的演讲，怕表现不好。但当我见到您的时候，您亲切地对我说："不用害怕，不用紧张，我到时候就在底下看着你，给你加油。"有了您的这些话，我成功的完成了第一次国旗下演讲。从那时起，我就已经喜欢上了您。后来，我慢慢在您的帮助下，从那个上课不敢举手发言的我，到自信满满站在国旗下主持的我；从那个说话结巴的我，到如今站在讲台上教书育人的我。还记得，在一次运动会主持时，我因主持出了错误，被您训哭，以至于后来的几天运动会播稿中躲着您，后来才觉得正是您的批评让我有了更大的进步，让我变得对待事情更加专业，更加认真。再后来，跟您的接触越来越多，我把我每天遇到的开心的不开心事都分享给您，我当时在想，怎么会有这么好的老师，呜呜呜！我记得，在高二时期，我开学听到最开心的一件事，就是您要来我们班担任化学老师，我当时开心极了。可能是因为对您的热爱，导致对您的课堂也十分热爱，加之不想让老师您失望，就努力学，把不会的死背都要背会。也正是因为您，让我能在高三坚持下来。记得，高三第一次模考，我化学考了三十几分，您当时对我说："你对得起你现在坐的位置吗?对得起现在的条件吗?"可能换作是别的老师说，我倒不会醒悟，高三也不会有那么大的进步。可当时，是您，我最尊敬、最热爱、我当作闺蜜的老师对我说出的话，瞬间打醒了我，从那一刻起，我的心里只有一个想法，一定要考上大学。也是您，让我在高三那一年，虽然每天晚上失眠，但白天跟打鸡血一样去听课、去学习中挺了过来。

毕业时最舍不得的是老师您，因为正是您给我的一次又一次的机会，让我不断成长，不断见识不同的世面，让我从自卑变得自信，从消极变成乐观。后来，我如愿考上了大学，而您也是我成长的见证者，您看着我一步一步地成长，一步一步地蜕变，我也终于让您可以骄傲地对别人说，这是我的学生——余雅楠。

在大学填报志愿时，我想着我也一定要成为您这样的老师，受到您的影响，我也选择了师范专业，进入了高中对面的宁夏师范学院。在大学期间，我也跟老师您分享我的开心与不开心。在我遇到困难时，也是您给予我建议，让我有更美好的未来。后来，我才明白，想成为您这样的老师，是多么的不容易。

您一直是我的偶像，是我追求的目标，是我努力想成为的模样，是我黑暗里的那束光。您永远是我的恩师，是我最尊敬、最热爱的黄老师、黄阿妈!我爱您，我永远的黄阿妈!

祝您身体健康、工作顺利。

您的学生:余雅楠

2023 年 10 月 26 日

致亲爱的"小黄鱼"

亲爱的小黄鱼：

时隔 11 年后的今天,有个秘密终于保不住啦,那就让您知道吧,其实咱们班同学高中一直背地里偷偷地称呼您"小黄鱼",希望您不要介意,因为我们都超级爱"小黄鱼"。

早就想给您写点什么,然而下笔无言。此时此刻,我终于静下心来坐在彭阳县第一中学的教师办公室里给您写这封信,窗外阳光明媚,像是给校园里抹上了淡淡的金辉,一切都是如此的美好。回想起您,内心也是又暖又甜。我知道您今年带的是高二年级,所以我猜想您此时正在课堂上激情昂扬地讲解着化学方程式。幸运的是毕业 11 年后的今天我也成了您,回想起您带领我们走过三年轰轰烈烈的高中岁月,不禁思绪万千。

2009 年的 9 月,我初次见到了您。不同于我印象里严肃的老师形象,老师您年轻大方,笑容阳光,朝气蓬勃。刚上高中,我彷徨迷茫,以择校生进入班级里的我不自信,甚至特别自卑。听到的第一句夸赞,也是我自信的开始,就是您说我是班里唯一一个把一道题做对的人。得到认可的感觉真好,从那以后我坚持每门课都自己做作业,不懂的就问同学问老师,才得以每次考试成绩都名列前茅。您同样的鼓励式教育也滋养了全班同学的自信,从未遇到过像您这样阳光灿烂的老师。

班会课上,也常常听您回忆您的不平凡的高中生涯和大学经历,从您的身上我看到了您的坚强、您的勇敢、您的勤劳和您对生活、学习的热爱,正是这样的您,时刻在我们的心中点亮一盏明灯,热情地将我们这些青春期的孩子引向阳光的地带。您也许不知道,那时候我心里都爱死您啦,您就是我和其他女生的女神,因为每次听您讲您的过去,我们的心里就默默地树立一个理想,考师范大学,学师范专业,将来成为和您一样的老师,听得越多,信念越坚定。

我还记得军训结束时,我们高兴的一起和教官拍照;我还记得元旦晚会时,我们一起在教室里坐成一圈吃水果、嗑瓜子、看同学们表演节目;我还记得我们一起排练、表演大合唱;我还记得您给我们讲化学课时激情昂扬的样子……时光如白驹过隙,高中毕业已经 11 年了,然而高中三年时光您陪我们经历过的点点滴滴,此刻回想起来仍历历在目!

何其有幸,有您教导,我才能成为今日的我。能和您一样教书育人,亦是老师的恩情。

纸短情长,师恩难忘。往往词不达意,然而言却由衷。请允许我暂借流光,予您最好的祝愿。

此致

敬礼!

您的学生:马少兰

2023 年 10 月

致我最崇拜的您

敬爱的黄老师：

记忆的感动

转眼间，我已经离开师范附中两年五个月零四天啦！一直想见您，一直想当面向您表达我对您的感恩与崇拜，一直没机会，今天，我无比的开心与激动，因为我可以成为您书中的人物，更因为您记得我，记得我微不足道的努力。

与其他同学不同，我是以补习生的身份进入师范学院附属中学的。因为高考分数低的原因，没能去补习班，而是被安排到 15 班做插班生。第一学期是陈老师带我们班的化学，开学前，班主任在班群里通知开学会进行分班考试，那时候我已经知道陈老师会带 14 班的化学，但是遗憾的是，我住院没能返校参加考试。其实我知道可能我考不进 14 班，但是我还是觉得有一些遗憾的，因为我对自己还是抱了一点点希望，我觉得我可以侥幸地进去，这件事情已经过去了两年多，但是我依然记得。3 月 5 日，星期五返校那天，晚自习我难过了很久，趴在外面的护杆上哭了很久，因为陈老师不带我们班化学了，我以为我以后再也不会见到她了。

星期五那天没有化学课，但是那天是化学晚自习。那是我第一次听您讲课，那时候的我还不认识您，那时候，您讲完每一道题都会问我们懂了吗？全班都说懂了，可是说实话，我没有懂，因为那份难过的情绪已经把我的智商压得很低很低。大家都懂了，只有我没懂！那可是化学！是我最爱的化学！

但是即使那一天我很难过,您所说的一切,我都认真地写在了我的日记本里。您说下雨天您父亲去接您,您坐在自行车的后座上,望着他的背影瞬间长大了;您说,步入陕西师范大学,您不忍心再向父母索要,所以一边学习一边兼职,师大学子很优秀,拼命努力才拿到了奖学金……这些我都记得,并且写了小纸条贴在课桌上激励自己。但是巨大的难过,还是盖过了我对您的崇拜。

后来课表被调整了,换成了两节连堂课,面对接二连三的化学课,我越来越急躁,越来越难过,甚至不会配平我最喜欢的氧化还原反应方程式,老是算错 pH 值,我开始怀疑自己的能力,怀疑自己对化学的喜欢。

第一次与您交谈是 3 月 16 日,那次摸底考,我说,我坐在第二组,考试卷子发下来的时候,我都还不知道我化学考了 84 分,结果全班所有人都已经传遍了我的卷子,知道了我的成绩,这让我觉得很丢人。您耐心地开导我,我喜欢化学,所以我和化学之间,不应该是学与被学的关系,而应该是爱与被爱的关系,您甚至告诉我,我应该大声地告诉所有人,我就是没考好,就是和化学闹别扭,失恋了,怎么了?下一次我就是会努力考好,我就是爱化学,我没有因为你们的打击而放弃对化学的爱! 相反我会更爱化学,为它付出更多。那时候我真的自信大方地表达了我对化学的热爱,因为您的鼓励就是我最大的底气。您说您喜欢那个每天都开开心心充满活力的我,而不是那个被化学左右情绪的我。那次感动化为了我的动力,让我度过了低谷期,迎来了我的彩虹。

4 月 8 日星期四,那时候您刚开完会,急匆匆地赶来给我们上课,您讲课的时候,嗓子都哑了,我的心里居然莫名其妙地涌出一丝难过,那时候我发现, 我对您的喜欢与崇拜在一点一点地显现出来。在我难过失落的时候,您会耐心地开导我,在我困惑的时候,您会拨开我的迷雾,而在您嗓子不舒服的时候,我除了给您一点治嗓子的药,什么也做不了,这让我觉得自己是那么的无助。

4 月 15 日, 您没有因为我们班是普通班而放弃化学实验和化学反应原理的计算题,而是一遍又一遍给我们讲,直到我们搞懂为止。您的板书写了又写,黑色衣服的袖子被粉笔灰蹭得发白,但是您丝毫不在意,任由粉笔灰蹭白自己的袖子,还是紧紧抓着那支长长的粉笔,在黑板上奋笔疾书。对于您而言,那一黑板又一黑板的板书才是头等大事。那一天我很开心,因为我尽自己所能擦黑板了,可以不让您那么累。说实话,帮您擦黑板真的是一件超级幸福的事情,那时候我多希望时间可以慢一点,因为我可以多擦几次黑板。

我特别喜欢从教室径直通往餐厅的那条路,因为那条路上有您优秀教师的牌子,照片中的您没有拘谨,很洒脱,很自然,笑容可爱,给人一种很强的亲和力。我时常感慨,我是个幸运的学生,遇见了这么优秀的您,您说得对,哪里有爱,哪里就有不顾一切地信任。

我不擅长化学平衡计算题和选修三的结构题,直到我遇见您,那份崇拜,那份信任,让我克服一切阻力,让我把弱项变成强项。那张 92 分的卷子,里面有您的手写信,我依然留着,在我遇到困难想要放弃的时候,您的那些话给我极大的鼓舞。

有一件事情,我一想起来就会遗憾到想哭。高考动员大会的前几天,我说我想听您演讲,但是我觉得您太忙,可能没有时间,可是后来您真的临时写了演讲稿,上台讲话了,就是因为我想看,您才临时安排的,那一次我真的无比感动。但是遗憾的是前一天我在自习室熬夜学习到半夜两点,第二天很困,就没有去,因为我以为您不会把我的话放在心上,您应该在忙其他事情,所以我就留在了教室,遗憾的是您去了,我没去。我真的很难过。后来我弥补了遗憾,得到了您誓师大会的演讲稿,那篇演讲稿和您写的信一起都夹在我的日记本里,在图书馆学习累了的时候看一看,一下子就消除了我的疲倦。

其实还有一件遗憾的事,5 月 27 日星期四,那天是 12 班的化学辅导课,我忘记了我们班是因为什么原因而没有上您的化学辅导,星期四那天是和12 班合班上,但是下课后我去找英语老师改作文了,改完作文过来的时候班级已经空无一人了,其实我知道他们去 12 班上您的辅导课了,那时候已经上课了,而且只剩下我一个人了,我没有过去,因为已经开始上课了,我想中途进去会有人窃窃私语的议论我,我会因此难过很久。后来我们班一个女生来找我了,她告诉我您说 12 班的同学都想见见我,想听我是如何做好化工推断的,但是我还是没有过去,因为我害怕我被孤立,害怕那里没有我的一席之地。说到底还是我不够勇敢,把大家想得太过极端,其实就算被孤立了又能怎么样呢?至少有您在,我不至于太狼狈。(写这一段的时候真的哭了,我永远都不能原谅我的懦弱与敏感,让我错过了我的期待。其实很久之前我就期待上一次合班,我想让所有人知道您真的超级好,让所有人都知道遇见您是我最开心的事。)

5 月 28 日是我最后一次上您的化学晚自习,那时候我很难过,因为您要带新一届学生了。以后的以后,我们班不会有您的化学课了;以后的以后,我不能去三楼楼梯口等您了;以后的以后,我再也不能帮您擦黑板了……大家都在欢乐地唱歌,只有我在座位上一言不发。但是后来还是鼓起勇气给您唱了那首《云烟成雨》,那里面全是我想对您说的话:我多想再见您一次,哪怕匆匆一眼就别离。

6 月 3 日是我们在教室的最后一个晚自习,最后一次狂欢。那天晚上我特意去您的办公室找您,可惜办公室的门是锁着的,第二天拍照的时候,我还是留下了遗憾,只有仅存的一张合照。

从遇见您起,到高考,我的化学成绩有了很大的提升。以您为榜样,慢慢地向您靠拢,是我最开心最荣幸的事情。

因为您我成为更好的自己

第一次见面,您给我们讲您的故事,让我十分触动,这对我的大学学习产生了巨大的影响。上大学前的那个暑假我努力打工挣钱,在学校努力学习最爱的英语专业课,拿奖学金。我以为,我的英语成绩很好,所以进入大学,我一直带着一股傲气和优越感,直到十一月我们学校举行各种大赛,我的口语大赛以一分之差落选,我的写作大赛更是以四分之差落选,那时候我才知道,和他们相比我实在是差得太远了。于是我放低了姿态,虚心求教。我以为别人尊重我是因为我很优秀,直到后来我才发现,别人尊重我是因为别人很优秀。我没能像您一样通过高考进入好学校,但是这些不会影响我,让我萎靡不振,自暴自弃。我一直记得您传授给我的三坚思想,坚持坚信坚强,一直努力向您靠近,虽然我的口语、写作双双落选,但是后来我还是通过自己的努力,追赶上了集训队的同学,我甚至拿到了澳门科技大学夏令营的邀请函。我永远记得延迟满足,先苦后甜。我努力学习,努力赚钱,我的大学生活过得很拮据,因为我把所有兼职的钱攒下来,买了笔记本电脑,还了助学贷款,还给父母买了礼物,奖励了自己一场说走就走的旅行。前些天,我签订了出版协议,我主编的教材即将在重庆大学出版社出版。正如您所说的那样,我感觉到了奋斗的快乐,尝到了努力的甜头,我是您的骄傲吗?

青春的告白

您是无数学生的光,这束光也照亮了我。我有您的课表,每次您给 12 班上完课我都会去楼梯口等您,因为我很珍惜和您在一起的每一段时光。我从来都不敢与您对视,不是不礼貌,只是因为害怕、害羞、紧张,每次化学课我都会偷偷看您,虽然撞上您的目光会躲开,偷看是因为喜欢,躲开是因为害羞。

我知道您刻在骨子里的优秀和自信不是我能学来的,但是您的出现像一束光一样,温暖灼热,明亮而又不刺眼,给予我自信和能量。认识您是我人生中最幸福的一件事。感谢您的出现让我的青春变得热烈而又难忘;感谢您的温柔,放大了我的喜欢,消灭了我的恐惧;感谢您孜孜不倦的教导,让我继续兴致盎然的与世界交手,一直走在开满鲜花的路上。您的出现不止教会了我知识,还教会了我如何去温暖别人。教书育人,它不只是一种职业,更是一种情怀,所以我选择了师范专业,因为我想像您一样成为一名优秀的人民教师。

其实只要见到您我就会开心好久,却迈不过三尺讲台去拥抱您。谢谢您出现在我的生命里,陪我度过一小段时光,我知道您会接触很多学生,这一小段时光结束后,我的人生便有了幸福的回忆,即使以后我的道路上布满风雪,可是我依然会想起那些幸福的回忆,我就可以依然勇敢地往前走。人和人之间的关系本来就很浅薄,稍不留神就会走散,但是无论怎样,想起我们共同拥有过的美好时光,我真的很开心遇见您。

如果给我一次回到过去的机会,我一定会选择……不回去,因为只有这样我才会更加珍惜,能把我这样的学生教出来,您真的很伟大。

我不会华丽的辞藻,在这里,我只想祝您心想事成,身体健康,所有的好事都与您相伴,像您这么优秀,有同理心的老师,值得拥有世间一切美好。

您的学生:蒲银琪

2023 年 11 月 17 日

师恩如海，衔草难报，教泽流芳，倾我至诚

我最爱的黄瑜老师：

　　时间过得真快，转眼就已从高中步入了大学的生活中了。犹且记得当初的我还是那样一个啥也不做、不思进取的学生，正是许多老师眼中标准的"差生"形象，什么"VIP座位"，迟到，违纪我都干过，那时的我迷茫，彷徨，对未来一片空白，眼里看不到希望。在高一时我还带着对高中以及未来的期待踏入了这个校园，努力谨慎，想把一切都做好，可就是这样一个孩子，后来却成了一个不学习，整天玩游戏，天天迟到，时不时班里倒数，偶尔出了倒十的行列还沾沾自喜的人。依稀记得在高一分班后不久，由于父母不和便天天吵架闹离婚，而一直疼爱我的奶奶病逝了，那段时期的我心神恍惚，没有一个可以倾诉的人，因为初入新的班集体，再加上那段时间的忧郁心情，时不时迟到，班主任也经常罚我，因而也与班主任闹矛盾，后来索性赌气直接破罐破摔，成绩什么的无所谓了，白天上课睡觉，晚上打游戏，逃避现实成了我的生活常态，整天傻笑来掩藏我内心的怯懦和悲伤，我不想让别人知道我是这样子，只能用装出来的面具掩盖现实的样子，有时候班主任当众拿我开玩笑，也只能赔笑，认为这样也不会那么尴尬了。因为成绩一落千丈，后来也被其他科老师不看好，慢慢的也被同学瞧不起。就这样浑浑噩噩地度过了我的每一个学期，有时候躺在床上我也想过，同样是一个班级的学生，为什么有的同学可以整天发自内心开开心心地学习生活，而我只能这样逃避现实，为什么有的同学可以被班主任、被任课老师格外地照顾，关心他的学习，疏导他的情绪，而我却只能做一个整天装着笑脸的没事人一样，傻笑着希望能融入同学们显得我和他们一样都是和和睦睦的家庭，有着幸福的生活。躺在床上有时候我都被自己这种

想法整笑了,能混一天是一天呗,我反正就这样了……

再后来,班里转来一个化学老师,她和别的老师不同,尤其是刚见面时那轰轰烈烈的介绍视频,让我觉得这个老师好有趣,也是从那时候开始,命运的齿轮开始转动。在考试之后我的成绩还是依旧的垫底,我们几个不及格的被老师叫到了办公室,在当初的我想着,叫去不过也就批评不好好学习,这样如此往复也就不管了,在办公室里,她却一个一个地分析,逐个批评但又给每一个学生鼓励,甚至在后来,给我们这些不及格的办补习任务,我当初便很惊讶,第一次感觉到那种"被别人注视的眼光",好像在她眼里,我和其他学生一样,没有"差生"的标签,让我再次拾起了那久违的被别人再次重视的感觉。每天下午到她的办公室补习,因为补习我拿下了分班之后第一次化学及格,从那以后我便爱上了化学,后来我的化学成绩便一直保持在班级前列,有了学习的动力,也慢慢考到班里二十几,那是我分班后第一次考到班里前三十。再后来,跨入了高三之后,因为在学校违纪回家反省,那种失落再次席卷而来,后悔,自责,放在以前我从来不会因为回家反省而感到自责,反而会觉得待在家里舒舒服服的,没有学校的压力,不用被同学排挤,而现在我终于有一个重视我的老师,我却因为违纪反省回家,当时我很怕,我怕这个老师也会因为我这次的违纪认为我死性不改,我怕我又被打上"差生"的标签,我怕又失去在学校里唯一重视我的人,我发消息和老师道歉,那是我第一次犯错和老师道歉,我怕失去,怕我会因此再次被放弃,可并没有,老师和我说:"没事,知错就改就好,等你回学校老师请你吃月饼!"短短几个字让我感觉心里那道缺口的疤痕被弥补了,那时候我的心里种下了一颗种子,我要优秀,我要努力,我绝对不能辜负我的老师!

在这种信念的加持下,后来的我取得了班级的第一,当老师上课时看到第一的名字后,她说:"呀!我们韩文睿是第一,真厉害!"那时候我觉得所有的成就都不如老师的一句话带给我的开心。再后来的我发愤图强,每次考试都是前五,也如愿以偿地得到了同学们的尊重与老师们的认可,也在高考时考了班级第一超过了一本线20多分。说实话,这如果放在以前没有一个人会觉得我能是这样子,甚至连我都未曾想象过自己的未来是什么样子,仅仅一年多,我也拥有了"优秀学生"的标签。

这位化学老师,就是您。

回首过去的岁月,老师您就像是我的引路明灯,是我人生中最重要的导师和榜样。您不仅教会了我知识,还教会了我如何做人;不仅传授了我学科知识,还引导我形成了正确的人生观和价值观。

因为有老师您,我不仅取得了良好的学业成绩,还有积极进取的心和热爱生活的信念,您教会了我要有良好的道德品质,要关心他人,要追求卓越!

除了在学校教室里的亲切教导,您还经常关心我们的生活、成长与发展。您始终关注着每个学生的进步和成长,比起任课老师,您更像班主任,不仅在学业上给予帮助,还教会了我们如何与他人友善相处,如何树立正确的人生目标,像对待家人一样对待着班级每一个人,从不放弃任何一个学生,您的教诲和关怀一直深深地印在我的心中,并且将会伴随我一生,您是我人生中最重要的一位老师,是我永远最爱的老师。在您的引领下,我会坚持不懈地追求知识和成长,努力实现自己的梦想。

我很幸运人生中能够遇到您这样的老师,每当我懈怠想放松偷懒时,一想到老师我便又打起精神,老师的每个弟子都非常优秀,我不能拖老师的后腿,可能只有先飞上了星空光亮才能洒满大地,倘若以后有机会做老师,我也要像老师您一样关爱学生,教他们知识,引导他们去拼搏,去热爱生活,去追求每一分的卓越!

师恩如海,衔草难报,教泽流芳,倾我至诚。最后,我再次表达对您的感激和敬意。愿您身体健康,工作顺利,生活幸福!希望未来有机会与您再相聚,继续受您的教诲。

衷心祝愿最爱的老师一切安好!

您的学生:韩文睿

2023 年 10 月 28 日

坚守教育理想，活出真我风采

黄瑜：

　　细细思量，我们从认识到成为非常要好的朋友，已经整整过去了 10 年。

　　第一次见面，是我们学校举行的三八妇女节表演活动，那一次，女教师们都使出了十八般武艺，广场舞、民族舞，美声唱法、通俗唱法，各种表演形式轮番登场，但也让人有点审美疲劳。怎么说呢，中小学女教师大多比较严肃、传统，表现在文艺节目的表演上，就显得循规蹈矩、墨守成规。你出现的时候，着实有点与众不同，你穿着迷彩服，脸上画着三道彩色的直线，我以为你要跳以军乐为背景的民族舞，却不想，舞台上响起了劲爆的音乐，你以灵动的姿态跳起了街舞，现场为之一振，我本来感觉百无聊赖，那一刻却有点想上台与你共舞的感觉。我想在那一刻，你已经展示了你的个性魅力，这些也毕竟影响你的教育教学，让你更具创造性。

　　你是我见过的最有天赋的老师。我们通常说一个人有绘画天赋、舞蹈天赋、音乐天赋、体育天赋，很少说有人是天赋型老师，但是你属于二者兼备，你在教育生涯中体现出的埋头苦干、百折不挠、坚持不懈以及创新创造，给我留下了深刻的印象。学校承担课改任务时，你是第一批的课改名师，宁夏开始实施"互联网+教育"时，你第一个向全校老师展示了精彩的公开课，并教给大家如何使用信息技术辅助教学。在这 10 年的相知相伴中，你创研了一堂又一堂精彩的化学课，获得了很多奖项，你从未停止过创新的脚步，同样也从未停止过努力的脚步，真想让人去看看你这 14 年的教案，再看看你这 14 年的教育历程，他们都会懂得：这一切，你值得。

　　要知道，最令我钦佩的是你与学生的交往，对学生成长给予的指导。我总在想,如果我儿子能遇到你这样的老师做班主任,那简直是谢天谢地。学生们常常亲切地称你为"黄妈",那些在别的老师面前无法无天,令人头疼的学生到了你这儿,忽然都改邪归正,变得有礼貌、懂规矩、知感恩。还记得韩文睿吗?高一在我的班级,高二时,因为要学理科,被分到了另外一个班级。这个学生的家庭背景很复杂,父母的关系不太好,也许是因为家庭的原因,他显得敏感、自卑,进入新的班级,这种状态让他和班主任之间有了嫌隙。因此,他开始自暴自弃。直到你成为她的化学科任教师,他逐渐发生变化,曾经的他抽烟、迟到、成绩一塌糊涂,高三毕业时却成了他们班为数不多的考上一本的学生。我问你:"你究竟使了什么魔法?"你说:"要相信我们都是一样的,永远平等。"这个回答令我震撼,是的,那么多学生抑郁、叛逆、作天作地,不过是在学校里、在家里都丢了尊严,没有被平等的尊重,你给予学生的是最重要、最基本的尊重和人与人之间的相互理解。我常常在办公室见证你对着学生吹"彩虹屁",那种又夸张、又真实的吹捧,学生非常受用,很多学生都是被你这种长年累月、坚持不懈的"糖衣炮弹"给降服,最后收起了"叛逆的枪",开始对自己的人生有所反省、有所思考,开始郑重的考虑学习对自己的意义。

什么样的老师是好老师? 这个话题我们常常探讨,因为,今天的中小学考核制度是有些严格的,同样,学校每五年都有新校长上任,每一任校长总会基于自己对教育的理解,对教师的课堂教学也是变换要求,在这种情况下,究竟该怎样定义一个好老师呢? 每次看到你,我都会知道答案,那个不断成长,不断刺出制胜一剑的你就是最佳答案。

我们在一起总有一个永远也聊不完的话题,那就是关于教育、关于教学改革、关于学生发展,而且聊的不亦乐乎。这种闲聊,寄托了很多星辰大海,关于教育理想、关于个人成长等等,高晓松说:"人生不止眼前的苟且,还有诗和远方。"我想十年友谊,今天还如此绵长,可能就在于我们都在仰望星空。

我的朋友,你的每一个学生都见过你充满热情和思考的化学课,都看到过你在作业本上、试卷上为他们留下的有趣的漫画,都收到过你精心准备的礼品,都感受过你的那颗温暖的教育真心,别人有的,你从没有让你的学生遗憾,别人没有的,你也让他们拥有,我们总被你感动,并视你为榜样,希望你继续坚守教育理想,活出真我风采,并祝我们之间的友谊地久天长。

您的学生:马菊梅

2023 年 10 月 26 日

永远的我们

回头看我们肩并肩走过的这十四年,才惊觉你如北斗,闪耀于我的整个人生!

——题记

相逢何必曾相识

2009 年 9 月,刚刚大学毕业的我们,不约而同的选择了回到家乡,投身教育! 你是我的舍友。初次见你,是在一个阳光洒满房间的午后,你穿着一件牛仔外套,从门外走来,行色匆匆,你刚陪学生军训完要赶着回家,一眼撇过去,你是那么的干练,睿智写满了双眼,你仿佛有足够多的智慧处理各种各样的事情,第一眼,我就知道你一定会是一个好老师!

我一直都很喜欢两个词,一个是萍水相逢,一个是一见如故,我和你便是如此! 一个夜晚的时间,我们就已经知晓了彼此的前世今生,我们从过去聊到未来,从兴趣聊到理想,确认过追求,我们是同一类人,我们都想成为一个好老师,我们都有满腔的教育情怀,我们都想在最热烈的年华里大有作为……当然影响最深刻的还是,你对你男朋友的介绍,他在你的世界里,那么聪明、那么完美、那么厉害、那么值得你骄傲,这大概是我从你身上学会的第一件事情吧,男朋友的十分好,我只会谦虚地说三分,但你一定会"实事求是"的说十分!

且将新火试新茶,诗酒趁年华

都说:倾心相待的友谊从来都是可遇而不可求,我们不会刻意的去追求友谊,因为我们会在奔跑的路上遇见友谊! 我和你,亦是如此!

2009 年,第一学期,我们一起参加了学校的青年教师基本功大赛,那是我和你第一次在专业上的"较量",虽说我是数学,你是化学,但在那个以"讲授知识"为主的课堂里,比的正是驾驭课堂的能力,我们没有过多的交流,但我们同时拿到了第一,这样肩并肩往前一起奔跑的时光可真是美好啊!

我们经常一起吃饭,一起聊天。我们会骑着同一辆自行车,你载着我,穿越固原的大街小巷去吃一顿麻辣烫或凉皮,我们总会走走停停。我们也会经常一起去唱歌,一起去逛街。我几乎见过你所有的真实,我见过你在学生面前完美班主任的样子,我见过你对学生的关心,我见过你上课时的幽默和严谨,我也见过你的不修边幅。你对"豆豆"的喜欢和依依不舍,你顶着满头蓬松的头发傻傻的追剧,你的天真与可爱,你的不羁与动情,你的担心和在乎,我统统都见过,统统都懂得!

桃花潭水深千尺

14 年的时间,见你做过的那些让我感慨万千的事情实在是数不胜数,但你从来都是只字不提,因为做那些事对你而言,像口渴了要喝水一样正常,仿佛不需要刻意说起,也不需要特意回味,但在我看来,却是那么的难能可贵,你做的一件、一件又一件微小的事情,也引领着我走向更高的境界。

有一个男孩,他遇到了一些事情,很痛苦,你会在周末的时候请他吃汉堡,和他聊天,给他排忧解难……

住校生周末想家了,你会买些水果,去宿舍里看望他们,和他们聊天解闷,做游戏……

有一个女孩,她很内向,不善言谈,但很渴望友谊,你会买礼物送给她……

你会在最短的时间,发现每个孩子身上最可贵的闪光点,并且利用一切可利用的机会成就他……

你会经常给一些孩子写信,告诉他,他在哪些地方特别的厉害,或者他在哪方面特别地有天赋……

你对学生,从来都像朋友一样,但该严格的时候你又非常的严格,你尊重学生的一切,每一个和你有过交集的学生都会变得越来越自信、越来越优秀……

在你的身上,我总是能看到一个好老师该是什么样的!

在我们的友谊里,我体会过从未体会过的无私帮助与开导!

14年间的几乎所有公开课或者比赛课,你都几乎奉献了你所有的点子和智慧,你会和我一起磨课,你和我一起热烈的讨论每一个细节和用意,你会陪我面对一切困难或者惊喜!我的每一次演讲或者汇报,你都会和我一起定稿,帮我敲定每一个用词或者细节,在我的记忆里,你以极其重要的身份参与了我所有的成长。我从来都不是一个人,我的背后总有你!

在带班的那些年里,无论何时,遇到何种问题,我第一个想到的人都是你,你会提供给我最优的解法,和我一起讨论那一件件事情背后所有的因为所以,那一次次的探讨里,我们总会越来越接近真理,我们更会懂得这份职业的意义以及我们对学生的意义!有多少次呢,我遇见过许多想不通的事情,你都会不厌其烦的变换各种角度开导我,使我一次一次的穿越黑暗迎来黎明。

还有我的婚姻,我在生活里遇到的所有大事小情,我都会和你探讨,我会跟你讲述我的痛苦,也会分享我的快乐,你总是能共情我的一切!多少重要的时刻,你都见证着我的所有快乐与不快乐,也正因为你的开导与共情,我一次次地把不快乐变成快乐,把痛苦变成财富!

很少跟你说谢谢,总觉得太客气,但就在此刻,好想跟你说谢谢,谢谢你让我在人生的大多时候,都觉得这个世界很美好,我们总能爬过不同的山,又到同一条道路上！

天下谁人不识君

也许,世界上最美好的事情就是见证美好的人美好的绽放！14年,我见证过你所有的美好！你每一堂精彩的课,你的进步与成长,你对课改的理解,你对内心教育的践行,我看在眼里,记在心里,你的一切,仿佛都是我前行的灯塔,当然,你也取得了傲人的成就！你的所有收获在我看来都是实至名归！你会实现你所有的理想吧,我想,因为你付出的足够多,你是天生的做事的人！

何其有幸,和你同行这许多年！我们一起研究课改,一起做过演讲,一起跳舞,一起做各种各样的节目,一起写课题,一起共事我们所有的追求,你卓越的组织能力、演讲能力、带班能力、主持能力、做事能力,无一不让我佩服至极,而与你同行的我自己,也在不知不觉间上了一个又一个台阶。要做得和你一样好,这是我一直对自己默默的要求！

后来,我知道,这世界上有各种各样的人,恰巧我们成了朋友,这不是缘分,是因为我们本就应该是朋友！

我的朋友,直挂云帆济沧海！我相信,等有一天,当我们再回头看时,我们一定会由衷地感慨,原来轻舟已过万重山！

您的学生:张桂香

2023 年 10 月 26 日

化学本无心，人可赋其魂

尊敬的各位领导，亲爱的同学们：

大家早上好，我是高三 17 班的刘张垚，很高兴在中国第 32 届化学奥林匹克竞赛初赛中获得二等奖，今天也很荣幸在第 24 个世界读书日即将到来之时，和大家一起分享我的感悟。

大家都知道，化学元素周期表中有 7 个横行，代表 7 个周期，有 18 个纵行，代表 16 个族，7 个周期排满，应该排 118 种元素。每一种元素都有数不尽的有趣，道不尽的用途，相信大家在化学课堂上都有所了解。今天在这里我想和大家分享这样一种元素，原子序数为 88，化学符号为 Ra，位于第 7 周期第 ⅡA 族，它就是镭。镭是一种银白色的稀土金属，带有放射性。

纯净的金属镭是几乎呈无色的，但是暴露在空气中会与氮气反应产生黑色的氮化镭。镭的所有同位素都具有强烈的放射性，其中最稳定的同位数为镭 226，半衰期为 600 多年。当镭衰变时会产生电离辐射，使得荧光物质发光。镭放出的射线有能破坏、杀死细胞和细菌的作用，因而常用来治疗癌症等。此外，镭岩与皮粉的混合制剂，可作为中子的放射源，用来制备石油、石油资源、岩石组成等。镭是原子弹的材料之一，老式的荧光涂料也含有少量的镭中子，轰击镭 225，可以获取锕，用镭的同位素可以寻找古河道中的油。

我的化学老师黄瑜老师总说："化学本无心，人可赋其魂。"赋予元素镭灵魂的就是连续两次获得诺贝尔奖的世界著名的物理学家、化学家居里夫人，她被称为镭的母亲。居里夫人 1867 年出生在波兰华沙的一个知识分子家庭，父亲是一位物理学教授，母亲是一位卓有成就的钢琴家。在她 10 岁那年，母亲去世了，父亲失去了教师这份职业，给这个有四个姐妹的家庭带来了求学的困难。但居里夫人从小就酷爱读书,而且特别专心,甚至会忘掉周围的一切。一次,她正在读书,她的姐姐先悄悄地在她的身后放了一把椅子,然后就在门后大声地呼喊她,她始终低着头读书,姐姐喊声大了,她才回过神,一转身,椅子就被碰倒了。正是因为她少年时就能够如此热爱读书并专心致志,最终才成为了一名伟大的科学家。

正所谓读书点燃梦想,读书点燃智慧,知识照亮人生。读书是成长的基石,是精彩人生的开始。我们正处于读书求学的黄金阶段,我想,首先我们要精读课堂上的书,认真揣摩文章蕴含的道理,感悟文章所表达的感情。其次,要泛读课外书,从文学类到科技类,从中国名著到外国名著,只要有书的地方,就应当有我们的身影。读书需要时间,时间在哪里?就在我们每个人的双手里,读书需要只争朝夕,一到学校就可以读书,午间休息可以读书,睡觉之前你也可以读书。当你在茫然的时候,可以选择读书;当你心情沮丧的时候,可以选择读书;当你还拥有梦想的时候,应该好好读书。选择读书,就选择了勤勉与奋斗,也就选择了纪律约束,更是选择了理想与自由。

高中化学中,我们学化学反应速率,学化学平衡,黄老师总说:"外界条件的变化固然能引起化学反应速率的变化,甚至进而引起平衡的移动。"然而,真正决定这一切的还是物质本身的性质。我的化学课任老师是黄瑜老师,她总说:"你能为这个世界贡献多少力量,完全取决于你的内涵。"人与人之间,国与国之间,均是如此,而我们的内涵应当通过不断地读书、不断地学习来提升。人生至高无上的幸福,莫过于还能热爱并不断追求。我想说:"终身学习,终生阅读,才能成就最棒的自己。"读书点燃智慧,知识照亮人生。最后,我代表所有获奖的同学感谢母校,感谢我的所有老师,感谢我的化学老师,谢谢大家。

您的学生:刘张垚

2019 年 2 月

刘张垚,在中国第 32 届化学奥林匹克竞赛初赛中获得二等奖。

化学本无心，人可赋其魂

柔和的微光透过实验室的窗户洒下，映照出化学的魔力般的美妙。化学之美不仅美在其外，更深藏于内。化学原理，定律看似单调、抽象、枯燥，实际上包含着丰富的审美内容。化学原理与定律用高度简练、概括、准确的语言揭示了大自然中物质纷繁的变化。化学符号的整洁，元素周期的规律，化学规则的严谨，化学式的丰富，仔细品味我们的化学，无处不透出美的元素、美的气息。

科学本身就是真、善、美的有机统一。真美合一的审美理想，一直指引、激励化学家们进行科学发现。例如，1860 年，伟大的化学家门捷列夫教授开始编写《化学原理》一书时，他面对的情景是何等的不美。浩如烟海的化学资料急需系统整理，60 多种已经发现的化学元素杂乱无章的组成化学迷宫，化学研究好像是在茂密的丛林中摸索。门捷列夫决心为世人描摹出一幅统一的和谐的化学图景，找出一切化学都服从的化学秩序。他冲破经验性研究的束缚，采取比较法，终于在 1869 年发现了自然科学的一条基本定律——元素周期律，为科学与化学的发展作出了巨大的贡献。后来科学家们根据实验对元素周期律进行了修订，英国化学家亨利·莫斯莱指出周期律应当按原子序数排列；英国化学家索迪提出同位素假说、阿斯顿发现了多种同位素。他们的修订使元素周期律更指向了真实，使得门捷列夫周期表显得更美。

我的化学课任老师黄瑜说："化学本无心，人可赋其魂。"是啊，历代化学家将自己的一生融入了事业中，将魂魄也赋在了那一张简明的周期表上，显得格外迷人。

幸得老师的鼎力相助，让我参加了第 36 届中国奥林匹克化学竞赛（初赛），并获得了二等奖，但我对于化学的路不会止步于此。经过长时间的努力，我的学习成绩不断提高，我逐渐发现自己的潜力和能力。同时，我的学习过程也变得更加轻松和有趣，我开始享受学习的过程，而不只是追求好的成绩。

平常的题中时常有不明所以的，总会同同学们一起思考其中的原理，同学们个个都会发散思维，每个人都有各自的见解，将题干剖析出来一点点解决，当柳暗花明的时候我们都会长长的出一口气，那块心里的石头终于落下。当然，我们也有过挫折，有过失败，甚至我们有过放弃的念想，但不褪去老化的羽翼，又怎么可以看到重获新生的模样？海量的题目让我们增长见识，有时候会不禁去感叹：题还能这样出！

迫近黄昏，太阳正慢慢落下，它像架染布机给西边的云都染了件外衣。微风吹着窗帘翩翩起舞，我们在这静谧的氛围下奋斗努力的时候，高中校园生活也渐渐落了幕。流逝的日子像一片片凋零的枯叶与花瓣，渐去渐远的是青春的纯情与浪漫。课后的嬉戏成了这个年纪里弥足珍贵的记忆，心中懵懂的感情也收束进了课本里。

备考的日子是枯燥的，而夏天的燥热让火气本就旺盛的孩子们晕头转向，不知道前路有着怎样的景致。中午吃完饭后，坐在教室里去看平常无时间可细细摸索的题目，文字滑在指尖上，我埋头去做试题，唯恐时间不见踪影。每当那个时候，我们总是暗暗的为自己、为别人鼓气，倘若你不行，别人也就没什么机会了。或许命运的不幸注定会将自己缤纷多彩的梦撞碎，但我始终相信只要坚持不懈地努力，就一定会有所收获。我每天不断地重复学习和练习，在艰苦的努力中逐渐取得了对学习的自信和成就感。不去实践怎么知道自己不行？自己不会是那划破苍穹的流星？冰雪覆盖的时候，我们需要一团火来取暖；暗夜无边的时候，我们需要点点星光来取暖；前途茫茫时，我们需要一盏航灯来取暖……四季轮回，心里滤不去的是烦恼和忧愁，脚下略不去的是艰辛和伤痛。寒天冷日，我们用什么来温暖迎风而立的自己？在学习的过程中，我逐渐了解自己的优点和缺点，并且开始寻求自我提升和改进。我不断调整自己的学习态度和方法,不断挑战自己的能力和极限,始终保持着一种积极向上的心态。

月有阴晴圆缺,人有悲欢离合,命有否泰变化,年有四季更替,熬过长夜,你便能见到黎明,饱受痛苦,你便能拥有快乐,耐过寒冬,你便无须蛰伏,落尽寒梅,你便能企盼新春。

您的学生:罗海明

2023 年 5 月

罗海明,获得第 36 届中国奥林匹克化学竞赛(初赛)二等奖。

以爱的名义，播撒校园

尊敬的各位老师，亲爱的同学们：

大家早上好，我是张文燕，今天，我演讲的题目是"以爱的名义，播撒校园"。

蝉鸣七月，乘夏意赴约；繁花如锦，让梦想启航。七月的选择，注定了八月的相遇，遇良师，会益友，共青春。

初入回中，第一眼见到的便是身披红色战甲的志愿者们。引导、搬东西，他们不计回报的帮助我们，点亮了我高中生涯的第一盏灯。交谈时，我看见了他们校服上的那一抹蓝，那是青春的颜色，永远散发着激情与活力，而我，也将要成为其中的一份子！想到这里，我不禁暗下决心，我也要穿上这身校服，活力满满，以梦为马，迎接新的胜利！

终于穿上了这身天蓝色的校服，走进了我的班级，就像走进了一个干净整洁的新世界，窗户十分干净，课桌上摸不到一丝细灰，墙壁光滑，布置的班级文化更是好看，仿佛是一个温馨的家。还有和蔼可亲而又严厉的班主任老师，她对我们有足够的耐心，从早上起床到最后入睡，始终陪伴在我们身边，无微不至地关怀着我们，有这样的老师相伴，我心里只有一个念头：我要开启全新的高中生活，我要抛弃以往的缺点，迎接崭新的挑战。

第一次住宿，对许多新事务，都有些懵懵懂懂，当我迫不及待地拖着行李跑向宿舍，走过教学楼拐角，迎面而来的是两座崭新的宿舍楼。走进宿舍，双层床首先吸引了我的目光，没爬过上铺的我迫不及待地上前尝试，环顾整个宿舍，柜子、床、风扇、桌子等设备齐全。住宿生活其实很有趣，我拥有着一群可爱的舍友，经常互相帮助，有时会同甘共苦，有时也会"沆瀣一气"。在学校时,宿舍就是我们温馨的小窝,舍友们就像是我们的家人,宿管和老师就像家里的长辈一般,关心着我们、爱护着我们。我相信,我一定会在宁夏师范学院附属中学愉快地度过三年高中时光!

为期两周的军训让我们获得体能提升和磨砺,更锻炼了意志力和毅力,培养团队协作的精神与不畏艰难、勇往直前的勇气。

每一个"第一次",都是我们这群宁夏师范学院附属中学的高一萌新正在经历的成长。梦想不断延伸,脚步更加坚定。今天,也是我第一次参加比赛,此时此刻,想起了上周我的班主任黄瑜老师向我们讲到的已经进入大学的学哥学姐的故事,她说:"你们想不想和他们一样,实现梦想,那就要做到珍惜时间跑起来,学习思考静下来。"

怎么做? 我想,我们要充分利用碎片化的时间,从早晨六点开始,就必须学会争分夺秒,洗漱的时间要控制,10 分钟内解决,早读课上要学会站立背诵,防止自己注意力不集中和打瞌睡,吃饭时也有很多碎片化的时间可以利用,比如排队的间隙就可以背一背单词,睡觉的时间也要利用起来,无论是午睡还是晚上睡觉之前,都可以把早上或者一天所学的内容在脑子里过一遍,看看哪些没有掌握,哪些掌握了。课间时间可以和同学们讨论,也可以去问老师题,把课堂上没听懂的,课下不会做的习题去解决掉。当我们在思想上珍惜时间,行为上就会"跑"起来。

而学习思考"静"下来首先是要我们保持独立思考的安静。在学习时不要三心二意,不要让同学之间的打闹和喧嚣打断思维的过程,"静"是让喧嚣走出校园、走出教室、走出走廊、走出宿舍、走出饭堂,我们把所有的"动"都留给操场,在思维的场所里只有"静"。同学们,这份"静"又何尝不是我们对彼此的尊重与爱护。在"静"中,我们将走出学校、走出家乡、走出更广阔的天地。

我们总是在时间中消磨自己,当考试成绩公布时,你会发现你比别人差的是那么多,那么的不足。勤能补拙,笨鸟先飞,我们不能总依赖别人,我们要创新,要赶在他们的前面,终有一日你会发现我们终于超过他们了! 只要我们鼓足勇气迈着飞快强健的步伐越过一路的荆棘,我们就会看到那永恒的曙光!

　　未来,我们将用勇气和坚持,珍惜时间跑起来,学习思考静下来,严于律己,宽以待人,以爱的名义,播撒校园,爱学习、爱老师、爱同学,在附中开启全新的旅程。我们相信,我们定能在新的环境中茁壮成长,书写属于自己的精彩篇章!

　　　　　　　　　　　　　　　　　　您的学生:张文燕

　　　　　　　　　　　　　　　　　　2023 年 10 月

　　张文燕,"心语"广播室成员,获 2017 年市直中小学"阳光校园 我的好伙伴"主题演讲二等奖。

怀赤子之心,担中国青年之责

尊敬的各位老师,亲爱的同学们:

大家早上好! 我是高二 16 班的马金鑫,今天我演讲的题目是"怀赤子之心,担中国青年之责"。

青春如初春,如朝日,如百卉之萌动,如利刃之新发于硎。青年是生命之晨,是日之黎明。青年兴则国家兴,青年强则国家强。习近平总书记指出,青年一代有理想、有本领、有担当,国家就有前途,民族就有希望。中国梦是历史的、现实的,也是未来的;是我们这一代的,更是青年一代的。中华民族伟大复兴的中国梦终将在一代代青年的接力奋斗中变为现实。

"修齐治平"的家国情怀,深深的渗透在我们每一位中国人的精神血脉中,推动无数的志士冲锋陷阵、抛洒热血,奉献青春甚至牺牲生命。新时代的青年人应当志存高远,坚定理想信念。更要矢志不渝传承好党的奋斗精神,把个人的理想追求同国家的前途命运紧密的联系在一起,担负起推动祖国发展、民族振兴、社会进步的历史使命。

怀揣着对国家、对民族的深情大爱,2019 年 8 月我校"模联人"开始筹备我校第五届模拟联合国大会,本次大会的主题就是"怀赤子之心,担天下责任"。8 月 2 日召开筹备会,8 月 11 日发布第一轮通告,组委成员介绍,招募主席,各校领队,确立会议时间,8 月 24 日发布第二轮通告,各个委员会建群,会议议题及主席团成员介绍,代表报名表,9 月 18 日发布第三轮通告,大会信息,安全责任协议书以及注意事项,各个委员会发布学测,会场文件,会议框架,9 月 18 日开始制作会务用品,10 月 1 日布置好三个会场,进行报到。

10 月 4 日,我们与我市一中、二中、八中以及来自外地的大学生共 120

名青年,圆满地完成了本次会议。去年的这个时候,我仅仅是一名代表,今年我成为了本次大会秘书长,不同的身份带来不同的责任与使命,不同的感受与成长。

会议筹备期间的所有工作,让我感受到来自中国青年——回中"模联人"的赤子之心和担当之力,用心传承,共同发展。

会议期间,代表们紧跟会议的进程,积极踊跃发言,发表自己的见解,认真履行职责,围绕"游戏障碍在精神疾病上的判定"和"抑制核扩散和核能的正确发展和利用"的重大问题,谨言慎行,献计献策,共商解决国际现有发展的问题。大会通过的各项决议,集中凝聚了"各国代表"的智慧,全面体现了"各国代表"对于国事的关心,充分反映了"各国代表"和平发展的强烈愿望。

会议期间,我看到了一个个中国青年在台上侃侃而谈,尽情的展示着自己的风采,对各种国际性难题提出解决的措施及意见。看到了一个个中国青年快速反应的能力,团队合作的精神,"模联"上的中国青年不仅仅有捍卫自己利益立场的勇气,更有相互间的合作和共赢的精神。

会议中,还有这么一些人,代表们坐着的时候,他们站着;代表们洋洋洒洒的写着意向条,他们任劳任怨的将意向条传达。他们就是本次大会"最可爱的人",他们是将"青春是我们的名片,服务是我们的志愿"做到最好的晨心志愿者,最可爱的中国青年。

各位老师,各位同学,我们学校在 2014 年创办"模联社"时,我们的老师和社长说:"我们虽并非圣贤,但心怀见解,在这里,让我们为世界发声。"我想这就是我们的赤子之心,我们的初心是善意和理想,是决心和信心,它让我们有激情,有动力。并坚定理想,永葆善意,不因时间的流逝而改变,不因事物的变化而更替。

陕北 7 年,习近平总书记从那片贫瘠荒凉的土地上一路走来。胸怀为人民办实事的朴素理想,使他再次前往社会实践的最前沿,一步一个脚印,谱写了新时代中国特色社会主义思想新华章。这是一种"艰难困苦,玉汝于成""路漫漫其修远兮"的人生信念,这是一种"男儿当自强"的奋斗和担当精神。

　　我想在祖国灿烂的阳光下成长的我们,必将永怀赤子之心,担中国青年之责,不忘初心,提高自己的知识水平,提高自己的实践技能,丰富自我,磨砺自我,牢记我们的使命,用自己的智慧和双手创造美好的人生,成为一个对祖国和社会有用之人。

　　最后,让我再次代表每一位"模联人",再次感谢学校领导和黄老师对我们的大力支持,感谢同学们对我们的信任与帮助;愿嘉懿模联社越走越好,愿嘉懿模联人的友谊地久天长! 请永葆你我的这一份赤子之心,让我们一起奋斗向明天。谢谢大家!

您的学生:马金鑫

2023 年 10 月

　　马金鑫,获得第三届固原市模拟联合国大会优秀个人奖。

心中有戒尺，方能扬帆远航

尊敬的各位老师，亲爱的同学们：

大家早上好，我是杨洋，今天我演讲的题目是"心中有戒尺，方能扬帆远航"。

上周的班会课上，我们班召开了"讲规矩，守纪律"的主题班会，班主任带着我们一起学习了学校的"两个严禁两个做到"的规章制度、《校园欺凌处理办法》以及《中小学生守则》等，他给我们讲了很多发生在我们青少年身上的违纪行为和事件，让我深刻的感受到讲规矩守纪律的重要性。

刘某，河北某中学高一学生，沉迷网络游戏，因为家里条件不好，为了上网打游戏他便想到向同学下手要钱，他威胁同学方某并对其实施伤害，方某被逼无奈将身上仅有的5元钱给了刘某，方某回到家后告知其父亲，其父亲及时到公安机关报案，最终刘某被抓捕归案，5元钱构成抢劫罪，判处有期徒刑三年零六个月，并处罚金4000元，因为缓刑期内，他也为此失去了宝贵的高考机会。

江苏某中学的陈某、罗某，因所谓的哥们义气，参与打架斗殴，最终被判处3—10年有期徒刑。

励德实验中学一位未满14周岁的少年，仅仅因为与同学发生口角纠纷，犯下大错，虽未成年，但仍一审判处18年有期徒刑。

同学们，这些案例给我们的教训是深刻的，青少年违法犯罪不仅会对国家、社会、被害人及其家人造成危害，更会对自己和家人造成危害。古人云，"没有规矩，不成方圆"。若不置身于有规矩的方圆中，往往容易酿下大祸。就像河流离开了河床就会洪水泛滥，学生离开了校规校纪就会我行我素，如果没有规章制度，社会就不会和谐。如果没有教育和引导，就会失去做人最珍贵的品质。

　　开学初，我校进行打赢"校风转变仗"活动，晨会上校长提要求，班会上老师做安排，年级、宿舍、餐厅老师们严管理勤检查，校园里各级学生会共同严协查，每一位同学自我约束、自我要求，严格按照学校的要求去做。我们看到了校园里清一色整齐的回中校服，将食物带出餐厅现象明显减少，校园白色垃圾袋明显减少，学校食堂浪费现象明显减少，校园欺凌为零。我们的校园让人更能沉静下来，更有安全感，即使我们还有很多地方需要改变，但我们感受到了"心中有戒尺"的力量，讲规矩守纪律落实得好，是由内而外的，发自肺腑的，共同参与，共同见证，建立规矩，扭转校风，助力学习，助力成长。

　　校规校纪、法律法规如一把戒尺，约束着我们的行为，又似一位导师，指引我们走在正确的轨道上。新时代的我们，应该通过多种渠道学习更多的法律知识，提升法律素养。主动向懂法的人请教，多参加身边的法治宣传活动等。时时刻刻做一位守法守规矩的公民，比如未满16岁绝对不能骑行电动车上下学；不能参与诈骗、赌博等违法行为。

　　张居正曾言："天下之事，不难于立法，而难于法之必行。"诸葛亮为维护军规而挥泪斩马谡；曹操为维护国家秩序，始终不肯灭王族而取而代之，朱自清为维护义节而不肯食用美国救济粮……古人如此，作为新一代的青年，我们更应该如此。面对欺诈，我们要有辨识力。面对欺凌，要勇敢站出来对恶势力说"不"，面对违法行为，我们要学会拒绝和远离。

　　唯愿法治精神如馨香的花朵，悄然绽放于每一个人的心中。同学们，请记住，恶习伤害你，品德扶正你，法律规范你，父母养育你，老师教导你，国家关怀你。心中有戒尺，方能扬帆起航。

您的学生：杨洋

2023 年 10 月

　　杨洋，在2016年全市"学宪法 讲宪法"主题演讲比赛中，荣获高中组二等奖。

国的家住在心里，家的国以法矗立

尊敬的各位老师，亲爱的同学们：

大家下午好！我是二号选手马宏梅，今天我演讲的题目是"国的家住在心里，家的国以法矗立"。

2019年8月3日，有暴徒拆走香港海港城前面旗杆上的国旗，扔入海中。8月4日早晨，香港市民自发前往尖沙咀举行升国旗仪式。

2019年11月23日，香港一名13岁的少女被控侮辱国旗罪，22日在屯门法院少年庭当庭认罪悔过。

自发的行动代表内心情怀，法律的规定彰显国家意志，国的家住在心里，家的国以法矗立，每一位炎黄子孙，都有责任去维护我们祖国的和谐，都有责任去了解、去遵守我们国家的根本大法《宪法》。宪法以法律的形式确定了中国各族人民奋斗的成果，规定了国家的根本制度和根本任务，是国家的根本法，具有最高的法律效力。

每年的12月4日是我国的全国法制宣传日，同时也是宪法宣传日，就是要在全社会进一步强化宪法意识，树立宪法观念。

宪法是明媚的阳光。阳光照耀之处，耕地、河流、森林、草原、湿地、野生动物等等都有相应的法律保护着，法律的保护使天更蓝、草更绿、水更清，大自然更加和谐。

宪法是安全的外套。人从一生下来开始，法律就对幼儿、小孩受教育、婚姻、生命财产不受侵害、社会医疗保障、老年抚养等等都作了明确的规定，法律的保护让我们快乐地成长，安全地拥有，幸福地生活。

宪法是行动的指针。像我们开口不能骂人，伸手不能打人一样，我们的言行都要受到法律的约束,同时也受到法律的保护。大人们每做一项工作,每签订一个合约,都要涉及很多法律条款,法律使我们保护的社会运行有序,和谐相处,健康发展。

"不矜细行,终累大德。"各位同学,对于我们青少年来说,我们是祖国的未来,我们更应从小学习好法律知识,遵守法律和社会规则,将来成为一个文明、诚实、守信的人,成为一个对国家和社会有用的人。刻苦学习,积极进取,提高素质,全面发展,遵守中学生日常行为规范及学校的各项规章制度,听从父母教育,尽力承担家务劳动,体谅父母,诚实守信、热爱劳动、爱护公物、保护环境。真正做到宪法在我们的一言一行之中,宪法在我们的心中。

习近平总书记说:"宪法的生命在于实施,宪法的权威也在于实施。"我想说:"国的家住在心里,家的国以法矗立,只要我们每个人都懂法、守法,我们的国家一定会更加和谐、美好。"

谢谢大家。

您的学生:马宏梅

2023 年 10 月

马宏梅,荣获第五届全国学生"学宪法 讲宪法"活动演讲比赛宁夏赛区高中组第三名二等奖。

峥嵘七十载，我与祖国共成长

尊敬的各位老师，亲爱的同学们：

大家早上好，我是固原市回民中学的马宏梅。今天非常荣幸能够和大家一起分享，我分享的主题是"峥嵘七十载，我与祖国共成长"。

2008 年的冬天，妈妈带着我回家，汽车停站的地方离家还有七八公里，寒风刺骨，妈妈咬咬牙，将东西扛到背上，拉着我往家走，没走几步，一辆牛车停在我们的身边，原来是一对大爷大妈，他们看到我和妈妈，要驾车送我们一程。路上，怕我们冷，大爷将自己裹腿的毯子让我们披上，将我们送到了家，他们婉拒了我们的邀请，没有进屋喝口热茶便匆匆赶往自己的家中，当他们调转牛头原路返回时，我们才知道，原来大爷大妈是专程送我们回家的，这是我最难忘的一段经历。原来，信任与尊重的感觉是如此的温暖。

也是在这一年，神圣的奥林匹克圣火第一次走进龙的故乡，四海宾朋相聚在古老的礼仪之邦，29 个脚印大步迈向了鸟巢，也迈向了世界。在那礼花高绽的鸟巢，一面面五环旗挥动着时代的节拍。那一天，宁夏固原，三里铺的一间出租屋里，电视机前，妈妈抱着我，激动的拍红了手心。原来，当我们的祖国被全世界尊重、信任与关注，这种感觉既温暖，又让我骄傲。

峥嵘七十载，与国同梦。

1949 年 10 月 1 日，中华人民共和国成立。

1997 年和 1999 年，强大的祖国和伟大的"一国两制"基本国策，让漂泊已久的香港和澳门终于回到祖国的怀抱。

2001 年加入世界贸易组织，祖国迎来了"提档升级"和"弯道超车"的重大机遇。

一个流动的中国,充满了繁荣发展的活力。

2017 年我升至初三了,3 月 5 日学校团委带着我们,前往敬老院,进行学雷锋志愿活动。那一次去敬老院的活动让我感触良多,其中有位李奶奶,给我们留下了最深刻的印象,她非常开心的向我们展示她画的简笔画,学习画画的过程让她的老年生活更加的幸福而美好。

也是在这一年,中国共产党第十九次全国代表大会在北京隆重召开,在十九大报告中,习近平总书记指出,中国特色社会主义进入新时代,必须坚持以人民为中心的发展思想,不断促进人的全面发展。

峥嵘 70 载,我们感受到祖国高速发展、快速前进所带来的翻天覆地的变化,有幸看到祖国发展道路上绽放出的绚丽花朵。一幢幢气派的住宅高楼拔地而起;一排排漂亮的小康庭院坐落在新农村;我们一家也有了属于自己的大房子,生活蒸蒸日上。

峥嵘七十载,我与祖国共成长。

七十载恢宏壮阔的发展画卷,厚重的中华历史影响着我,让我感触着这一伟大时代。

习近平总书记说:"国家的前途,民族的命运,人民的幸福,是当代中国青年必须和必将承担的重任。"让我以青春的名义来憧憬,一名青年的人生,必将是在那青春的奋斗中燃烧。让我以奋斗的名义去承诺,一名青年的人生,必定是在不忘初心,共圆伟大中国梦中谱写精彩。

峥嵘七十载,我与祖国共奋进。

您的学生:马宏梅

2023 年 9 月

马宏梅,获自治区团委、自治区宗教局等多部门联合举办的"建设美丽祖国、建设美丽家乡"演讲比赛固原市一等奖,全区优秀奖。

学习其实很幸福

尊敬的老师们，亲爱的同学们：

　　大家好! 我是高一 2 班的马锋，今天我想和大家分享的话题是"学习其实很幸福"。

　　三月是学雷锋月，这个周六我和其他同学在学校团委的带领下，前往敬老院，这一次去敬老院的活动让我感触很多，其中有两位老奶奶给我留下了最深刻的印象。她们非常开心的向我们展示她们画的简笔画，脸上满是幸福和开心，其实她们从去年才开始学习画画，因为热爱，才决定要学着画，而学习画画的过程让她们的老年生活更加的幸福而美好。人不可一日不读书，活到老学到老。学得多了才可能创造和突破，只有学习才能让心灵平静。只有心如止水才能领悟到生活的真谛，心无旁骛，在这种沉静空旷的环境中才能感觉出生活中的和谐，美丽。

　　雷锋在自己的日记中写道，人生在世，只有勤劳发愤图强，用双手创造财富，为人类的解放事业——共产主义贡献自己的一切才是最幸福的。他以自己的事业为幸福的尺度，他每一天都在用自己的双手为自己打造幸福，丈量幸福……他艰苦奋斗，勤奋好学，在紧张的工作之余，挤出那少量的学习时间，去补充自己的文化知识，他说过要想学习，时间总会是有的，问题是我们愿不愿意挤，善不善于钻。作为学生的我们，有大把的时间可以学习。课堂上让我们仔细的翻开书本认真去学习，有不懂的地方询问老师，认认真真地做笔记，当今天的知识被掌握，我们的心中便油然而生出一种幸福之感，甜蜜而美丽。学习就像指路明灯，照亮我们前方的道路，让我们不再孤单，学习让我们向着成功前进，让我们原本空虚的心灵被填满，变化为美丽而坚实的翅膀带着我们飞向美丽的蓝天。

学习,可以给人带来长久的平静,而我们也能够在这种长久的平静中收获幸福和成功,学习其实很幸福,谢谢大家。

您的学生:马锋

2023 年 10 月

"晨心"小红帽志愿队,2018 年获固原市最优志愿服务项目。

梦境城

恍惚间，我想起有一座城。

于是在家里翻箱倒柜去寻我的城。

随着朦胧的光线徐徐照射进不知尘封了多久的书匣，隐藏于其中的回忆才被缓缓揭开。我想仔细用湿巾将木壁上的尘埃擦拭，使它恢复往日的光彩，却发现许是因日子过去了太久的缘故，它早已被油迹粘和着蛛网的秽物腐噬了最后的生机。即使我再怎么努力地去修复它，依旧能触碰到余存的晦暗，不免便感到十足的遗憾。可再往里摸索过去，当我的指腹摩挲过书脊上熟悉的字体时，一瞬间喜悦的想法又涌上心头，我突兀觉得灰尘也是如此值得珍惜的东西，它和我的记忆存放在一起发酵，重见天日的那一刻就像剖析自我灵魂最终得到一个正确结果的韵调。抹去书本与书本相贴间缝隙中的灰色，我怀着希冀将它取出。

啊，原来城是一本书。普普通通的漫画书。

书，多么奇妙的一种物品。它可以是一位德高望重的长者，以自身的威严传颂着对世界的理解；它可以是一位风华绝代的佳人，以才气令世人啧啧称奇；它也可以是一位稚气未脱的孩子。千变万化，各有其通，将千奇百怪的故事尽数道来。我常常有阅读各类书籍的想法，却无一也被懒散耽了念，唯独对漫画爱不释手。仓促忆起与它初见的那一日，也不过是因小孩子那份略涩的爱美之意，以及生性对于新奇事物的几分探寻之心，那是……约摸有着A4纸一半大小，薄薄的一本书。记忆在此刻挣扎着像泡沫一样浮出了水面，浪花开始一个接一个拍打着海岸上的礁石，因着抓着了那段美好鸣曲的尾调，所剩不多的絮琐开始织连成梦境的全貌。

那(城)是一本色彩纷呈的幻想,是我从童年起就开始做的一个梦境。

于是初次接触的漫画,成为这座梦境城构造的开端。

童年,是多么美好的一个时期,孩子们的天真与无忧无虑总是会引发旁人付出相应的善意;孩子们的好奇心旺盛,仿佛可以摸索出世界上任何一处沟壑的形状。那是段跌宕的韵调,比不得初次得人夸赞的喜悦,胜不过初次得到喜爱之物的惊叹,却无形中潜滋暗长,即使是一本再普通不过的连环画,也无声润入了幼小心灵中对未来的冀望。

起初接过那本薄薄的书籍,霎时便被精美的人物和缤纷的色彩吸引去了视线,年少的我是如此喜爱这一特殊的书本,它没有课本那样枯燥乏味,也没有纯图片那样的了然无趣。我是如此爱不释手摸过她的每一页纸张,反复触碰过封面上的纹路,纸上的人物灵动秀美,仿佛随时都可以与我进行一场关于故事情节的对话。同学见我这副模样,便"善心大发"将其他的漫画也分给了我。与此同时,想成为一个漫画家的愿望也在孩子的脑海中扎根,便开始模仿着书上的线条,学着用毫无技巧的笔触描绘自己的梦境城。稚嫩的笔画歪歪斜斜,竟也勉强看得出模糊的轮廓。

于是对绘画产生的热爱,成为建造这座梦境城的框架。

中学时期是一个很奇妙的年龄段,处于这个年龄的人似乎总有用不完的活力可以去尽情挥洒,洋溢在自己所喜爱的事情上,可以纵情去挥洒自己的年少轻狂,自信而又潇洒的往前去到那条爱好的路途上。我曾数次设想过我的中学生活,设想过我会在这几年里遇到什么样的人,什么样的事情,尽管已经做足了准备,却始终无法融入这样一个朝气蓬勃的环境,从头至尾陪伴着我的除了我这位忠实而又忠诚的朋友——漫画,又多出了和我一样热爱漫画的一些小伙伴,还有一位可爱的老师——黄妈,她们牢牢跟着我,不离不弃。

漫画社里,在我们开心的时候,我们通过绘画表达出喜悦中的高山,伤心的时候,我们通过绘画表达出悲哀中的低谷。隐隐约约中,漫画社不仅成为我们生活中学习之余的一部分,还成为我们的习惯,每当我们拿起笔时,手指便情不自禁想要提起将尖端落在纸面上滑动,勾勒出我们脑海内想象出的模样。

利用中学的寒暑假，我也学习了能够更好控制笔触和景物关系的素描。因为绘画，我逐渐开始体会到漫画所含的乐趣，它的过程也许会枯燥，甚至会觉得有些痛苦，可在看着一幅完整的作品诞生在自己的手指下，还是会油然而生自豪与满足。我不是因为谁而画，而是因为我想画，通过画笔来表达个体的想法，想必这便是漫画的真谛吧。

于是带着画笔和那页缤纷，想去往我的另一个梦境城。

时光流转，事迁星移，我也从曾经那个抱着连环画不肯松手的孩子成为一个需要尝试对自己的人生做出规划的成人，或者说……因只是单单踏入了另一个崭新的时段，在这个空间之中，我仍然还是一个孩子，可所追求的梦，却在不知不觉间失了源，不知从何时开始，年少的那份梦想再也拾不起来了，它开始如同蝉翼那样变得破碎而颤抖，我合上了从小到大一直陪伴我的漫画，锁进了书匣的最深处，丢在角落从此停止了寻觅。画笔也被搁置在桌案的另一旁，看起来显得格外落寞。而从迷迷糊糊中睁开眼所见到的，我妄想伸出手去触碰到的灯火，那就是我的城吗？从梦境中挣扎而出的，纵身想要投入去热爱的辉煌，真的是我的城吗？ 我不敢苟同。

于是背过身，带着我的书匣，一同跌入了城。

听到砰的一声响。

四散分飞的纸片像是纷纷扬扬落下的雪，却要比雪多了更多的颜色。模糊了我的视线，也缤纷了我的城。

啊，我的城依旧在这里。

您的学生：王凌华

2023 年 10 月

王凌华，为"中国茅台·国之栋梁——2023 希望工程圆梦行动大型公益助学活动"选拔资助生。

后记　最好的爱，未曾改变且坚定

2023 年 6 月，我送走了这一届的毕业生。无论是高二接手的倒数第一的班级，还是在距离高考仅剩 100 天作为班主任接手的班级，或是在高考仅剩 90 天接手的倒数第一的班级，高考结束后，这三个班最终以理综年级前三名的成绩画上了圆满的句号。学生在毕业留言里写了这样一句话："黄妈，你让我们觉得我们值得，但是你更值得……"

2023 年 9 月，我又来到了新的高二年级，再次与化学年级倒数第一的班级相遇。我们开始了学习《物质结构与性质》的美丽化学之旅，讲核素时也给他们讲了讲核污水的影响；讲晶体时给他们讲了讲我国科学家如何突破技术封锁，研制出了自己的液晶；讲共价晶体时做了三维模型的视频，帮助他们理解均摊法。看到学生从眼神无光到炯炯有神，从不感兴趣到雀跃不止。第一次月考，他们的成绩从倒数第一走向了正数第二，学生们说："黄妈，是不是得给我们一些奖励呀。"于是，我给每个孩子画了一张小漫画，做成明信片，上面写着：化学本无心，人可赋其魂……

2013 年 10 月 17 日上午第一节课，我站在讲台上开始了本学期的第一次公开课，我讲的内容是晶胞的计算，这节课依然是一节充满思考与激情的化学课，火花四溅，有趣而生动。评课环节，来听课的各位专家老师都给予了高度的评价，韩老师说："黄老师这节课将晶胞的知识与整体和部分的逻辑思维联系在一起，并与日常生活紧密相连，做到了将化学核心素养落实落细。"杨老师说："黄老师的课堂一如既往，14 年来一直这样有激情，学生的反应非常好，听了课就知道这样一个年级倒数第一的班级为什么会在短短的一个月里成为年级第二名，真是亲其师信其道。"马老师说："黄老师的课逻辑非常强,同时很注重学生的表现,她在课堂上解决了学生的问题,并及时关注到每一位学生的进步表现同时提出表扬,师生关系非常融洽"……

2013年11月,学校惯例在期中考试前检查了前半学期的教案,我们的教研组长太老师在群里发了这样一则消息:"黄瑜老师和臧娜老师的教案值得组内所有老师参观学习,这么多年一直是优秀教案"……

2023年10月20日—22日,我和我的同事一起担任带队老师,带着学生开始了为期三天的军事研学活动,学生在日记中写道"由衷感谢各位带队老师的辛苦照顾,各位老师认真负责,就拿这次班里同学发热来说,黄老师马上上前询问,并找来感冒药,一路上十分关心那位发热的同学。最让我触动的是,在结束一天的研学后,到了酒店,我们的黄老师还在嘱咐生病同学的舍友提醒他在什么时候吃药"……

2023年,我精心准备,积极参加了自治区级、固原市级的四项教学比赛……

2023年,共青团面向团员及青年开展学习贯彻习近平新时代中国特色社会主义思想主题教育工作,我制定了学习方案,开始带领青年展开学习,以教育化导人心,乃吾辈之重任也……

2023年,我仔细阅读了帕克·帕尔默先生的《教学勇气》,里面有一段话我很喜欢:"我很清楚,在演讲厅、研讨室、现场、实验室甚至在虚拟电子课堂这些我们大多数接受正规教育的地方,教师有力量创造条件,使学生学到很多很多,或者也有本事让学生根本学不到多少东西,教学是有意创造这些条件的行动,而优秀教学要求我们真正懂得意图和行动的内在源泉……一种优秀的教学永远需求的是重获内心世界资源的小径……我们可以捕捉到的任何小径迹象都是我们应着手探索的。"作为一名教师,我们所教授的学科像生命一样广泛和复杂,我们教的学生远比生命广泛、复杂,若要让生命更鲜活,就要让爱充盈生命。

化学里有一句很浪漫的话:"当丁达尔效应出现的时候,光就有了形状。"2018年,当我的学生因为癌症复发,躺在病床上,将生命的最后一段时光留给我,同我一起回忆我们的 18 班时,我泪如雨下。我内心坚定着一件事,我必将把生命的慷慨与繁华赋予我的学生、我所钟爱的教育事业。2023 年,我仍在不断地拼搏,选择一次次挑战未知和困难,无非是因为那份坚定,鼓舞着我去发挥作为一位教师的"丁达尔效应",告诉他人:"别怕,会有光。"那束光就是爱与被爱的永恒含义,是理想和奋斗的长久意义,绝不会因为短暂的迷茫和辛苦而黯然失色,绝不会因为短暂的深陷泥潭而黯然失色,那束光将长久闪耀,告诉他人,最好的爱,是未曾改变且坚定⋯⋯

黄　瑜

2023 年 12 月

于千万人之中遇见

我所想遇见的你们，

于千万年之中，

时间无涯的荒野里，

没有早一步，

也没有晚一步，

刚好赶上了，

没有别的可说，

唯有这句：

请一切安好，

我们一定会再相聚。

——黄瑜

成长

是我想要的东西

既然如此

我将勇敢地去接受

课堂内外

每一次

命运的馈赠

每一次

属于成长的燃烧

高中化学"新课堂"展示课

摄 影
/
米文福

趣味化学晚自习

摄影
/
武佳宁

摄影／李小兵

毕业典礼